21世纪高等继续教育精品教材

管理学

主编 王晓君

中国人民大学出版社

21 世 纪 高 等 继 续 教 育 精 品 教 材

总 序

21世纪，科学技术发展日新月异，发明创造层出不穷，知识更新日趋频繁，全民学习、终身学习已经成为适应经济与社会发展的基本途径。近年来，我国高等教育取得了跨越式的发展，毛入学率由1998年的8%迅速增长到2004年的19%，已经进入到大众化的发展阶段，这其中高等继续教育发挥了重要的作用。同时，高等继续教育作为“传统学校教育向终身教育发展的一种新型教育制度”，对实现“形成全民学习、终身学习的学习型社会”、“构建终身教育体系”的宏伟目标，发挥着其他教育形式不可替代的作用。

目前，我国高等继续教育的发展规模已占全国高等教育的一半左右，随着我国产业结构的调整、传统产业部门的改造以及新兴产业部门的建立，各种岗位上数以千万计的劳动者，需要通过边工作边学习来调整自己的知识结构、提高自己的知识水平，以适应现代经济与社会发展的要求。可见，我国高等继续教育的发展，既肩负着重大的历史使命又面临着难得的发展机遇。

我国的高等继续教育要抓住机遇发展，完成自己的历史使命，从根本上说就是要全面提高教育教学质量，这涉及多方面的工作，但抓好教材建设是提高教学质量的基础和中心环节。众所周知，高等继续教育的培养对象主要是已经走上各种生产或工作岗位的从业人员，这就决定了高等继续教育的目标是培养能适应新世纪社会发展要求的动手能力强、具有创新能力的应用型人才。因此，高等继续教育教材的编写“要本着学用结合的原则，重视从业人员的知识更新，提高广大从业人员的思想文化素质和职业技能”，体现出高等继续教育的针对性、实用性和职业性特色。

为适应我国高等继续教育发展的新形式、培养应用型人才、满足广大学员的学习需要，中国人民大学出版社邀请了国内知名专家学者对我国高等继续教育的教学改革与教材建设进行专题研讨，成立了教材编审委员会，联合中国人民大学、中国政法大学、东北财经大学、武汉大学、山西财经大学、东北师范大学、华中科技大学、黑龙江大学等30多所高校，共同编撰了“21世纪高等继续教育精品教材”，计划在两三年内陆续推出百种高等继续教育精品系列教材。教材编审委员会对该系列教材的作者进行了严格的遴选，编写教材的专家、教授都有着丰富的继续教育教学经验和较高的专业学术水平。教材的编写严格依据教育部颁布的“全国成人高等教育公共课和经济学、法学、工学主要课程的教学基本要求”；教材内容的选择克服了追求“大而全”的现象，做到了少而精，有针对性，突出了能力的训练和培养；教材体例的安排突出了学习使用的弹性和灵活性，体现“以学为主”的教育理念；教材充分利用现代化的教育手段，形成文字教材和多媒体教材相结合的立体化教材，加强了教师对学生学习过程的指导和帮助，形象生动、灵活方便，易于保存，可反复学习，更能适应学员在职、业余自学，或配合教师讲授时使用，会起到很好的教学效果。

这套“21世纪高等继续教育精品教材”在策划、编写和出版过程中，得到教育部高教司、中国成人教育协会、北京高校成人高教研究会的大力支持和帮助，谨表深切谢意。我们相信，随着我国高等继续教育的发展和教学改革的不断深入，特别是随着教育部“高等学校教学质量和教学改革工程”的实施，这套高等继续教育精品教材必将为促进我国高校教学质量的提高做出贡献。

杨干忠

前　言

管理学是专门研究管理活动.的基本规律和一般方法的科学。它所揭示的各种规律、原理与方法，不仅适用于工商企业的管理，而且也适用于机关、事业等各种社会组织的管理。我们在本书中坚持管理学的一般性和普遍性原则，突出一般组织的管理共性。

管理学是一门专业基础课。它通常被安排在经济管理类专业课之前开设，应该起到为管理专业课打下良好基础的作用。作为专业基础课的管理学教材，首先要准确地阐述管理学的基本概念及其内涵和外延，系统地论述管理学的基本原理、该原理得以成立的假设以及相应的运用范围，科学地分析管理的基本方法；同时，又应该能够反映管理学的进展和最新研究成果。

我们在本书编写过程中，力求做到理论结合实际，博采众长，充分吸收国内外管理实际的有用经验和最新研究成果；力求由浅入深、循序渐进、简明扼要，便于初学者理解掌握；在内容取舍与安排上，力求做到体系完整而又重点突出，便于学习者在掌握管理学科学体系的同时能把握住重点和难点；每一章后都选用一个典型案例，让学生在学完整章后，通过案例分析逐步了解管理理论与观点在现实中的应用以及在不同环境下的变异；每章在整体描述的基础上，归纳出本章小结、复习题、讨论及思考题，使学习者便于复习和巩固。

本书主要作为高等院校高等继续教育管理类专业教材以及高等教育管理类专业自学考试教材，也可供其他学科学习管理时使用，并可作为党政事业单位干部和企业管理人员培训用参考书。

本书由王晓君主编，负责大纲拟定、结构安排、体系设计和统改定稿工作。各章节的编写分工如下：王晓君（济南大学管理学院副院长、副教授）编写第一章、第二章、第三章、第九章、第十章、第十一章、第十五章；张雪萍（武汉大学商学院副教授）编写第四章、第五章、第十三章、第十四章、第十六章；王文祥（济南大学管理学院副教授）编写第六章、第七章；安强身（济南大学管理学院讲师）编写第八章、第十二章。

编者在写作过程中，直接或间接地参阅和借鉴了国内外大量的有关专著、教科书和论文，因数量很多，难以一一列举，在此一并致谢。

由于作者水平所限，书中缺点、疏漏和错误在所难免，恳切希望广大读者提出批评和改进意见，以便今后再版时修订。

作　者

2004 年 3 月

目 录

第一章

管理与管理学

本章提示

◇ 管理的基本含义
◇ 管理的基本职能
◇ 管理者的角色
◇ 管理者的技能
◇ 管理学的特点
◇ 管理学的学习及研究方法

本章引言

人们经常看到这样一种情况：在一些发展中国家，为了在经济上迅速地赶上发达国家，不惜重金购买先进技术、设备，甚至购买现成的整套生产线，但是却往往发挥不出应有的作用，其重要原因在于管理的落后。我国在改革开放初期，一度出现的对国外先进技术设备不分轻重缓急、不从实际出发地盲目引进和重复引进，造成了大量资金浪费，究其原因，也是组织不好，协调不力。对于发展中国家来说，固然有科学技术落后和缺乏资金等原因，但更为关键的是管理的落后，只有提高管理水平和加强管理力度，才能使资金和先进技术发挥更大的效能，才能使先进的科学技术得到推广应用，才能形成新的生产力。

管理存在于社会生活的各个行业和各个领域，存在于各级各类不同性质的组织。不仅企业需要管理，政府、军队、学校、医院、学术团体等各种组织都需要管理。管理学以一般组织的管理为研究对象，探讨和研究管理的基本概念、原理、方法和程序。从社会普遍存在的管理活动中概括总结出来的基本规律，构成了管理学的内容。

第一节 管 理

一 管理的界定

管理即是管辖、治理的意思。大到国家，小到企业或学校，几乎任何组织都离不开管理。管理伴随着人类生存、发展的各种活动，可以追溯到遥远的古代，管理成为一门学科，却是 19 世纪末 20 世纪初的事情，距今只有 100 余年。随着管理学的产生与发展，在不同时期，不同学者对管理作出了不同的描述，这些管理的定义从不同的侧面客观地反映了管理的特性。

1911 年，古典管理学家、科学管理的奠基人泰勒（Frederick. W. Taylor）认为“管理就是确切地了解你希望工人干些什么，然后设法使他们用最好、最节约的方法完成它”。

1916 年，古典管理学家亨利·法约尔（Henri Fayol）在他的著作《工业管理与一般管理》中认为“管理，就是实行计划、组织、指挥、协调和控制”，他第一次提出了计划、组织、指挥、协调和控制等管理的五项职能。

1955 年，管理学家孔茨（Harold Koontz）在与奥唐纳（Cyril O. Donnell）合著的《管理学》中认为“管理就是设计并保持一种良好的环境，使人在群体里高效率地完成既定目标的过程。这个定义需要展开为：作为管理人员，需完成计划、组织、人事、领导、控制等管理职能；管理适合于任何一个组织机构；管理适合于各级组织的管理人员”。

1960 年，著名管理学家西蒙（Herbert A. Simon）在他的著作《管理决策的新科学》中认为“管理就是决策”。

1996 年，罗宾斯和库尔塔（Robbins and Coultar）对管理下的定义是，“管理这一术语指的是和其他人一起并且通过其他人来切实有效完成活动的过程”。这一定义把管理视作过程，它既强调了人的因素，又强调了管理的双重目标：既要完成活动，又要讲究效率，即以最低的投入换取既定的产出。

1997 年，普伦基特和阿特纳（Plunkett and Attner）把管理者定义为“对资源的使用进行分配和监督的人员”。在此基础上，他们把管理定义为“一个或多个管理者单独或集体通过行使相关职能（计划、组织、人员配备、领导和控制）和利用各种资源（信息、原材料、货币和人员）来制定并达到目标的活动”。

1998 年，路易斯、吉德曼和范特（Lewis，Goodman and Fandt）对管理下的定义是，“管理被定义为切实有效地支配和协调资源，并努力达到组织目标的过程”。这一定义与前一定义大同小异，所不同的是它立足于组织资源，原材料、人员、资本、土地、设备、顾客和信息等都属于组织资源。

综上所述，我们认为，**管理的定义可以概括为：管理者在一定的环境条件下，对组织所拥有的资源（人力、物力和财力等各项资源）进行计划、组织、领导、控制和协调，以有效地实现组织目标的过程。**根据这一定义，可进一步明确管理的内涵如下：

1. 管理是任何组织集体劳动所必需的活动。管理是人类的基本社会行为，它渗透在社会、政治、经济、军事、技术、文化和生活的各个方面。管理不能脱离组织而存在，同样，组织中必定存在管理。

2. 管理是一个过程。管理是为实现组织目标服务的，是一个有意识、有目的地进行的过程。管理是任何组织都不可或缺的，但绝不是独立存在的。管理不具有自己的目标，不能为管理而进行管理，而只能使管理服务于组织目标。

3. 管理工作是在一定的环境条件下开展的。环境既提供了机会，也构成了威胁。也就是说，管理需将所服务的组织看做一个开放的系统，它不断地与外界环境产生相互的影响和作用。正视环境的存在，一方面要求组织为创造优良的社会物质、政治法律和文化环境尽其“社会责任”；另一方面，管理的方法和技巧必须因环境条件的不同而随机应变，没有一种在任何情况下都能奏效的、通用的、万能的管理方法，审时度势、因势利导、灵活应变，对于管理成功是至关重要的。

4. 管理的职能是计划、组织、控制、领导和协调。管理工作的过程是由一系列相互关联、连续进行的活动所构成的。这些活动包括计划、组织、领导、控制、协调等，它们成为管理的基本职能。

5. 管理的对象是组织中的人力、物力、财力和信息等各种各样的资源。管理工作要通过综合运用组织中的各种资源来实现组织的目标。也就是说，管理负责把资源转化为成果，将投入转化为产出。管理的成效好坏、有效性如何，集中体现在它是否使组织花最少的资源投入，取得最大的、合乎需要的成果产出。如果说效率涉及组织是否“正确地做事”（即“怎么做”）的问题，那么，是否选择“正确的事”去做（即“做什么”）就是与效果或效能相关的问题。

6. 管理的目的是使组织能高效率地达到组织目标。管理是要使资源成本最小化，因此，效率是管理的极其重要的组成部分，而仅仅有效率是不够的，管理还必须使活动实现其预定的目标，即追求活动的效果。通常，效率和效果是相互联系的，但在现实生活中，有效率却无效果的组织和以低效率来取得效果的组织并不少见。使活动达到目标，而且做得尽可能有效率，这就是学习管理的最终使命。管理意味着根据目标进行管理，它要求采取行动实现预定的效果。管理的具体职责就是把想要达到的目的先变成可能的东西，然后再变成实际存在的东西；换句话说，以有意识和有目的的行动来改变环境，这才是真正的管理。

7. 管理的主体是管理者。虽然管理者在行使管理职能时要受诸多因素的影响，但管理者的素质和组织的运行绩效有着密切的关系。

二 管理的基本职能

（一）计划职能

计划职能的主要任务是在收集大量基本资料的基础上，对组织未来环境的发展趋势作出预测，根据预测的结果和组织拥有的可支配资源建立组织目标，然后制定出各种实施目标的方案、措施和具体步骤，为组织目标的实现作出完整的策划。如我国关于国民经济和社会发展的五年计划纲要、十年计划纲要、县市三年规划、企业的中长期发展计划、行政机关的工作计划等都是计划的例子。毫无疑问，计划在管理的几个职能中具有首位性，它是组织进行管理的前提，这个职能发挥的好坏直接关系到组织的努力方向、生存和发展。

（二）组织职能

组织职能有两层含义：一是进行组织结构的设计、建造和调整，如成立某些机构或对现有机构进行调整和重塑；二是为达成计划目标所进行的必要的组织过程，如进行人员、资金、技术、物资等的调配，并组织实施等。例如，随着经济全球化的快速发展，在企业间形成各种供应链是近年来出现的新动向，企业为了实现自身的经营目标，增强竞争力并发挥自身的优势，便加入了某一个供应链。为了适应供应链管理的新要求，企业往往需要设立或去掉一些部门，对企业结构作出调整；当社会政治、经济、文化建设出现变化，提出新的要求时，政府机构出现变动，新设或去掉一些部门；还有如学校增设或去掉一些专业、院系等等，这就是组织职能在发挥作用。当某县市制定了某个项目的计划后，便需要组织人力、财力和物力去实施该项目计划。当学校增设了新的院系，就需要组织学校里的各类资源实现增设院系后的新目标。新项目或新目标完成的整个组织过程，其实也是组织职能在发挥作用的过程。

（三）领导职能

领导职能是指组织的各级管理者利用各自的职位权力和个人影响力去指挥和影响下属为实现组织目标而努力的过程。职位权力是指由于管理者所处的位置而由上级和组织赋予的权力，个人影响力是指由管理者自身素质和威信所产生的影响力。有效的领导要求管理者在合理的制度环境下，利用自身优秀的素质，采用最适当的方式，针对成员的需求和行为特点，采取有效措施提高和维持组织成员的工作积极性。由此可见，领导职能主要涉及组织中人的问题，往往和激励职能、协调职能一起发挥作用。

（四）控制职能

控制职能所起的作用就是检查组织活动是否按既定的计划、标准和方法进行，及时发现偏差、分析原因并进行纠正，以确保组织目标的实现。由此可见，控制职能与计划职能具有密切的关系，计划是控制的标准和前提，控制的目的是为了计划的实现，有时控制也会导致计划或组织的调整。如财务控制，一是防止错误的资源分配，二是提供经济信息反馈，以便更正错误的行为。如产品的质量控制，就是按照质量标准检查产品的质量是否合格，若发现问题，及时分析原因并予以纠正。如政府的教育督导，就是监督指导国家教育方针、基本任务的实现，保证依法治教。

（五）协调职能

协调职能有三层含义：一是协调组织内部各种资源、要素、职能之间的关系；二是协调组织内部与组织外部环境各个因素之间的关系；三是实现组织内部、组织与外部环境之间的全面协调，克服和消除组织内外不协调现象，以提高组织管理效益。

不同的学者对管理的职能有不同的划分，从管理的理论演变和发展来看，计划、组织、控制是各个管理学派公认的管理职能。后来，鉴于在管理中领导和协调的作用日益突出，领导和协调被列为两个管理职能。20 世纪 30 年代以后，由于出现了人际关系学说，人们在管理中从重视技术转向重视人的因素，因而有人将人事、激励、沟通等作为单独的管理职能。后来，由于决策理论的创立，有的学者为了强调决策在管理中的作用，又把决策从计划职能中分出作为一个管理职能。以后，伴随着新经济的发展，为了突出创新在管理中的作用，有的学者又将创新作为一个管理职能。本书以后的章节，将按照计划、组织、领导、协调和控制的基本次序来介绍管理的若干职能。参见图1—1所示。

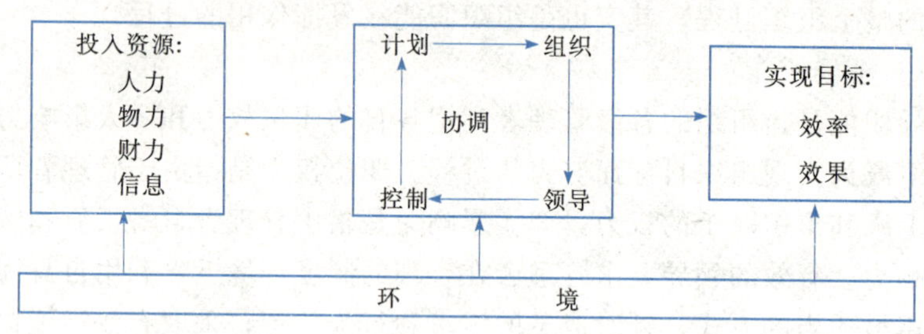

图1—1 管理活动

三 管理者及其分类

管理者（又称管理人员）是指在组织中全部或部分从事管理活动的人员，即在组织中担负计划、组织、领导、控制和协调等工作，以期实现组织目标的人。管理人员在组织中工作，但是并非在组织中的每一个人都是管理人员。

为了简化起见，组织中的成员一般分为两大类，一类是作业人员，另一类是管理人员。管理人员的工作业务性质与其他作业人员的工作性质是截然不同的。作业人员直接在某一岗位上或某一任务中制造产品或提供服务，但是他们不负有监管他人的工作的责任。当然，管理人员也有一些作业性任务。不管管理人员是高层的、中层的或一线的，他们都有下属。一个组织中从事管理工作的人可能有许多，不同的管理人员处于不同的管理岗位上。

（一）按管理人员所处的组织层次分类

1. 高层管理人员。高层管理人员是组织中的高级领导人，对整个组织的管理负有全面责任，主要任务是制定组织的总目标、总战略，把握组织的发展方向，并对组织的资源拥有分配权，尤其是对人力资源的调配，同时也需对整个组织的业绩负责。如学校正副校长、医院正副院长、企业的董事会成员、城市的正副市长等。

2. 中层管理人员。中层管理人员是介于高层管理人员和一线管理人员之间的管理人员，主要职责是贯彻执行高层管理人员所制定的重大决策和管理意图，监督和协调基层管理人员的工作活动，或对某一方面的工作进行具体的规划和参谋。如学校教务处主任、人事处长、学生工作部长；医院各科室主任、企业中计划、生产、财务等部门的负责人；县市政府部委办的部长、主任、局长。中层管理人员一般又可分为三类，即行政管理人员、技术性管理人员和支持性管理人员。

3. 基层管理人员。基层管理人员或监管人员即最直接的一线管理人员，是直接监察实际作业人员的管理者，其主要职责是直接给下属作业人员分派具体工作任务，直接指挥和监督现场作业活动，确保下属的工作条件和工作环境，使工作流程一步接着一步顺利地进行，保证上级下达的各项计划和指令的完成。基层管理人员的头衔包括工长、领班、小组长和办公室主任。

上述三个不同层次的管理人员，其工作内容和性质存在着很大的差别。第一线管理人员主要关心的是具体工作的完成，他们在处理问题时，往往凭借的是其丰富的生产、销售或研究工作经验和熟练的技术才能。而最高管理层人员则对组织总的长远目标和战略计划感兴趣，他们在处理问题时，往往依靠的是其丰富的人际技能与战略洞察力。因此，第一线管理人员所考虑的问题，往往是机器调整和设备维修等；而最高管理层人员所关心的问题，则可能是如何制定战略计划，把竞争对手的市场夺过来，以扩大自己的市场占有率等。总的说来，第一线管理人员所关心的主要是具体的战术性工作，而最高管理人员所关心的则主要是抽象的战略性工作。

（二）按管理人员所从事的工作领域分类

1. 综合管理人员。是指负责管理整个组织或组织中某个事业部的全部活动的管理人员。对于小型组织（如一个小工厂）来说，可能只有一个综合管理人员，那就是总经理，他要统管该组织内的包括生产、营销、人事、财务等在内的全部活动。而对于大型组织（如跨国公司）来说，可能会按产品类别设立几个产品分部，或按地区设立若干地区分部，此时，该公司的综合管理人员就包括总经理和每个产品或地区分部的经理，每个分部的经理都要统管该分部包括生产、营销、人事、财务等在内的全部活动。

2. 专业管理人员。是指负责管理组织中某一类活动（或职能）的管理人员。对于现代组织来说，随着其规模的不断扩大和环境的日益复杂多变，将越来越多地需要专业管理者，专业管理者的地位也将变得越来越重要。根据这些管理人员所管理的专业领域性质的不同，又可以具体划分为生产部门管理人员、营销部门管理人员、人事部门管理人员、财务部门管理人员以及研究开发部门管理人员等。

(1) 市场营销管理人员。其主要职责和营销职能有关，即把该组织的产品或服务送到用户手中。如企业中的营销管理人员。营销职能包括市场调查，产品的调拨、定价与销售，促销推广以及消费者心理研究等。有调查数据表明，美国一些大公司的负责人，其中13.7%都是搞营销出身。显然，市场营销职能对许多组织而言是十分重要的。近些年来，不少成功的企业都采纳了"市场营销观念"，即企业所做的一切都紧紧围绕如何满足用户的需要。市场营销是企业取得成果的一个基础领域，市场营销的重要性决定了市场营销人员在企业中的地位及其重要作用。

(2) 财务管理人员。其主要职责包括资金筹集、预算、核算与投资等。有些机构如银行等金融机构，财务管理人员的需要量特别大。美国大公司负责人原先搞财务的约占20%。成功企业的领导人必须精通财务知识。

(3) 生产与经营管理人员。其主要职能是建立一个能为组织制造产品和提供服务的系统。在这一系统中，他们负责计划、控制日常的营运活动。典型的任务包括生产控制、库存控制、质量管理、工厂布局、厂址选择及工作设计等。虽然这一职能的产生，最早是用于解决制造企业中的问题，但目前这一专业领域中的工具和原则，已普遍应用于服务业和其他各类组织。现代企业中所关注的一些热点问题，如提高生产率、节约稀缺资源、更有效地利用能源等，使生产经营管理人员在许多组织中的地位变得更为重要。美国大公司中，大约10.7%的高层管理人员都有生产经营管理的经历。

(4) 人力资源管理人员。主要负责人力资源规划，员工的招聘与挑选、培训和发展，设计报酬福利制度，制定绩效评估制度，以及解雇表现不好和有问题的员工等。在一些大企业、大公司中这些活动都由一些单独的专职部门来处理；在一些小的组织中，则由若干人负责行使所有的人力资源职能。随着人力资源在组织中的重要性越来越突出，人力资源经理在组织中的地位也日益提高。

(5) 行政管理人员。行政管理人员或一般管理人员并不专门从事某一特定的管理专业领域的工作，但其重要性可从美国企业的首席负责人中约有16.4%来自于行政管理人员的这一事实中得以显示。他们往往是一个通晓多方面知识的全才，而不是只受过某一领域训练的专才。他们基本上对管理各领域都有所了解并熟悉这些工作。

(6) 其他类型的管理人员。除了上述的各类管理人员外，在许多组织中还有其他一些专职管理人员。例如，公共关系人员，负责处理与媒体之间的关系，以提高组织的形象；研究开发人员，负责协调组织的科研项目中科学家和工程师之间的活动。这些专业管理人员就其人数、性质及重要性来看，因不同的组织而异，但随着现代企业规模扩大和环境复杂化，这类管理人员的人数及其重要性也在不断增长和提高。

四　管理者的角色与技能

（一）管理者的角色

根据亨利·明茨伯格的一项被广为引用的研究，管理者扮演着十种角色，这十种角色可被归入三大类：人际角色、信息角色和决策角色。

1. 人际角色。管理者在处理与组织成员和其他利益相关者的关系时，他们就在扮演人际角色。管理者所扮演的三种人际角色是代表人角色、领导者角色和联络者角色。

（1）代表人角色。作为所在单位的领导，管理者必须行使一些具有礼仪性质的职责。例如，管理者有时必须出现在社区的集会上，参加社会活动，或宴请重要客户等。

（2）领导者角色。由于管理者对所在单位的成败负重要责任，他们必须在工作小组内扮演领导者角色。对这种角色而言，管理者和员工一起工作并通过员工的努力来确保组织目标的实现。

（3）联络者角色。管理者无论是在与组织内的个人和工作小组一起工作时，还是在与外部利益相关者建立良好关系时，都起着联络者的作用。管理者必须对重要的组织问题有敏锐的洞察力，从而能够在组织内外建立关系和网络。

2. 信息角色。管理者负责确保和其一起工作的人具有足够的信息，从而能够顺利完成工作，这时他们就扮演着信息角色。由管理责任的性质决定，管理者既是所在单位的信息传递中心，也是组织内其他工作小组的信息传递渠道。整个组织的人依赖于管理结构和管理者以获取或传递必要的信息，以便完成工作。

（1）监督者角色。作为监督者，管理者持续关注组织内外环境的变化以获取对组织有用的信息。管理者通过接触下属来搜集信息，并且从个人关系网中获取对方主动提供的信息。根据这种信息，管理者可以识别工作小组和组织的潜在机会和威胁。

(2) 传播人角色。在作为传播者的角色中，管理者把他们作为信息监督者所获取的大量信息传递出去。作为传播者，管理者把重要信息传递给工作小组成员，管理者有时也向工作小组隐藏特定的信息，更重要的，管理者必须保证员工具有必要的信息以便切实有效完成工作。

(3) 发言人角色。管理者必须把信息传递给单位或组织以外的个人，例如，必须向董事或股东说明组织的财务状况和战略方向，必须向消费者保证组织在切实履行社会义务，必须让政府官员对组织的遵守法律感到满意等。

3. 决策角色。管理者在处理信息并得出结论的过程中即扮演着决策角色。如果信息不用于组织的决策，这种信息就丧失其应有的价值。管理者负责作出组织的决策，让工作小组按照既定的路线行事，并分配资源以保证小组计划的实施。

(1) 企业家角色。在前述的监督者角色中，管理者密切关注组织内外环境的变化和事态的发展，以便发现机会。作为企业家，管理者对所发现的机会进行投资以利用这种机会，如开发新产品、提供新服务或发明新工艺等。

(2) 干扰对付者角色。一个组织不管被管理得多么好，它在运行的过程中，总会遇到或多或少的冲突或问题。管理者必须善于处理冲突或解决问题，如平息客户的怒气，同不合作的供应商进行谈判或者对员工之间的争端进行调解等。

(3) 资源分配者角色。作为资源分配者，管理者决定组织资源用于哪些项目。尽管我们一想到资源就会想到财力资源或设备，但其他类型的重要资源也被分配给项目。例如对管理者的时间来说，当管理者选择把时间花在这个项目而不是那个项目上时，他（或她）实际上是在分配一种资源。除时间以外信息也是一种重要资源。管理者是否在信息获取上为他人提供便利，通常决定着项目的成败。

(4) 谈判者角色。对所有层次管理工作的研究表明，管理者把大量的时间花费在谈判上。管理者的谈判对象包括员工、供应商、客户和其他工作小组。无论是何种工作小组，其管理者都进行必要的谈判工作以确保小组朝着组织目标迈进。

(二) 管理者的技能

根据罗伯特·卡茨（Katz，1974）的研究，作为一名管理者应该具备三类技能，即专业技能、人际技能、概念技能。

1. 专业技能。**专业技能是指使用某一专业领域内有关的工作程序、技术**

和知识去完成组织专业任务的能力。例如，教师、公务员、军人、消防队员、医师、工程师、会计师、广告设计师、推销员等，皆需掌握相应领域的专业技术技能，可以被称作广义的专业技术人员。对于管理者来说，虽然没有必要使自己成为精通某一领域技能的专家（因为他可以依靠有关专业技术人员来解决专门的技术问题），但也必须了解相当的专门知识，掌握最基本的专业技能，否则将很难与他所主管的组织内的专业技术人员进行有效的沟通，从而也就无法对他所管辖的业务范围内的各项管理工作进行具体的指导。毋庸置疑，医院的院长不应该是对医疗过程一窍不通的人，学校的校长也不应该是对教学科研工作一无所知的人，军事首长更不能对军事指挥一无所知。当然，不同层次的管理者，对于专业技能要求的程度是不相同的。

2. 人际技能。**人际技能是指与处理人事关系有关的技能，即理解、激励他人并与他人沟通和共事的能力。**这种能力当然首先包括领导能力，因为领导者必须学会同下属人员沟通并影响下属人员的行为。但人际技能的内涵远比领导技能广泛，因为管理者除了领导下属人员外，还得与上级领导和同级同事打交道，还得学会说服上级领导，领会领导意图，学会同其他部门同事紧密合作，还要与相关的外界人员和组织发生相关的联系与交往。

3. 概念技能。**概念技能是指综观全局、认清为什么要做某事的能力，也就是洞察组织与环境相互影响之复杂性和驾驭全局的能力。**具体地说，概念技能包括理解事物的相互关系从而找出关键影响因素的能力、确定和协调各方面关系的能力以及权衡不同方案优劣和内在风险的能力等等。显然，任何管理者都会面临一些混乱而复杂的环境，需要认清各种因素之间的相互联系，以便抓住问题的实质，根据形势和问题果断地作出正确的决策。

通常而言，专业技能，对于基层管理者需要的程度较深，而高层管理者则只需要有些粗浅了解即可；人际关系技能，对于高、中、低层管理者有效地开展管理工作都是非常重要的，因为各层次的管理者都必须在与上下左右之间进行有效沟通的基础上，相互合作，共同完成组织的目标；管理者所处的层次越高，其面临的问题就越复杂、越具有多变性、越无先例可循，也就越需要概念技能。

五　成功的与有效的管理者

弗雷德·卢森斯（Fred Luthans）和他的副手从不同的角度考察了管理者

究竟在干什么。他们提出这样的问题：在组织中提升最快的管理者，与在组织中成绩最佳的管理者从事的是同样的活动吗？他们对管理者工作的强调重点一样吗？一般人也许趋向于认为，在工作上最有成绩的管理者，也会是在组织中提升最快的人，但是事情并非如此。

卢森斯和他的副手研究了450多位管理者后发现，这些管理者都从事以下四种活动：

1. 传统管理：决策、计划和控制等。

2. 沟通：交流例行信息和处理文件工作等。

3. 人力资源管理：激励、惩戒、调解冲突、人员配备和培训等。

4. 网络联系：社交活动、政治活动和与外界交往。

他们的研究表明，从“平均”意义上看，管理者花费32%的时间从事传统管理活动，29%的时间从事沟通活动，20%的时间从事人力资源管理活动，19%的时间从事网络活动。成功的管理者（用在组织中晋升的速度快慢作为标志）与有效的管理者（用工作成绩的数量和质量以及下级对其满意和承诺的程度作为标志）花在这四项活动上的时间和精力显著不同：维护网络联系对管理者的成功相对贡献最大；从事人力资源管理活动的相对贡献最小。而在有效的管理者中，沟通的相对贡献最大；维护网络联系的相对贡献最小。参见表1—1所示。

表1—1　管理活动的时间分布　（%）

活动	平均管理者	成功管理者	有效管理者
传统管理	32	13	19
沟通	29	28	44
人力资源管理	20	11	26
网络联系	19	48	11

资料来源：引自斯蒂芬·P·罗宾斯：《管理学》（第四版），中国人民大学出版社，1997。

六　管理对象

管理对象也称为管理的客体，是指管理者实施管理活动的对象。在一个组织中，管理对象主要是指人、财、物、信息、技术、时间、社会信用等一切资源，其中最重要的是对人的管理。

1. 对人的管理主要涉及人员分配、使用、工作评价、奖惩、人力开发等。

2. 对资金的管理主要涉及财务管理、预算控制、成本控制、资金使用、效益分析等。

3. 对物的管理主要涉及资源利用、物料的采购、存储与使用、设备的保养与更新、办公条件和办公设施等。

4. 对信息的管理主要涉及组织外部、内部信息的快速收集、传递、反馈、处理与利用、发展趋势的准确预测等。

5. 对技术的管理主要涉及新技术新方法的研发、引进与使用，各种技术标准和工作方法的制定与执行等。

6. 对时间的管理主要是如何合理安排工作时间并提高工作效率，在最短的时间内达到组织目标等。

7. 对信用的管理，如通过组织的实践活动、媒体宣传和从事公益事业等手段，树立本组织良好的社会声誉和社会地位，为组织目标的实现创造良好的环境。

第二节　管理学

一　管理学的研究对象

由于人类社会存在多种多样的社会组织，如电台、电视台、报社等各类媒体，政治党派、学术团体、宗教等组织，博物馆、公园、图书馆等公共设施单位，企业、军队、学校、医院、国家各级政府机关等，而每种社会组织由于自身的目的与行业特点不同，其管理的内容与方法也存在差别。研究解决不同行业各自特殊性的管理原理和方法，就形成了各种不同门类的管理学，如企业管理学、军队管理学、学校管理学、医院管理学以及行政管理学等等。但是不同门类的专业管理学中又都包含着一些共同的管理原理、管理规律、管理技能和方法。作为一般意义上的管理学来讲，不可能将各个行业管理的内容都纳入进去，而只能是研究各种行业管理中共同的、带有规律性的原理与方法。

管理过程是一切有组织活动的一个不可缺少的特征，尽管各种组织的目的各异，但是基本管理过程总是不变的。一般而言，管理过程从确立组织目标和提出行为规范开始，进而包括交互式的物资和信息的传递与反馈，直到任务完成为止的全部活动。

与行政机关、商业或工业组织中的管理工作相比，管理过程具有更广泛的含义，它包括任何一种组织中发生的管理活动。管理过程的共同性使得不同行业的管理者的高度互换性成为可能，也正是因为如此，管理过程这一概念的形成，把管理学向专业化大大推进了一步，从而促使它迅速成长为一门一般性科学。

综上所述，**管理学是一门系统地研究组织管理活动的基本规律和一般方法的科学。**管理学以一般组织的管理为研究对象，研究各种组织管理工作普遍适用的基本概念、原理、方法和程序，探讨人、财、物、信息、技术、时间等的计划与控制问题，组织的结构设计问题，对组织中的人的领导与激励问题，等等。本书不限于研究某种部门或某种领域的具体管理原理与方法，而是力图用抽象方法舍去部门与行业的特点，从基本理论与方法上阐明一个组织管理的共同规律性问题。当然，不排斥在深入讨论时，以某个部门的特例来说明一般原理，本书往往以较复杂的管理系统——企业管理作为说明问题的例子。

二 管理学的特点和内容

（一）管理学的特点

1. 实践性。管理学的理论与方法是人们通过对各种管理实践活动的深入分析、概括、总结、升华而得到，反过来它又被用来指导人们的管理实践活动。管理学是应用性学科，是实践性科学，它一刻都不能脱离管理实践。要真正掌握管理学，必须通过大量的管理实践活动去体会，理论联系实际。

2. 发展性。随着社会进步和全球科学技术的发展，特别是计算机和网络技术的广泛应用，对各级各类组织的组织形式、运行方式和管理手段产生了巨大的影响。由此产生了许多新的管理问题，需要人们去研究、去解决，为此所产生的新的管理理论和方法将会大大推动管理学理论体系的更新和扩展，因此，管理学是一门在实践中每时每刻都在发展的学科。

3. 软科学性。管理学发展到今天，已经形成了比较系统的理论体系，揭示了一系列具有普遍应用价值的管理规律，总结出许多科学的管理原则。这是人类管理活动的高度概括，是理论与实践结合的产物，是科学，不会因地域、文化、社会制度的差异而改变。这是管理的科学性。如果将组织中的人力、财力、物力、技术等看成客观的实实在在的硬件，则可将管理看成软件。管理是将上述要素合理利用和组合，是无形的。管理的主要任务是充分调动人的积极性，发挥人员的内在潜力，有效地利用财力、物力和技术，用最少的消耗达到组织目标，这是将管理学看做软科学的第一层含义。此外，管理者必须借助于被管理者及其他各种条件来创造社会价值，在这种价值中很难区分出有多少是由管理而得到的，这是将管理学看做软科学的第二层含义。某些管理措施是否有效往往需要较长时间的实践才能看出，很难在事前准确地评价，这是将管理学看做软科学的第三层含义。

4. 二重性。管理的二重性是指管理的自然属性和社会属性。管理是由人们的相互协作劳动、社会化活动而产生的，为了保证组织社会化活动持续、稳定地进行，需要按照要求合理地进行计划、组织、控制、领导和协调，以有效地利用有限的资源、高效地实现组织目标。这些管理理论、技术和方法是人类长期从事实践的产物，可以在不同社会制度下、不同国家和不同组织中使用，这就是管理的自然属性。此外，管理是在一定的社会关系条件下在组织内部人员之间和组织与组织之间进行的，必然会体现管理者的管理意志，这样在管理学中便形成了另一部分属于社会关系范畴的内容，如组织目标、组织道德、领导作风、激励方式、管理理念、群体价值观、组织文化等。这些涉及对人的管理的内容，具有明显的意识形态色彩，在不同的社会制度、不同国家、不同的民族中具有较大的差异，这就是管理的社会属性。

5. 艺术性。管理既是一门科学又是一门艺术。环境是自变量，管理理论、手段与方法是因变量，如果组织的外部环境和内部资源发生变化，就要灵活地采用相应的管理手段和方法，没有一成不变的僵硬模式。应变、适应、灵活、具体运用，是管理的真谛，是管理具有的艺术性。

6. 一般性。随着人类的进步和经济的发展，人们越来越看到管理的重要性，正像孔茨等人所称，管理适合于任何一个组织机构，管理适用于各级组织的管理者，管理关系到生产率。管理学是研究所有管理活动中的共性原理的基础理论学科，无论是“宏观管理”还是“微观管理”，都需要用管理学的原理作为基础来加以学习和研究。因此说任何组织都需要管理，有效的管理能够提高组织效率。管理学是各门具体的或专门的管理学科的共同基础。

（二）管理学的研究内容

根据管理的性质和管理学的研究对象与特点，管理学的研究内容大体上有这样三个侧重点：

1. 从管理的二重性出发，着重从生产力、生产关系和上层建筑三个方面研究管理学。

(1) 在生产力方面主要研究生产力诸要素之间的关系，即合理组织生产力的问题；研究如何合理配置组织中的人、财、物，使各要素充分发挥作用的问题；研究如何根据组织目标的要求和社会的需要，合理地使用各种资源，以求得最佳的经济效益和社会效益的问题。

(2) 在生产关系方面主要研究如何正确处理组织中人与人之间的相互关系问题；研究如何建立和完善组织机构以及各种管理体制等；研究如何激励组织内成员，从而最大限度地调动各方面的积极性和创造性，为实现组织目标而服务。

(3) 在上层建筑方面主要研究如何使组织内部环境与其外部环境相适应的问题；研究如何使组织的规章制度与社会的政治、经济、法律、道德等上层建筑保持一致的问题，从而维持正常的生产关系，促进生产力的发展。

2. 从管理的历史出发，着重研究管理实践、思想、理论的形成、演变、发展，知古鉴今。

3. 从管理者的活动出发，着重研究管理的过程，主要有：

(1) 管理活动中有哪些职能；

(2) 执行这些职能涉及组织中的哪些要素；

(3) 在执行各项职能中应遵循哪些原理，采用哪些方法、程序、技术；

(4) 执行职能过程中会遇到哪些障碍、阻力，如何克服这些障碍、阻力。

本书以管理的基本职能为主线，重点叙述管理活动的基本规律和方法，全面、系统地阐述一个组织如何适应环境变化，合理组织和有效利用人力及其他资源以实现组织的目标，取得良好的绩效。

三 学习和研究管理学的方法

学习和研究管理学，要以马克思主义的辩证唯物主义和历史唯物主义的总的方法论为指导；必须坚持实事求是的原则，深入管理实践，进行调查研究，总结实践经验并用判断和推理的方法，使管理实践上升为理论；必须运用全面的、历史的观点，去观察和分析问题，重视管理学的历史，考察它的过去、现状及其发展趋势，不能固定不变地看待组织及组织的管理活动。同时，学习和研究管理学还要综合运用各种方法，吸收和采用多种学科的知识。

(一) 系统的方法

要进行有效的管理活动，必须对影响管理过程中的各种因素及其相互之间的关系，进行总体的、系统的分析研究，才能形成管理的可行的基本理论和合理的决策活动。总体的、系统的研究和学习方法，就是用系统的观点来分析、研究和学习管理的原理和管理活动。所谓系统是指由相互作用和相互依赖的若干组成部分结合成的、具有特定功能的有机整体。系统本身又是它所从属的一个更大系统的组成部分。

研究和解决管理问题时必须具有整体观点、“开放的”与相对“封闭的”观点、反馈信息的观点、分级观点、等效观点等等有关系统的基本观点。

学习管理的概念、理论和方法也要用系统的观点来进行指导。通过管理过程中管理职能的展开来系统研究管理活动的过程、规律、原理和方法的问题，这是一种对主管人员来说比较切合实际的研究和学习的方法，而且易学、易懂、易用。因此，学习管理学，绝不能把各项职能工作割裂开来，而应把它们当做整个管理过程的有机组成部分来系统地分析和思考，从而真正认识到作为一个主管人员应该做些什么工作，怎样把工作做好，以及相关的知识有哪些。

（二）理论联系实际的方法

理论联系实际的方法，具体说可以是案例的调查和分析，边学习边实践，以及带着问题学习等多种形式。通过这种方法，有助于提高学习者运用管理的基本理论和方法去发现问题、分析问题和解决问题的能力。同时，由于管理学是一门生命力很强的建设中的学科，因而还应以探讨研究的态度来学习，通过理论与实践的结合，使管理理论在实践中不断地加以检验，从而深化认识，发展理论。

理论联系实际还有一个含义，就是在学习和研究管理学时，要注意管理学的二重性，既要吸收工业发达国家管理中科学性的东西，又要去其糟粕；既要避免盲目照搬，又要克服全盘否定；要从我国国情出发加以取舍和改造，有分析、有选择地学习和吸收。我们要从我国实际出发吸取外国的科学成果，通过实践，并且在不断地总结自己的实践经验的基础上形成和发展具有中国特色的社会主义管理学。

（三）归纳法

归纳法就是通过对客观存在的一系列典型事物（或经验）进行观察，从掌握典型事物的典型特点、典型关系、典型规律入手，进而分析研究事物之间的因果关系，从中找出事物变化发展的一般规律。这种从典型到一般的研究方法也称为实证研究。由于管理过程十分复杂，影响管理活动的相关因素极多，并且相互交叉，人们所能观察到的往往只是综合结果，很难把各个因素的影响程度分解出来，所以大量的管理问题都只能用归纳法进行实证研究。

在管理学研究中，归纳法应用最广，但其局限性也十分明显。如一次典型调查（或经验）只是近似于无穷大的总体中的一个样本。所以实证研究必须对足够多的对象进行研究才有价值；如果选择的研究对象没有代表性，归纳出的结论也就难以反映出事物的本质；研究事物的状态不能人为地重复，管理状态也不可能完全一样，所以研究得出的结论只是近似的，研究的结论不能通过实验加以证明，只能用过去发生的事实来证明，但将来未必就是过去的再现。

因此，在运用归纳法进行管理问题的实证研究时，首先要弄清与研究事物相关的因素，包括各种外部环境和内部条件，以及系统的或偶然的干扰因素，并尽可能剔除各种不相关的因素。选择好典型，并分成若干类，分类标志应能反映事物的本质特征。调查对象应有足够数量，即按抽样调查原理，使样本容量能保证调查结果的必要精度。调查提纲或问卷的设计要力求包括较多的信息数量，并便于作出简单明确的答案。对调查资料的分析整理，应采取辩证唯物主义和历史唯物主义的方法，去寻找事物之间的因果关系，切忌采取先有观点再搜集材料加以论证的形而上学方法。

（四）试验法

管理中的许多问题，特别在微观组织内部，关于生产管理、设备布置、工作程序、操作方法、现场管理、质量管理、营销方法以及工资奖励制度、劳动组织、劳动心理、组织行为、商务谈判等许多问题都可以采用试验法进行研究。即人为地为某一试验创造一定条件，观察其实际试验结果，再与未给予这些条件的对比试验的实际结果进行比较分析，寻找外加条件与试验结果之间的因果关系。如果经过多次试验，而且总是得到重复的相同结果，那就可以得出结论，这里存在某种普遍适用的规律性。著名的霍桑研究就是采用试验法研究管理中人际关系的成功例子。

试验法可以得到接近真理的结论。但是，管理中也有许多问题，特别是高层的、宏观的管理问题，由于问题的性质特别复杂，影响因素很多，不少因素又是协同作用的，所以很难逐个因素孤立地进行试验。并且此类管理问题的外部环境和内部条件特别复杂，要想进行人为的重复也是不可能的。例如投资决策、生产计划、财务计划、人事管理、资源分配等许多问题几乎是不可能进行重复试验的。

（五）演绎法

对于复杂的管理问题，可以从某种概念出发，或从某种统计规律出发，也可以在实证研究的基础上，用归纳法找到一般的规律性，并加以简化，形成某种出发点，建立起能反映某种逻辑关系的经济模型（或模式），这种模型与被观察的事物并不完全一致，它所反映的是简化了的事实，它完全合乎逻辑推理。它是从简化了的事实前提下推广得来的，所以这种方法称之为演绎法。从理论概念出发建立的模型称为解释性模型，例如投入产出模型，企业系统动力学模型等，都是建立在一定理论概念基础之上的。从统计规律出发建立的模型称为经济计量模型，例如柯普-道格拉斯生产函数模型，以及建立在回归分析和时间序列分析基础上的各种预测模型和决策模型。建立在经济归纳法基础上的模型称为描述性模型，例如现金流量模型，库存储蓄量模型，生产过程中在制品变动量模型等等。

现代科学技术的发展迅速地推动着管理学研究方法的现代化。特别是由于计算机硬件和软件技术的迅速发展，管理中的各种模型，多至具有几百个变量的线性规划模型都可以在计算机上进行迅速的运算，或者进行动态模拟。计算机的应用将大大促进管理学向更加精密的方向发展。

四 21 世纪对管理学的挑战

一些未来学家断言，在 21 世纪，人类社会的发展依赖于两个方面，那就是科学技术的进步和管理水平的提高。呼啸而来的 21 世纪虽然多少带有人类过去行为刻下的痕迹，但又以其自身的逻辑和自然的法则给人类一种未知，管理学自然也不例外，将可能面临着众多的挑战。

1. 资源配置方式的挑战。传统的资源如劳动力、土地、资本和自然资源支撑了 20 世纪的发展，知识与信息将成为 21 世纪发展的最大资源。假定这一说法成立，现行的资源配置模式是否应该放弃？未来的资源配置模式又应该如何？20 世纪 90 年代风行欧美的组织改造理论与实践，似乎是先知先觉者的先行行为，然而确实又有其历史的背景和未来的呼唤。

2. 对人的管理模式的挑战。在物质不甚丰富而又在逐步丰富的 20 世纪中，大众迫于生计而更多地像一个追逐利益的经济人，经济学家们以此构造了他们的理论体系和现实的经济体系，然而在物质甚为丰富、人类生活有了大幅度提高之后，人们也许开始摆脱经济人的头衔，此时不仅经济体系需要重构，对人们工作努力的驱动源恐怕也需要重构。现在不也有许多管理者号称在进行“以人为本”的管理，似乎在寻找一种未来的范式吗？

3. 组织行为方式的挑战。环境的发展变化速度愈来愈快，一些巨大的僵化的组织已不能敏捷地改变自己以适应环境，从而导致衰落乃至消亡。新世纪的到来使得一些肩负组织重托的人不得不为组织的生存与发展而担忧，于是便有“第五项修炼”一说，以针对现时组织。然而使组织真正成为有学习能力、有超然思维的有机体又谈何容易。21 世纪中有哪些组织能真正成为这样的组织，从而保持不败的地位呢？

4. 组织伦理道德的挑战。20 世纪人的心智模式和思维方式是 20 世纪众多约束因素综合作用下的产物。这些约束因素在 21 世纪发生变化之后，作为管理的探索者，其价值观念、思维方式等都将发生不可预知的变化。然而，重利不重义的 20 世纪伦理道德和行为方式应该转为全新的伦理道德和行为方式，以此来构造未来的社会和经济体系。21 世纪的管理学将覆盖全新的管理伦理、管理价值观和行为方式。现在开始探讨未来的管理伦理也许会给从今天走向未来的管理者以莫大的帮助。

5. 信息搜集和利用的挑战。21 世纪是信息的世纪，是信息爆炸的世纪。信息越是充分越是丰富，人们就越难及时搜索到自己所需要的信息，除非有比现今更为有效的信息搜索方法与技术。信息社会中的人就像一艘孤立无援的船独自在大海中寻觅。从所需信息的角度来看，每个生产者和消费者都是不充分信息的拥有者，如何在他们之间架起沟通的桥梁，可能是 21 世纪市场营销全新观念和体系的拓展方向，整合抑或是分工？渠道抑或是媒体？

6. 经济全球化的挑战。人类只拥有一个地球，21 世纪的人们将更多地体会世界的渺小、地球的可爱，人们将更多地超越自己的国界来思考问题，解决问题。在此意义上，人类是一个整体，他们将没有国界，人类的经济行为将从全球的长远角度来考察。如果说 20 世纪的那些跨国公司，在跨国经营时还仅仅从比较利益、突破市场壁垒、谋求更大利益的角度出发，那么 21 世纪的跨国企业也许应为全球经济的发展、人类福利的增长而设想，这是否是天方夜谭？

7. 组织可持续发展的挑战。发展是硬道理，21 世纪也要发展。然而 20 世纪的人们在发展时竭泽而渔，导致资源枯竭、生态环境恶化、物种减少、气候反常等等，这一切给 21 世纪的发展带来困难，人们不禁要大声地问：人类社会还能持续发展吗？21 世纪应该回答这个问题，作为支撑这个社会经济支柱的企业也应有自己的答案。就像人类一样，企业首要解决的问题是生存，然后才能有发展。21 世纪中企业应以什么方式发展，才能与可持续发展的命题相一致，这应该是未来管理学研究的首要问题。

8. 分工与合作关系的挑战。刚刚过去的20世纪是专业化分工大发展的世纪，人类从专业化分工获得了巨大的收益。20世纪的文明，可以说是专业化分工的文明。然而分工愈深愈细愈有可能偏离本原要旨，使综合性的问题难以处理和解决，如大至南极上空的臭氧层变薄的问题，小至一个企业拓展新市场的问题。21世纪可能是重返综合的世纪，人类或许可从综合中获得更大的收益，企业或许能在综合中获得新生，管理学或许要创造综合性的理论与方式方法。

本章小结

1. 管理是伴随着组织的产生而产生的，随着组织规模的扩大而日益显现其重要性。管理工作相对区别于作业工作又为作业工作提供服务的活动。

2. 管理的基本职能是计划、组织、领导、控制和协调。不同类别管理者在管理工作上的差别主要是各项管理职能履行的程度和重点有所不同。

3. 组织的管理人员按其所处的管理层次不同分为高层管理者、中层管理者和基层管理者；按其所从事管理工作的领域宽度及专业性质的不同可划分为综合管理人员和专业管理人员。

4. 管理者从事管理工作需具备的技能主要包括技术技能、人际技能和概念技能。管理者所处的层次不同，所需掌握的各种管理技能的比例可能不同。

5. 管理学是一门系统地研究组织管理活动的基本规律和一般方法的科学。管理学以一般组织的管理为研究对象。

6. 本书的内容是以管理的基本职能为主线，重点叙述管理活动的基本规律和方法，全面、系统地阐述一个组织如何适应环境变化，合理组织和利用人力与其他资源以实现组织的目标。

7. 学习和研究管理学，要以马克思主义的辩证唯物主义和历史唯物主义的总的方法论为指导，综合运用系统的方法、理论联系实际的方法、归纳法、实验法、演绎法等方法。

新任公司总裁后的思考

郭宁最近被一家生产机电产品的公司聘为总裁。在他准备接任此职位的前一天晚上，他浮想联翩，回忆起他在该公司工作20多年的情况。他在大学时学的是工业管理，大学毕业获得学位后就到该公司工作，最初担任液压装配单位的助理监督。他当时感到真不知道如何工作，因为他对液压装配所知甚少，在管理工作上也没有实际经验，他几乎每天都感到手忙脚乱。可是他非常认真好学，他一方面仔细参阅该单位制定的工作手册，并努力学习有关的技术书刊，另一方面监督长也对他主动指点使他渐渐摆脱了困境，胜任了工作。经过半年多时间的努力，他已有能力独担液压装配的监督长工作。可是，当时公司没有提升他为监督长，而是直接提升他为装配部经理，负责包括液压装配在内的四个装配单位的领导工作。

在他当助理监督时，他主要关心的是每日的作业管理，技术性很强。而当他担任装配部经理时，他发现自己不能只关心当天的装配工作状况。他还得作出此后数周乃至数月的规划，还要完成许多报告和参加许多会议，他没有多少时间去从事他过去喜欢的技术职责。当上装配部经理不久，他就发现原有的装配工作手册已基本过时，因为公司已安装了许多新的设备，吸收了一些新的技术，这使他花了整整一年的时间去修订工作手册，使之切合实际。在修订手册过程中，他发现要让装配工作与整个公司的生产作业协调起来是需要有很多讲究的。他还主动到几个工厂去访问，学到了许多新的工作方法，他也把这些吸收到修订的工作手册中去。由于该公司的生产工艺频繁发生变化，工作手册也不得不经常修订，郭宁对此都完成得很出色。他工作了几年后，不但自己学会了这些工作，而且还学会如何把这些工作交给助手去做，教他们如何做好，这样，他可以腾出更多时间用于规划工作和帮助他的下属工作得更好，以及花更多的时间去参加会议、批阅报告和完成自己向上级的工作汇报。

当他担任装配部经理6年之后，正好该公司负责规划工作的副总裁辞职应聘于其他公司，郭宁便主动申请担任此一职务。在同另外5名竞争者较量之后，郭宁被正式提升为规划工作副总裁。他自信拥有担任此一新职位的能力，但由于此高级职务工作的复杂性，仍使他在刚接任时碰到了不少麻烦。例如，他感到很难预测1年之后的产品需求情况。可是一个新工厂的开工，乃至一个新产品的投入生产，一般都需要在数年前作出准备。而且，在新的岗位上，他还要不断处理市场营销、财务、人事、生产等部门之间的协调，这些他过去都不熟悉。他在新岗位上越来越感到：越是职位上升，越难以仅仅按标准的工作程序去进行工作。但是，他还是渐渐适应了，做出了成绩，以后又被提升为负责生产工作的副总裁，而这一职位通常是由该公司资历最深的、辈分最高的副总裁担任的。到了现在，郭宁又被提升为总裁。他知道，一个人当上公司最高主管职位之时，他应该自信自己有处理可能出现的任何情况的才能，但他也明白自己尚未达到这样的水平。因此，他不禁想到自己明天就要上任了，今后数月的情况会是怎么样？他不免为此而担忧。

问题：

1. 你认为郭宁当上公司总裁后，他的管理责任与过去相比有了哪些变化？应当如何去适应这些变化？

2. 你认为郭宁要成功地胜任公司总裁的工作，哪些管理技能是最重要的？你认为他具有这些技能吗？试加以分析。

【复习题】

1. 如何理解管理的含义？
2. 列出管理的主要职能，并简要说明之。
3. 管理者在管理过程中通常需要扮演哪些角色？
4. 管理者应具备哪些基本技能？不同管理层次的管理者所需要技能的侧重点有什么不同？
5. 管理学有哪些特点？

讨论及思考题

1. 你认为给你们上“管理学”课程的大学老师，他（她）是在从事管理工作吗？

2. 你对成功的管理者是怎么认识的？在工作上最有成绩的管理者，也会是在组织中提升得最快的人吗？

第二章

管理理论的产生与发展

本章提示

◇ 泰罗及科学管理理论
◇ 法约尔及一般管理理论
◇ 韦伯及官僚制组织理论
◇ 梅奥的人群关系理论
◇ 现代管理理论的特点
◇ 几种主要现代管理理论学派

本章引言

管理实践和思想有着悠久的历史，自从有了人类社会，人们就开始了管理实践并逐渐产生了管理思想。古埃及的金字塔和我国的万里长城，其工程之浩大、技术之复杂，至今仍被视为难以想象的奇迹，仅从管理角度来看，无疑都是管理实践的实物见证；我国古代的《孙子兵法》、《周礼》、《墨子》、《老子》、《论语》和古巴比伦的《汉谟拉比法典》等则都是管理思想的文字见证；近代的理查·阿克莱特的“科学管理实践”、亚当·斯密的“劳动分工观点”和“经济人观点”、小瓦特和博尔顿的“科学管理制度”、罗伯特·欧文的“人事管理”等都为管理理论的形成奠定了基础。人类系统地研究并形成管理理论，是在19世纪末20世纪初，仅有百年左右的历史。第二次世界大战后，管理理论得到了迅速发展，掀起了管理热潮，许多学者和管理学家从不同的角度提出了各种理论和新的学说，形成了“管理理论丛林”。本章重点研究古典管理理论、行为科学理论和现代管理理论的形成与发展。

第一节　古典管理理论

一　古典管理理论产生的背景

古典管理理论形成于19世纪末20世纪初。在古典管理理论产生之前，企业管理实践处于传统经验管理阶段。企业由资本家直接管理，企业管理主要凭个人经验办事，没有科学的管理制度，对工人和管理人员的培养，主要采用师傅带徒弟的方式。由于资本家知识和经验的限制，当时管理是粗放式的、低水平的。

传统经验管理越来越不适应管理实践的需要。随着资本主义由自由竞争向垄断过渡，企业劳资矛盾日益加深和公开化，资本家对高利润的追求与工人要求增加工资、改善工作条件和生活条件的矛盾已经相当激烈。随着科技进步，劳动手段的机械化、自动化水平的提高，企业管理日益复杂化，单纯靠经验已经很难完成管理的任务。

所有权与经营权的分离对管理提出了新的要求。一些企业开始实行所有权与经营权分离，由有管理知识、管理经验的经理、厂长、工程师替代资本家管理企业。随着企业所有权与经营权的分离，客观要求实行管理职能化，建立专门的管理机构，配备专门的管理人员，建立科学的管理制度，采用科学的管理方法。

管理实践水平的提高和管理经验的积累，为古典管理理论的形成奠定了客观基础。

二　泰罗的科学管理理论

泰罗（F. W. Taylor，1856—1915）的科学管理在管理发展史上占有极其重要的位置，它是科学管理的起点，使管理从此走上了科学发展之路。科学管理的提出是管理的第一次革命，在管理的发展史上具有伟大的划时代的意义，因此，泰罗被称为“科学管理之父”。

泰罗出生于美国费城一个富裕的律师家庭，19岁时考上了哈佛大学，但因眼睛不好而被迫辍学，于是就进入了一家小机械厂当学徒工。22 岁进入费城米得维尔钢铁公司，开始当技工，后来迅速被提升为工长、总技师，28 岁时任钢铁公司的总工程师。1898 年进入伯利恒钢铁公司继续从事管理方面的研究。1901 年以后，他用大部分时间从事写作、演讲，宣传他的企业管理理论，后人将他的管理理论称为“科学管理”或“泰罗制”。他一生的研究硕果累累，著作很多，其主要著作有《科学管理原理》、《车间管理》、《计件工资制》等，其代表作是 1911 年出版的《科学管理原理》。

（一）泰罗科学管理的主要内容

泰罗科学管理的研究内容涉及的范围很广，其主要内容可以概括为工作效率和工作定额、科学选人、标准化、差别计件工资制、职能研究、例外管理等六个方面。

1. 工作效率和工作定额。以经验为主的低效率的管理方式造成工作的低效率，并且这种低效率使人力、财力浪费惊人。为了提高生产效率和工作效率，首先应制定出有科学依据的工作定额。泰罗在制定科学的工作定额方面作了大量的研究，首先从时间研究和动作研究入手。

时间浪费严重是生产低效率的表现之一。为了提高时间的利用率，必须进行时间研究，其主要方法是进行工作日活动写实和测时。泰罗通过长期的研究和实验，提出了改进措施，即根据工作日写实的记录，保留必要时间，去掉不必要时间，从而达到提高劳动生产率的目的。

以工序为对象测时，按操作步骤进行实地测量并研究工时消耗的方式。他研究总结了先进工人的操作经验，并推广先进的操作方法，确定合理的工作结构，为制定工作定额提供参考。合理的动作不仅会提高作业的效率，还能大大节省工人的体力消耗及避免身体的损害。通过动作分析，去掉多余动作，保留和改善必要的动作，使生产率得到了提高。

2. 科学选人用人。原来工厂招聘工人、分配工作只考虑数量问题，岗位缺人，缺多少，补充上即可，很少考虑一个工作岗位究竟需要什么样的人，从而造成人与工作的不协调问题。这种盲目分配工作的方法，既造成人的能力浪费，又会降低工作效率。泰罗认为，人的天赋与才能各不相同，他们所适合做的工作也不同，为了提高劳动生产率，必须为工作挑选最合适的工人。泰罗把工人分成头等工人和二等工人两类，头等工人是指那些能干而又愿意干的工人，二等工人是指那些在身体条件上完全能够胜任但十分懒惰的工人。泰罗认为，应该为工作挑选头等工人，在能力上适合工作，如身强力壮的人干体力活可能是合适的，算账、统计、质量检验这些精细的活可能并不一定适合，而心灵手巧的人，干精细的活可能是一流的，但干体力活并不一定合适。除了能力外，还要考虑人的态度问题，一个人的能力与工作再合适，但本人却不愿意干，也不会提高工作效率。泰罗的做法，使人的能力、态度与工作得到了科学、合理的配合，并对上岗的工人进行教育和培训，教会他们科学的工作方法，使工作效率大大提高。

3. 实行标准化。劳动定额的制定是科学管理的基础，实际上也是劳动时间和操作动作的标准化。泰罗认为，在工作中还要建立各种标准的操作方法、规定和条例，使用标准化的机器、工具和材料。“要为人们工作的每一个环节制定一种科学方法，以代替旧有的只凭经验的工作方法”。科学管理是以工作效率的提高为中心的，标准化能大幅度地提高生产效率和工作效率，因此标准化是泰罗研究的一个重要方面。

4. 有差别的计件工资制。泰罗提出了一种差别计件工资制，以鼓励工人超额完成定额。他认为，工资制度不合理是引发劳资矛盾的重要因素。计时工资制不能体现多劳多得，弊病很大。计件工资制表面上将报酬与完成的工作数量挂钩，但随着工人完成数量的增加，资本家可以通过降低单件的报酬，最后并不能使工人的总报酬有实质性的提高，因此工人只好“磨洋工”。为此，他设计，如果工人完成或超额完成定额，按比正常单价高出25%计酬。如果工人完不成定额，按比正常单价低20%计酬。泰罗指出，这样做会体现多劳多得，大大提高了工人们的劳动积极性。资本家的支出虽然会有所增加，但由于产量增加，利润提高的幅度会超过工资提高的幅度，对资本家还是有利的，况且这种工资制还会缓和劳资矛盾，达到“和谐的合作关系”。泰罗还奉劝资本家要严格按照规定的标准办事，保证工资的增长是永久性的，否则工人不会更卖力地干活。

5. 劳动职能分析。应该对企业中的各项工作的性质进行认真仔细的研究，科学分析，用科学的工作方法取代传统的经验工作方法。当时的企业没有专门的管理部门，许多管理工作，如计划、统计、质量检验、控制等都混杂在执行工作之中。他主张将管理工作与执行工作分开，并建立专门的管理部门，配备专门的管理人员，其职能是进行时间和动作研究、制定劳动定额和标准、选用标准工具和操作方法等。计划管理工作与执行工作的分离在管理发展史上具有重要意义，它促进了劳动分工的发展，实现了管理工作的专业化，也为科学管理理论的形成奠定了坚实的组织基础。

6. 例外原则。泰罗主张在管理工作中实行例外原则，这是非常精深和有远见的。他将管理工作分成两类，即一般事务管理和例外事务管理。企业的高级主管人员应把处理一般事务的权限下放给下级管理人员，自己只负责对下级管理人员的监督和处理例外事务。这种原则的实质是实行分权管理，在当时集权化管理的背景下，它的提出无疑具有非常积极的现实意义。

（二）泰罗管理理论的分析

1. 科学管理的实质。泰罗曾在一次国会举行的听证会上指出，科学管理不是任何一种提高效率的措施，不是一种新的成本计算方法，不是付给工人的一种新的奖金制度和工资制度，不是时间研究和动作研究，不是职能工长制，也不是普通工人在提到科学管理时想到的管理措施。上述这些只是科学管理的附件，科学管理的实质是在一切企业或机构中雇主和工人双方在思想上的一次完全的革命。这种完全的思想革命使双方不再把注意力放在利润如何分配上，而是将注意力放在如何增加利润的数量上，使利润增加到无论如何分配都不会引起双方争论的程度。这时他们将会停止对抗，转为向一个方向并肩前进；这时他们自然会懂得友谊与合作，用相互帮助来代替相互对抗。

泰罗科学管理在实践中的效果并不太理想，使用科学管理的企业，管理者对工人的管理方法往往非常苛刻，使劳资关系更加紧张。因此，科学管理也受到了来自各方面的质疑。1911 年 10 月，美国的沃特敦兵工厂由于实行科学管理制度，引发了大规模的工人罢工，在当时的美国引起很大的轰动，国会还为此举行了专门的听证会。

2. 科学管理的局限性。科学管理最明显的局限性是认为工人是“经济人”。他认为工人之所以工作，是因为工人只追求物质利益，没有金钱和物质的诱惑，人们是不会好好工作的，大部分工人是懒惰的、无知的、没有责任心的，因此对工人的管理方法和手段，就是指制定严格的规章制度，将工人管起来，工人只能被动地服从管理者的命令。

科学管理重视物质技术因素，忽视人及社会因素。他将工人看成是机器的附属品，是提高劳动生产率的工具，因此在生产过程中强调严格的服从，他没有看到工人的主观能动性及心理社会因素在生产中的作用，认为人们只看重经济利益，根本没有责任心和进取心。由于对工人的错误认识，必然导致科学管理理论在实践中的局限性。

3. 科学管理的贡献。科学管理最大的贡献是提倡用科学的管理方法代替传统的管理方法。由于科学管理方法的逐步普及和发展，极大地促进了企业生产效率的提高，也促进了当时工厂管理的根本变革。其意义是历史性的，科学管理是管理发展史上的一次伟大的革命，它的提出也标志着管理学作为一门学科开始形成。

科学管理的提出不仅是管理方法的革命，也是管理思想的革命，不仅在当时的社会生产中发挥了重要的作用，也对以后的管理理论发展产生了深远的影响，泰罗的贡献是巨大的、历史性的。

三　法约尔的“一般管理”理论

当泰罗在美国研究倡导科学管理的时候，亨利·法约尔（Henri Fayol，1841—1925）在欧洲也积极地从事着管理理论的研究，他的研究为管理理论的发展作出了杰出的贡献。西方有的学者曾指出：“为数众多的理论之父与为数不多的理论之母共创了管理理论，然而，集 20 世纪管理理论之大成者，首推亨利·法约尔。管理者是职能活动的综合者，这一观点牢牢把握了管理的本质。”

法约尔 1860 年毕业于法国圣艾蒂安国立矿业学院，作为一名采矿工程师进入法国的一家矿冶公司工作，从 1866 年开始一直担任公司的高级管理职务，直到退休。他首次提出了著名的管理职能理论。他的代表作是 1916 年出版的《工业管理与一般管理》。

从管理理论上看，由于法约尔和泰罗的经历不同，对管理研究的着眼点也不同。泰罗进入工厂从学徒工做起，因此，他所研究的重点内容是企业内部具体工作的作业效率，即企业微观的生产组织问题。而法约尔一入企业就从事高级管理工作，所以他的视野能够覆盖整个企业，把企业作为一个整体，研究如何提高整体的工作效率问题。

（一）法约尔“一般管理”的主要内容

1. 管理的五个基本职能。法约尔一般管理理论的一个重要内容是他首次把管理活动划分为计划、组织、指挥、协调与控制五大职能，揭示了管理的本质，并对这五大管理职能进行了详细的分析和讨论。

他认为，计划就是探索未来和制定行动方案；组织就是建立企业的物质和社会的双重结构；指挥就是使其人员发挥作用；协调就是连接、联合、调和所有的活动及力量；控制就是注意一切是否按已制定的规章和下达的命令进行。

这是法约尔在管理学理论上最突出的伟大贡献，它奠定了管理学的基础并建立了其主要框架，至今仍然在沿用中。

2. 工作分类与人员能力结构。法约尔认为，企业里发生的所有行为都可以概括为六类：

(1) 技术性的工作——生产、制造；

(2) 商业性的工作——采购、销售和交换；

(3) 财务性的工作——资金的取得与控制；

(4) 会计性的工作——盘点、成本及统计；

(5) 安全性的工作——商品及人员的保护；

(6) 管理性的工作——计划、组织、指挥、协调与控制。

法约尔对这六大类工作分析之后发现，对基层工人或其他人员主要要求其具有技术能力。随着组织层次中职位的提高，人员的技术能力的相对重要性在降低，而管理能力的要求逐步提高；企业规模越大，管理就显得越重要，而技术能力的重要性相对减少。在这一点上法约尔与泰罗的认识是不一样的，泰罗极为重视作业阶层和技术能力，而法约尔更为重视一般性的管理工作和管理职能。

3. 十四条管理原则。为了使管理者能够更好地履行管理的职能，通过长期的实践观察，法约尔总结出管理的十四条一般原则。

(1) 劳动分工。实行劳动的专业化分工可以提高人们的工作效率。劳动分工不仅适用于技术工作，也适用于管理工作。但是，专业化分工要有一定的限度，不能分得过粗或过细，否则效果不好。

(2) 权力与责任。在企业中，人的权力与其承担的责任应当相符，有权力的地方就要有责任，不能出现有权无责或有责无权的情况。

(3) 纪律。纪律是企业领导人同下属人员之间在服从、勤勉、积极、举止和尊敬方面所达成的一种协议。所有成员都要通过各方达成的协议对自己在组织内的行为进行控制。

(4) 统一指挥。组织内的每个成员都应接受而且只应接受一个上级的命令。

(5) 统一领导。凡是具有同一目标的活动，只应有一个领导人和一套计划。

(6) 个人利益服从集体利益。企业的目标应尽可能多地包含个人的目标，使企业目标实现的同时满足个人的合理需求。当个人利益与集体利益发生冲突时，优先考虑集体利益。

(7) 合理报酬。报酬制度要公平、合理，对工作成绩与工作效率优良者应有奖励，但奖励不应要有适当的限度，以能够激起职工的热情又不会出现副作用为宜。优良的报酬要和良好的管理结合起来，才能收到好的效果。

(8) 适当集权与分权。提高下属重要性的方法是分权，降低这种重要性的方法是集权。要根据企业的性质、条件和环境、人员的素质来恰当地决定集权和分权的程度。当企业的实际情况发生变化时，要适时改变集权和分权的程度。

(9) 等级制度与跳板。**等级制度就是从最高权力机构层层延伸直至最基层管理人员的领导系列。**它表明权力等级的顺序和信息传递的途径。但是，有时候可能由于信息沟通的线路太长而延误时间或出现信息失真现象。为了既能维护统一指挥原则，又能避免信息的延误和失真，法约尔提出了一种“跳板”原则，即在需要沟通的两个部门之间建立一个“法约尔桥”，建立同级之间的横向沟通。

用图 2—1 来解释跳板原则。在一个等级制度表现为 F—A—P 双梯形式的企业里，假设 E 部门与 O 部门需要发生联系，以常规就需要沿着等级路线攀登从 E 到 A 的阶梯，然后再从 A 下降到 O，这个过程中每一级都要停顿。然后再反向从 O 经过 A 回到原出发点 E。显然，如果通过 E－O 这一“跳板”直接从 E 到 O，问题就简单多了。当领导人 D 与 N 允许他们各自的下属 E 与 O 直接联系，E 与 O 及时向他们各自的领导人汇报他们所共同商定的事情，沟通既快又便捷，而且维持了等级制度原则。

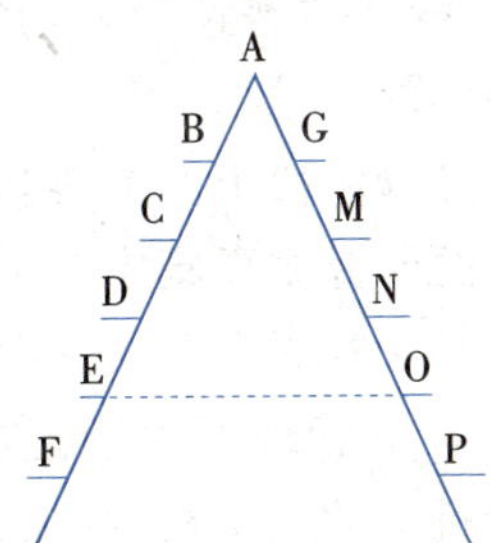

图 2—1 “跳板”原则示意图

(10) 秩序。秩序是指“凡事各有其位”。秩序原则既适用于对物质的管理，也适用于对人的管理。任何物品都要排列有序，人员要有自己确定的位置。根据每个人的能力和意愿，将其安排在最适合的工作岗位上。

(11) 公平。“公平”原则就是“善意”加“公道”。由于各种因素不断变化，原来的“公道”可能会变成“不公道”。如果不及时改变这种情况，就会打击职工的工作积极性。

(12) 保持人员稳定。一个人要熟练、有效地从事某个岗位的工作，需要相当长的时间。假如他刚刚开始熟悉自己的工作就被调离，那么他就没有时间和办法为本组织提供良好的服务。人员变动频繁的组织是很难成功的。人员的稳定是相对的，关键是要掌握好人员流动的适当尺度，保持企业人员的稳定性与适应性。

(13) 首创精神。发挥个人的聪明才智，提出具有创造性的想法或发明，既会给员工带来极大的快乐，也是刺激员工努力工作的最大动力之一。企业的领导者不仅本人要有首创精神，还要鼓励全体成员发挥首创精神。

(14) 人员团结。全体成员的和谐与团结是企业发展的巨大力量，形成和谐和团结的气氛，最有效的方法是严守统一指挥原则，加强企业内部的交流。

(二) 对法约尔“一般管理”的分析

在欧美，特别是在法国，法约尔的一般管理理论在他生前的很长一段时间里，都没有引起人们的足够重视。当时在美国和欧洲，泰罗的管理理论非常盛行，在法国还成立了一个专门宣传“泰罗主义”的组织，使得人们更多地接触的是泰罗的科学管理理论。法约尔去世后，他的管理思想才逐渐被人们所认识。

法约尔对管理理论和管理思想的主要贡献是：

1. 法约尔研究了管理的一般性或普遍性，为管理理论的形成构筑了一个科学的理论框架，奠定了管理学的基础。

泰罗的科学管理使管理从经验阶段上升为科学阶段，为管理的发展作出了巨大的贡献。但由于科学管理的研究主要集中在微观的生产作业领域，提出的是具体的管理方式、方法，缺乏宏观思考，无法形成理论体系。法约尔的一般管理理论系统性和理论性更强，对管理五大职能的分析不仅揭示了管理的本质，还为管理科学提供了一套科学的理论框架。法约尔的理论虽然是以企业为研究对象建立起来的，但由于抓住了管理的一般性，使得他的理论不仅适用于企业的管理，也适用于机关、学校、医院等各种组织和部门的管理。

2. 提出了管理教育的必要性。法约尔认为，对管理知识的需要是普遍的，尤其是对企业的中上层领导人。他大力提倡在大学和专科学校中开设管理方面的课程，传授管理的知识。后人根据这种设想，建立了管理学并把它引入了课堂。管理学的教科书一般也都是按照法约尔的一般管理的框架来撰写的。法约尔提出的管理原则，在过去的八十多年里，经受住了实践的检验，总的来说仍然是正确的，一直在指导着人们的管理研究和实践活动。

四 韦伯的官僚制组织理论

马克斯·韦伯（Max Weber，1864—1920）与泰罗是同时代人，他是德国的古典管理理论代表人物之一，此外，他还是社会学家、经济学家。韦伯一生著述甚丰，著有《新教伦理和资本主义精神》、《一般经济史》和《社会和经济组织的理论》等，他的管理思想主要集中在《社会组织与经济组织》一书中。

韦伯首创了一套完整的组织理论，即官僚制组织理论，又称为理想的行政组织理论，他被尊称为“组织理论之父”。

韦伯的研究对象主要是正式组织，在某种意义上，他的组织理论也就是关于行政组织体系的理论。所以，韦伯特别注重组织理论权威的意义。他认为，古往今来的一切组织无非是建立在三种权威之上的：一是世袭的权威；二是神授的权威；三是合理—合法的权威。只有合理—合法的权威，才是现代社会中最有效的和合理的组织形式的基础。

（一）韦伯的官僚制组织的特征

1. 分工明确。对每个职位上的组织成员的权力和责任都有明确规定，并作为正式职责使之合法化，这一职务是任职者惟一的或是主要的工作。

2. 等级严密。官员们按职务等级系列组织起来，组织内的所有职位都按照权力等级进行安排，形成一个自上而下的、等级严密的指挥体系，每一职务均有明确的职权范围。

3. 规范录用。所有组织成员都是根据职务的要求，通过正式考试的成绩或在培训中取得的技术资格来加以录用的，职务通过自由契约关系来承担。

4. 实行任命制。只有个别职位才实行选举制。

5. 管理职业化。职务已形成一种职业，管理人员都必须是专职的，有固定的薪金并享有养老金，有明文规定的、较完善的合理化的升迁制度。

6. 公私有别。管理人员在组织中的职务活动应当与私人事务区别开来，公私事务之间应有明确的界限。管理人员没有组织财产的所有权，并且不能滥用职权。

7. 遵守纪律。管理人员必须严格遵守纪律，受组织规则和制度约束与监督。

(二) 韦伯的“官僚制组织”理论分析

韦伯认为，这种高度结构化的、正式的、非人格化的理想行政组织体系是强制控制的合理手段，是达到目标、提高效率的最有效形式。这种组织形式在精确性、稳定性、纪律性和可靠性等方面都优于其他形式，能适用于各种行政管理工作及当时日益增多的各种大型组织，如教会、国家机构、军队、政党、经济组织和社会团体。韦伯的这一理论，对泰罗、法约尔的理论是一种补充，对后来的管理学家、特别是组织理论家产生了很大影响。

韦伯的理想的行政组织理论，反映了当时德国从封建主义向资本主义过渡的要求，他总结了在大型组织中的实践经验，为资本主义的发展提供了一种稳定、严密、高效、合理性的管理体系理论；同时，也为管理界管理理论的创新作出了贡献。

当然，理想的行政组织理论并不是个十全十美的管理理论，也不像韦伯所称的那么理想，其中的缺陷还是很突出的。有人对理论中的升迁制度部分提出了疑问；还有人对韦伯的理论提出了批评，认为韦伯只把目光瞄向了正式组织，而忽视了现实中非正式组织的存在及其对管理所起的重大的影响。

第二节 行为科学理论

行为科学理论是20世纪20年代开始形成的。所谓行为科学，就是对工人在生产中的行为及行为产生的动机，进行分析研究，以便调节人际关系，提高劳动生产率。行为管理理论早期被称为人际关系学说，以后发展为行为科学，即组织行为理论。行为科学理论研究的内容主要包括人的本性和需要、行为动机、生产中的人际关系等。

一 行为科学理论产生的背景

随着资本主义生产力的发展，劳资矛盾更加突出，工人不满和对抗的情绪日益严重，企业管理实践迫切需要从理论上解决这一问题，以改善劳资关系，提高劳动生产率。

古典管理理论在生产要素管理中强调物的因素，忽视人的因素；强调人的物质需要，忽视人的社会需要。在组织管理理论方面，强调正式组织，忽视非正式组织。由于古典管理理论的不完备，更加深了企业的劳资矛盾。工人用罢工、怠工、破坏机器等手段与资本家进行斗争，严重地影响资本主义劳动生产率的提高和资本主义生产力的发展。这引起资本主义国家社会各阶层的极大担心和不安，他们要求重新检查企业管理活动，创立新的管理理论与方法。在这种形势下，一些西方管理学者，在管理理论先驱们已有研究成果和科学管理理论的基础上，把人类学、社会学和心理学等运用到企业管理中去，创立了行为科学理论。

二 梅奥的人群关系理论

梅奥（E. Mayo，1880—1949），原籍澳大利亚，后移居美国。1926 年被哈佛大学聘为教授，是人群关系理论及行为科学的代表人物，从事心理学和行为科学研究，他的代表作为《工业文明中人的问题》，本书总结了他亲身参与和指导的霍桑试验及其他几个试验的研究成果，详细地论述了人群关系理论的主要思想。梅奥是继泰罗和法约尔之后，对近代管理思想和理论的发展作出重大贡献的学者之一。

（一）霍桑试验

这项试验是美国国家研究委员会从 1924 年到 1932 年在美国芝加哥西方电器公司的霍桑工厂进行的。曾学过逻辑学、哲学和医学的梅奥参加并指导了这一试验。该试验的目的是为了解释出现在西方电器公司管理实践中的一系列矛盾和问题，主要研究外界因素与工人劳动生产率之间的关系。但试验结果大大出乎人们的意料，影响工人劳动生产率的因素并非物质的，而是在工作中发展起来的人群关系，这个结果极大地推动了管理理论发展的进程。

霍桑工厂有较完善的娱乐设施、医疗制度和养老金制度，但工人们的生产效率并不高，并且还有很强烈的不满情绪。是什么原因造成的呢？研究小组聘请了包括社会学、心理学、管理学等多方面的专家进驻霍桑工厂，开始进行大规模的试验。试验分为四个阶段：工作场所照明试验、继电器装配测试室试验、大规模访谈和接线板接线工作室观察。

1. 工作场所照明试验（1924—1927）。该试验从变换车间的照明开始，打算研究工作条件与生产效率间的关系。研究人员希望通过试验得出照明强度对生产率的影响，但试验结果却发现，照明强度的变化对生产率几乎没有什么影响。该试验以失败告终，但却从中可以得出两个结论：(1) 工作场所的照明只是影响工人生产率的微不足道的因素。(2) 由于牵涉因素较多，难以控制，且其中任何一个因素都足以影响试验的结果，所以照明对产量的影响无法准确衡量。

2. 继电器装配室试验（1927—1928）。从这一阶段起，梅奥参加了试验。研究人员选择了5名女装配工和1名画线工在单独的一间工作室内工作（一名观察员被指派加入这个工人小组，以记录室内发生的一切），以便对影响工作效果的因素进行控制。在试验中分期改善工作条件，如改进材料供应方式、增加工间休息、供应午餐和茶点、缩短工作时间、实行集体计件工资制等。这些女工们在工作时间可以自由交谈，观察员对她们的态度也很和蔼。这些条件的变化使产量上升。但一年半后，取消了工间休息和供应的午餐和茶点，恢复每周工作六天，产量仍维持在高水平上。经过研究，发现其他因素对产量无多大影响，而监督和指导方式的改善能促使工人改变工作态度、增加产量。这成为霍桑试验的一个转折点。于是决定进一步研究工人的工作态度和可能影响工人工作态度的其他因素。为了掌握更多的信息，管理部门决定通过一个访谈计划，来调查职工的态度。

3. 大规模访谈（1928—1931）。研究人员在上述试验的基础上进一步在全公司范围内进行访问和调查，达2万多人次。刚开始调查人员提出了有关督导管理和工作环境方面的问题，但是他们发现职工的回答往往是带有防卫性的或是千篇一律的陈词滥调。因此，他们决定改变直接提问的方式，允许职工自由选择他们自己的话题，结果却得到了大量有关职工态度的第一手资料。结果发现，影响生产力的最重要因素是工作中发展起来的人群关系，而不是待遇和工作环境。每个工人的工作效率的高低，不仅取决于他们自身的情况，还与其所在小组中的同事有关，任何一个人的工作效率都要受他的同事们的影响。这一看法又导致了进一步系统研究职工在工作中的群体行为。

4. 接线板接线工作室观察（1931—1932年）。该室有9名接线工、3名焊接工和2名检查员。在这一阶段有许多重要发现：(1) 大部分成员都自行限制产量。公司规定的工作定额为每天焊接7 312个接点，但工人们只完成6 000～6 600个接点，原因是怕公司再提高工作定额，怕因此造成一部分人失业，要保护工作速度较慢的同事。(2) 工人对不同级别的上级持不同态度。把小组长看做小组的成员，对于小组长以上的上级，级别越高，越受工人的尊敬，工人对他的顾忌心理也越强。(3) 成员中存在小派系。工作室存在派系，每个派系都有自己的一套行为规范。谁要加入这个派系，就必须遵守这些规范。派系中的成员如果违反这些规范，就要受到惩罚。

霍桑工厂进行的试验经历了8年时间，获得了大量的第一手资料，为人群关系理论的形成以及后来行为科学的发展打下了基础。梅奥在霍桑试验后，利用获得的大量的宝贵资料继续进行研究，最终提出了人群关系理论。

（二）梅奥人群关系理论的主要内容

1. 工人是“社会人”而不是“经济人”。泰罗的科学管理认为工人是“经济人”，只要用金钱加以刺激，工人就有工作的积极性。而梅奥的观点却不同，他认为工人是“社会人”，即影响人们生产积极性的因素，除了物质方面之外，还有社会和心理方面的，他们追求人与人之间的友情、忠诚、关心、理解、爱护、安全感、归宿感，渴望受人尊敬等。

2. 企业中存在着非正式组织。正式组织是企业为了实现其目标所规定的成员之间职责范围的一种组织结构，主要体现在组织结构、职权划分、规章制度等方面。梅奥认为，人具有社会性，在企业的共同工作当中，人们相互联系，会自然形成一种非正式团体，在这种团体中，人们具有共同的感情和爱好，可称其为非正式组织。非正式组织形成的原因是多种多样的，有地理位置关系、兴趣爱好关系、亲戚朋友关系、工作关系等等。这种非正式组织的存在在某种程度上支配着其成员的行为方式。正式组织以效率逻辑为其行动标准，即为了提高效率，企业各成员之间保持着形式上的协作。非正式组织以感情逻辑为其行动标准，即出于某种感情和爱好而采取一致的行动。

非正式组织对企业而言有利有弊。其缺点是可能集体抵制上级的政策或目标，优点是使个人有表达思想的机会，可以提高士气，促进人员的稳定，有利于信息沟通，有利于提高工人们的自信心，并减少工作中的紧张感，能扩大协作程度。作为管理者的一方，要充分认识到非正式组织的作用，注意在正式组织的效率逻辑与非正式组织的感情逻辑之间搞好平衡，以便使管理人员之间、工人之间、管理人员与工人之间搞好协作，充分发挥每个人的作用，提高劳动生产率。

3. 生产效率主要取决于职工的工作态度以及与周围人的关系。梅奥认为，提高生产效率的主要途径是提高工人的满足程度，即力争使职工在安全方面、归属感方面、友谊方面的需求得到充分的满足，并且要因人而异。注意每一个职工的个人情况的特殊性和他与周围人员关系的好坏情况，使得他们最大限度地得到感情上的满足。满足度越高，其士气就越高，生产效率也就越高。管理人员必须深刻地认识到这一点，在工作中不仅要考虑职工的物质需求，还应充分考虑职工在精神方面的需求。

（三）对梅奥人群关系理论的分析

从管理学的角度看，梅奥的人群关系理论同以前的管理理论的着眼点不同，他抛弃了以物质为中心的管理思想，而以人为中心进行管理理论的研究，并取得了辉煌的成果。他的人群关系理论，为管理的研究开辟了新的领域，使人们开始关注工业生产中的另一个重要因素，即人的因素，为管理方法的变革指明了方向，开辟了管理学研究的新领域。

梅奥的管理思想强调对管理者和监督者的教育和训练，要求管理者改变对工人的态度和监督方式；倡导下级参与企业的决策，允许职工对作业目标、作业标准和作业方法提出意见；强调意见沟通，改善人际关系，对企业中的非正式组织提出了自己独特的看法。

第三节　现代管理理论丛林

一　现代管理理论产生的背景

随着第二次世界大战的结束，世界许多国家的经济都呈现出恢复、快速发展的态势。科学技术和生产力迅速发展，生产过程自动化和连续化空前提高，一批如电子计算机、航天航空、生物工程新兴产业的迅速成长，技术更新周期大大缩短；生产社会化程度大大提高，企业规模扩大，生产专业化、协作和联合化有更大的发展；市场由卖方市场转向买方市场，市场要求的多样性和多变性日益增长，企业间竞争更加剧烈；社会成员的受教育程度和民主意识有很大的提高。

与之相适应，世界范围内对管理理论的研究也呈现出了蓬勃的景象，各种管理理论和管理学派百花齐放，百家争鸣。在发达资本主义国家里，企业管理受到空前的重视，出现了管理热。在管理理论研究领域，形成众多的学派，美国著名管理学家哈罗德·孔茨（H. Koontz，1908—1984）称之为“管理理论丛林”。

二　现代管理理论的特点

现代管理理论，还没有形成被学术界一致认可的知识体系，但从各种学派研究侧重的管理思想、管理方法和手段等方面考察，现代管理理论与古典管理理论和早期行为科学相比，有以下特点：

（一）把经营决策作为管理的中心

经营有多种解释，但经营活动的高层性和对外联系性（即经营活动主要是在企业上层机构进行或主要由上层机构决策，经营主要是处理企业与环境的关系），是学术界所共认的。经营的核心是决策。所谓决策，就是为最大限度地实现组织目标，拟定多种经营方案，进行比较分析，从中选优并组织实施的管理活动。

（二）在生产要素中，把人作为最重要的资源和管理对象

在现代社会，有一定体力的人不一定就能成为现实的劳动力。现代企业生产经营活动对劳动者的文化、专业知识、技能、品质有更高的要求。现代社会常常出现一方面劳动力过剩，一方面又有大量工作岗位因没有符合要求的人来担任而空缺，即结构性失业。现代社会是一个竞争的社会，竞争表现在产品、服务、技术、成本等诸多方面，但归根结底是人才的竞争。所以，人是最重要的资源，其他资源是人创造的，其他资源只有通过人才能发挥作用。现代管理在重视人力资源方面，特别重视管理人才的选拔、培养和使用。由于人力资源素质的全面提高，人的需求有多样性、多层次性和多变性，所以调动人的积极性，是管理中一个极为复杂而又十分重要的工作。

（三）进一步发展生产专业化、经营多样化

生产实行专业化协作能有效地提高劳动生产率。企业单纯经营一种或少数几种产品，难以适应市场需求的变化，而且风险大。所以在发展生产专业化、协作的同时，在经营上要实行多样化，以适应市场需求的变化，分散经营风险，提高企业的竞争势力。

（四）在组织理论方面，集权与分权的原则得到更大的重视

西方大公司，由过去集权管理体制转向集权与分权相结合的事业部制。各种规模和类型的企业都十分重视运用授权的管理艺术。

（五）广泛吸收和应用其他学科的成果

如吸收和应用数学、电子计算机科学的成果，发展管理理论的定量分析，

使管理在分析实践问题时，概念更清晰，目标更明确；吸收和应用社会学、生理学、心理学的成果研究开发职工潜力和调动职工积极性；吸收和应用社会学、文化学、历史学、政治学的成果，开展企业文化研究，培养使企业更具有凝聚力和活力的优秀企业文化。

现代管理理论还处于形成的过程之中。西方管理理论的研究，已经出现各学派之间相互融合的倾向。可以预言，随着管理实践和管理理论研究的发展，各学派之间的相互渗透、相互补充，将使“丛林”学派种数逐渐减少，最后形成数量不多、科学性更强、理论表达更准确的学派。

三 几种主要现代管理理论学派

(一) 管理程序学派

管理程序学派又称管理职能学派，它是在法约尔一般管理思想的基础上发展起来的。该学派推崇法约尔的管理职能理论，认为应对管理的职能进行认真分析，从管理的过程和职能入手，对企业的经营经验加以理性的概括和总结，形成管理理论，指导和改进管理实践。该学派的代表人物是美国的管理学家孔茨和西里尔·奥唐纳，代表作是他们合著的《管理学》。

管理程序学派学派认为管理的本质实际上就是计划、组织、指挥、协调和控制这样一些职能和过程，其内涵既广泛又易于理解，一些新的管理概念和管理技术均可容纳在计划、组织及控制等职能之中。各个企业和组织所面临的内部条件及管理环境尽管不同，但管理的职能却是相同的。

(二) 行为科学学派

行为科学学派是在梅奥的人群关系理论的基础上发展起来的，这一学派研究的内容可分为两个方面：一是对组织中人与人之间关系的研究，即人际关系学派的观点；二是对群体中人的行为的研究，即组织行为学派的观点。这一学派的代表人物有美国的马斯洛（A. H. Maslow），他的理论被称为需要层次理论，其代表作为1954年出版的《激励与个人》一书。还有美国的赫兹伯格(Fredericl Herzberg)，他的理论被称为双因素理论，其代表作为1959年出版的《激励因素》，此外还有美国的麦格雷戈（Douglas McGregor），他提出了对人进行研究的X理论和Y理论。该学派认为，管理是经由他人达到组织的目标，管理中最重要的因素是对人的管理，所以要研究人，尊重人，关心人，满足人的需要，以调动人的积极性，并创造一种能使下级充分发挥力量的工作环境。行为科学学派和人群关系理论的共同点都是重视组织中人的因素。

（三）社会系统学派

这一学派把企业及组织视为一个人们可以有意识地加以协调和影响的社会协作系统，其代表人物是美国的管理学家巴纳德（Chester I. Barnard）。巴纳德出生于1886年，是近代对管理思想有卓越贡献的学者之一，他曾就读于哈佛大学，并在美国的电话电报公司和新泽西贝尔公司等著名大公司担任过高级管理职务。他将社会学用于管理的研究，在组织理论方面作出了杰出的贡献，其代表作是《经理职能》。巴纳德认为，组织是一种人的行为和活动相互作用的社会协作系统，只有依靠管理人员的协调，才能维持一个“努力合作”的系统；组织要存在和发展必须具有明确的目标，组织成员要有协作的意愿，组织要有良好的沟通。这些思想构成了社会系统学派的理论基础。

（四）决策理论学派

决策理论学派是在社会系统学派的基础上发展起来的，吸收了行为科学、系统科学的思想，并广泛结合现代数学及计算机等科学知识，形成了对管理实践进行科学的定量与定性分析相结合的崭新的、独特的管理体系，在西方管理理论界具有很大影响。其代表人物是美国的卡内基梅隆大学教授赫伯特·西蒙（H. A. Simon）。他因为在决策理论方面的杰出贡献，曾获得过1978年的诺贝尔经济学奖。该学派认为管理的本质就是决策。因此，管理理论主要应研究决策的问题，要研究制定决策的科学方法，以及合理的决策程序等问题。

（五）系统管理学派

系统管理学派是用系统科学的思想和方法来研究组织管理活动及管理职能。系统方法其实早就存在，很多极富经验和卓有成效的管理人员在他们的管理实践中，早已习惯将其所遇到的企业问题与环境看成是有机联系的整体加以分析。系统学派的代表人物有美国的卡斯特（F. E. Kast）等人，其代表作是《系统理论和管理》。

系统管理学派认为，组织是一个由相互联系的若干要素所组成的开放系统，它具有系统的集合性、相关性、目的性和动态环境适应性，这些要素可以被称为子系统。组织系统中任何子系统的变化都会影响其他子系统的变化。为了更好地把握组织的运行过程，就要研究这些子系统及其相互关系，研究它们如何才能构成一个完整的总系统。系统理论和系统分析方法在管理中的广泛应用，极大地拓展了管理人员的思想和视野，提高了管理人员对管理所涉及的各种相关因素的把握和分析能力。

（六）管理科学学派

管理科学学派又称数理学派或运筹学派，是二战之后在泰罗科学管理理论的基础上发展起来的，其代表人物是美国的学者伯法（E. S. Buffa），其代表作为《现代生产管理》。

管理科学学派主要是运用各种数学方法对管理进行定量分析。管理的计划、组织、控制和决策等几个方面都可以用数学符号和公式进行合乎逻辑的计算和分析，求出最优的解决方案。主张减少决策的个人艺术成分和主观随意性，依靠建立一套决策程序和数学模型以增加决策的客观性和科学性。决策的过程就是建立和运用数学模型的过程。由于计算机在处理大量数据和信息方面具有绝对优势，使用计算机进行管理，可以提高管理的效率。

（七）权变理论学派

权变理论学派是20世纪70年代在西方形成的一种较新的管理思想学派。该学派认为，在组织管理中没有一成不变、普遍适用的管理理论和方法，因为环境是复杂而多变的，例外的情况越来越多，以前的各种管理理论所适用范围是十分有限的，管理方式或方法应该随着情况的不同而改变，要根据组织的实际情况来选择最好的管理方法才是正确的。权变理论学派的代表人物是英国的伍德沃德（Joan Woodward），其代表作为《工业组织：理论和实践》。

权变理论学派目前的影响很大，许多管理学派及实际管理人员不仅接受了权变理论学派的思想，而且在管理理论与管理实践中积极地采用，如领导的权变理论、组织理论中的弹性组织原则等。

（八）经验主义学派

经验主义学派又称案例学派，主要是通过对大量管理的实例和案例的研究，来分析管理人员在个别情况下成功及失败的管理经验，从中提炼和总结出带有规律性的结论，使管理人员能够学习到更多的管理知识与管理技能。管理不仅是科学，而且还是实践性很强的科学，成功的管理不仅要靠科学，还要靠经验。

经验主义学派的代表人物主要有欧内斯特·戴尔（Ernest Dale），其代表作有《伟大的组织者》、《企业管理：理论和实践》；还有彼得·德鲁克（Peter Drucker），代表作有《有效的管理者》、《管理：任务、责任和实践》等。

本章小结

1. 管理实践有悠久的历史，可以追溯到人类的起源。人类系统地研究并形成管理理论是在19世纪末20世纪初，之后管理理论得到了迅速发展，尤其是第二次世界大战之后，许多学者和管理学家从不同的角度提出了各自的理论和新学说，形成了“管理理论的丛林”。

2. 泰罗的科学管理理论、法约尔的一般管理理论以及韦伯的理想的行政组织理论构成了古典管理理论的框架。古典管理理论开辟了管理理论的新纪元，奠定了现代管理理论的基础。古典管理理论是以“经济人”假设为前提，其理论有创新性、积极性，也有片面性、局限性。

3. 行为管理理论抛弃了以物质为中心的管理思想，以人为中心进行管理理论的研究。梅奥的人群关系理论，为管理的研究开辟了新的领域，使人们开始关注人的因素，为管理方法的变革指明了方向，开辟了管理学研究的新领域。

4. 第二次世界大战后，随着管理热潮的掀起，出现了众多的管理学家，产生了多种管理理论，形成了百家争鸣的格局。管理者需要走出“丛林”，管理理论也会逐步走向统一。

管理理论真能解决实际问题吗?

海伦、汉克、乔、萨利四个人都是美国西南金属制品公司的管理人员。海伦和乔负责产品销售，汉克和萨利负责生产。他们刚参加过在大学举办的为期两天的管理培训学习班。在培训班里主要学习了权变理论、社会系统理论和一些有关职工激励方面的内容。他们对所学的理论有不同的看法，现正展开激烈的争论。

乔首先说：“我认为社会系统理论对于像我们这样的公司是很有用的。例如，如果生产工人偷工减料或做手脚的话，如果原材料价格上涨的话，就会影响到我们的产品销售。系统理论中讲的环境影响与我们公司的情况很相似。我的意思是，在目前这种经济环境中一个公司会受到环境的极大影响。在油价暴涨时期，我们当时还能控制自己的公司。现在呢？我们要想在销售方面每前进一步，都要经过艰苦的战斗。这方面的艰苦，你们大概都深有体会吧？”萨利插话说：“你的意思我已经知道了。我们的确有过艰苦的时期，但是我不认为这与社会系统理论之间有什么必然的内在联系。我们曾在这种经济系统中受到过伤害。当然，你可以认为这是与系统理论是一致的。但是我并不认为我们就有采用社会系统理论的必要。我的意思是，如果每个东西都是一个系统的话，而所有的系统都能对某一个系统产生影响的话，我们又怎么能预见到这些影响所带来的后果呢？所以，我认为权变理论更适用于我们。如果你说事物都是相互依存的话，系统理论又能帮我们什么忙呢？”

海伦对他们这样的讨论表示有不同的看法。她说：“对社会系统理论我还没有很好地考虑。但是，我认为权变理论对我们是很有用的。虽然我们以前亦经常采用权变理论，但是我却没有认识到自己是在运用权变理论。例如，我有一些家庭主妇顾客，听到她们经常讨论关于孩子和如何度过周末之类的问题，从她们的谈话中我就知道她们要采购什么东西了。顾客也不希望我们‘逼’他们去买他们不需要的东西。我认为，如果我们花上一两个小时与他们自由交谈的话，那肯定会扩大我们的销售量。但是，我也碰到一些截然不同的顾客，他们一定要我向他们推荐产品，要我替他们在购货中做主。这些人也经常到我这里来走走，但不是闲谈，而是做生意。因此，你们可以看到，我每天都在运用权变理论来对付不同的顾客。为了适应形势，我经常改变销售方式和风格，许多销售人员也都是这样做的。”

汉克显得有点激动，他插话说：“我不懂这些被大肆宣传的理论是什么东西。但是，关于社会系统理论和权变理论问题，我同意萨利的观点。教授们都把自己的理论吹得天花乱坠，他们的理论听起来很好，但是他们的理论却无助于我们的实际管理。对于培训班上讲的激励要素问题我也不同意。我认为泰罗在很久以前就对激励问题有了正确的论述。要激励工人，就是要根据他们所做的工作付给他们报酬。如果工人什么也没有做，则就用不着付任何报酬。你们和我一样清楚，人们只是为钱工作，钱就是最好的激励。”

问题：

1. 你同意哪一个人的意见？他们的观点有什么不同？

2. 如果你是海伦，你如何使萨利信服系统理论？

3. 你认为汉克关于激励问题的看法怎样？他的观点是属于哪种管理理论观点？

【复习题】

1. 泰罗科学管理理论的主要内容有哪些？为什么说泰罗是科学管理之父？
2. 法约尔提出了哪些管理职能和哪 14 条管理法则？
3. 韦伯的官僚制组织的基本特征是什么？
4. 人际关系学说的主要论点有哪些？
5. 现代管理理论的特点有哪些？
6. 简述现代管理丛林中，几个主要学派的基本主张、观点与代表人物。

讨论及思考题

1. 你认为产生于20世纪初的古典管理理论在现代社会中还具有实践价值吗？具体体现在哪些方面？

2. 有人认为，泰罗和法约尔给予我们一些明确的管理原则，而权变理论却说一切取决于当时的情境，我们倒退了七八十年，从一套明确的原则又回到一套不明确的和模糊的指导方针上去了。你是否同意这种说法，为什么？

第三章

组织及其环境

本章提示

◇ 组织的概念和功能
◇ 组织的分类
◇ 组织的资源
◇ 组织与环境的关系
◇ 组织的一般环境和具体环境
◇ 环境分析的基本方法

本章引言

1995年，数字技术在美国得到广泛应用，为人类社会开辟了广阔的前景。对数字技术不感兴趣而致力于模拟信号移动电话“掌中宝”开发的摩托罗拉公司，很快就发现其决定的严重失误，除了赶快转向生产数字式手机外，别无他途。1999年，欧元正式启动，在欧洲各国销售产品的跨国公司，不得不采取物价的趋同趋低方式。20世纪末，美国发动的伊拉克战争和以美国为首的北约组织对南斯拉夫科索沃的轰炸，在一定程度上改变了世界格局，使许多国家产生了国家安全新观念和新的军事理论，引发了新的军事技术竞争和许多国家军队的改组。

任何组织都不可能脱离其所处的环境而封闭、孤立地存在，组织与环境有着千丝万缕的联系，组织要生存和发展，就要适应和服从外部环境。组织对环境的适应并不是被动的、消极的，而是能动的、积极的，组织也可以通过各种方式对环境加以影响和控制，尤其在影响具体环境方面，可以发挥更大的能动作用。

第一节　组织的分类

一　组织的定义与功能

“组织”与“管理”是相互依存、不可分割的两个概念。缺少了组织，管理就无“用武之地”；缺少了管理，组织就失去了生存与发展的内在机制，就会消亡。人类自从有了群体活动，原始的组织形式——部落、氏族——也就出现了，也就有了管理活动。随着生产的发展和社会的进步，组织的规模大小、复杂程度和技术难度都在发展，管理的手段、方式及其重要程度也随之发生变化。组织形式的变化和管理思想及方法的发展变化构成人类文化变迁的重要组成部分。在现代社会，组织渗透到每一个角落，社会是组织化的社会，人是组织化的人，所以，组织的管理更具普遍性和权威性。

从人类的进化与发展史中不难发现，在人类漫长的进化过程中，组织始终是人类赖以生存和借以发展的主要形式；组织是人类文明的标志，组织生活的多样化、丰富化则是人类文明发展的标志。离开了组织，就没有人类社会的过去、现在和将来。

（一）组织的界定

组织的含义可以从不同角度去理解，古今中外的管理学家也对此作出了各种不同的解释。被称之为现代管理理论“鼻祖”的巴纳德认为，组织就是通过有意识地协调而形成的两个或两个以上的人的活动或力量的协作系统。哈罗德·孔茨则把“组织”定义为正式的有意形成的职务结构或职位结构。从这两个定义可以看出，组织不仅是人的结合，而且是一种特定的体系。事实上前者强调的是组织的内容，后者强调的是组织的形式。

所谓组织，就是为了某种特定的目标，经由分工合作、不同层次的权力和责任制度而构成的人的集合。可从以下几个方面对组织加以理解：

1. 目标是组织存在的前提，没有目标的人的集合不能称其为组织。任何组织都是为实现某些特定目标而存在的，不论这种目标是明确的，还是隐含的，目标是组织存在的前提和基础。组织所作的各种努力，都是为了最终达到组织目标。例如，通过从事生产、流通和服务等活动而获得利润是大多数企业的目标之一；医院的目标是为患者提供诊治服务获得经济效益和社会效益；大学的目标是培养各类高级科技人才；国家各级政府的目标是搞好相关各个领域的决策与管理。

2. 分工与合作是组织运营并发挥效率的基本手段和前提。一个组织为了达到目标，需要有许多部门，每个部门都专门从事一种或几种特定的工作，各个部门之间还要相互配合，这就是分工与协作。只有把分工与协作结合起来，才能提高效率。例如，剧场里的观众具有相同的目的，彼此没有分工与协作，不能称其为组织，而剧场的全体工作人员则构成了一个组织。为了使组织有效运行，必须根据组织目标的需要，按照科学原则设计出组织的层次结构，即将组织划分成不同层次的职能部门，这些部门都将承担组织的部分特定工作，这就是所谓的职能分工。这种分工可以使不同性质的任务同步进行，大大提高工作效率。当然，仅强调分工是不够的，为按时、高效、高质量地实现组织的总目标，各个层次的职能部门需协调工作、相互配合，进行有效的合作。

3. 组织必须具有不同层次的权力和责任制度。组织要赋予各部门及每个人相应的权力，以便于实现目标。但在赋予权力的同时，必须明确各部门或个人的责任。有权力而无需负责任，就有可能导致滥用权力，影响组织目标的实现。所以，权力和责任是达成组织目标的必要保证。

4. 组织是通过组织界线将组织与外部环境区隔开来。在组织界线的作用下，一个组织成为相对独立的整体。组织界线是维持组织相对独立性的有形的和无形的壁垒。有形的组织界线是可以识别的，如企业的围墙、学校的门卫及一些对外公布的规定等等。有形的组织界线总是在提醒每一个进入该组织的人——这里是一个与外界不同的地方。无形的组织界线指的是那些从外部无法识别、能够影响组织成员的行为的众多因素，包括行为规范、企业文化、管理风格、规章制度等等。

（二）组织的功能

1. 组织的凝聚功能。任何有效率的组织，必然会产生巨大的向心力和凝聚力。组织的凝聚力，首先来自组织的目标。每个组织都有自己明确的目标和任务。正是出于共同的目标、共同的事业，把人们维系在一起，凝聚成为一个较强的集体。其次凝聚力来自于组织中人际关系的和谐与群体意识。如果组织成员之间具有互相尊重、互相支持、互相信任、互相关心的良好作风，富有对群体的归属感、对目标的认同感以及对任务的责任感，就会自然而然地产生一种组织的向心力。最后，凝聚力还取决于领导的导向作用。如果领导者品德高尚，正直廉洁，大公无私，办事公正，严于律己，以身作则，团结群众，亲切待人，受人敬佩，就自然能形成一种无形的影响力和感染力。

2. 组织的协调功能。组织的协调功能是指正确处理组织活动中复杂的分工协作关系。这既包括组织内部上下级之间纵向的关系，左右之间横向的关系，也包括组织与环境的关系。在一个组织内部，如果各项工作各尽其职，密切协作，和谐一致，就会产生一种新的更大的协调能力；在组织与环境关系上，组织能不断调节自己，顺应环境变化，产生一种审时度势的适应能力。

3. 组织的制约功能。在一个组织里，每个成员被指派担任一定的职务，赋予相应的权力，承担一定的责任，并且依靠不同层次、不同职位的权力和责任的制度，保证组织活动的和谐统一。从一定意义上说，组织正是由职位、权力、责任组合而成的结构系统。这种职位、权力和责任所构成的制约力量，制约着组织成员的行为。

4. 组织的激励功能。组织的激励功能是指一个有效的组织，应当是一个发掘人的长处，中和人的短处，充分激发人的积极性、创造性和主动性的组织。组织只有高度重视人的因素，肯定人的工作成果，培养人的责任感，增强人的荣誉感，激励人的开拓精神，才能使管理者和被管理者进行创造性的工作，提高组织的激励功能。

二 组织的分类

（一）按组织的性质分类

组织按性质可以划分为经济组织、政治组织、文化组织、群众组织和宗教组织等。

1. 经济组织。经济组织是人类社会最基本最普通的组织，它担负着为人们生产生活提供产品和服务的任务，履行着社会的经济职能。在现代社会中，经济组织已经形成庞大复杂的体系，其中包括形形色色的生产性组织和服务性组织。

2. 政治组织。政治组织出现于人类社会划分阶级之后，它包括政党组织和国家政权组织。在现代社会，政党代表着本阶级的利益和意志，为本阶级提出奋斗目标，制定方针政策。国家政权组织是国家管理社会的重要机器。

3. 文化组织。文化组织是以满足人们的各种文化需求为目的，文化教育等活动为基本内容的社会团体。这类组织包括学校、图书馆、影剧院、科学研究单位等。

4. 群众组织。这类组织是社会各阶层、各领域的人民群众，为开展各种有益活动而形成的社会团体。例如工会、共青团、妇女联合会、科学技术协会等。

5. 宗教组织。宗教组织是以某种宗教信仰为宗旨而形成的组织，代表宗教界的合法利益，开展正常的宗教活动。

（二）按组织的形成方式分类

组织按形成方式可以划分为正式组织与非正式组织。

1. 正式组织。**正式组织是指为了有效地实现组织目标，而明确规定组织成员之间的职责范围和相互关系的一种功能结构。**这种功能结构或部门是组织的组成部分并且有明确的职能，其组织制度和行为规范对成员具有正式的约束力。例如，学校、医院、部队和企业中的销售部门、生产部门、财务部门等都是正式组织。正式组织的基本特征是设立的程序化、解散的程序化和运作的程序化。

2. 非正式组织。**非正式组织是指人们在共同的工作生活中，由于地理位置、兴趣爱好、亲朋好友等关系，以共同的利益和需要为基础而自发形成的群体。**这种群体不是经过程序化而成立的。例如，学校、医院、机关或企业中的业余足球队、业余合唱团、同乡会、同学联谊会等都是非正式组织。非正式组织的作用具有两面性，它是现实中不可忽视的群体，其优点是参加非正式组织的个人有表达思想的机会，能提高士气，可以促进人员的稳定，有利于沟通，有利于提高人员的自信心，能减少紧张感。如果利用得好，它可以为组织目标的实现发挥重要作用。但是，当组织中非正式组织的目标与组织的总目标不一致或冲突时非正式组织又会成为组织目标实现的障碍，可能会出现集体抵制上级的政策或目标的情况。

（三）按组织成员利益受惠的程度分类

组织按内部人员受惠程度可以划分为互利组织、服务组织、实惠组织、公益组织。

1. 互利组织。这类组织的一般成员都可以在其中获得某种方便和实惠，如互助团体、会员制俱乐部等。

2. 服务组织。这类组织为社会大众服务，使大众能得到益处。如医院、大学、福利机构等。

3. 实惠组织。这是指组织的所有者或经理等主要管理人员能得到实惠的组织，如工厂、银行、公司等。

4. 公益组织。这类组织指为社会所有人服务的组织，如监察机关、行政机关和军队组织等。

（四）企业组织的分类

企业组织是现代组织最重要的形式之一，熟悉企业的各种分类，对研究管理尤其是研究企业管理是很有益的。根据不同的标志，可以把企业划分为不同的类型。

1. 按企业所属的行业划分：

(1) 工业企业。指从事工业产品或工业性劳务生产经营的企业。

(2) 商业企业。指从事商品流通，提供批发、仓储、零售服务的企业。

(3) 农业企业。指从事农、林、牧、渔、采集等生产经营活动的企业。

(4) 交通运输企业。指利用运输工具，专门从事运输生产或直接为运输生产服务的企业。

(5) 邮电企业。指通过邮政和电信，传递信息，办理通信业务的企业。

(6) 建筑安装企业。指从事土木建筑和设备安装工程施工的企业。

(7) 旅游企业。指以旅游资源为凭借，服务设施为条件，通过组织旅行游览活动向游客出售劳务的服务性企业。

(8) 金融企业。指专门经营货币和信用业务的企业。如银行、证券、投资、信托、保险等企业。

(9) 其他服务性企业。指提供饮食、住宿、美容、咨询、信息等等各种服务的企业。

各类行业中的企业还可以做更进一步的分类。

值得注意的是，许多规模巨大的企业是跨行业、跨部门进行生产经营的，多角化经营。如美国国际电话电报公司，除经营电讯器材外，还经营建筑、化工、汽车零件、食品、旅馆、地产、保险、出版、军火生产等等。多角经营企业的结构和联系比较复杂，管理难度大，但对市场的适应能力较强。

2. 按企业规模划分：

按照各种生产要素及生产成果在企业中的集中程度，可以把企业划分为大型、中型、小型等不同规模的企业。确定企业规模，各国和各行业的标准不同，但主要考虑企业的生产能力、固定资产原值或投资额、销售额、职工人数等方面的因素。美国的企业多以销售额及雇员人数作为划分标准，而日本企业多以投资额及雇员人数作为划分标准。我国工业企业规模的划分，一般情况下以产品设计生产能力或查定生产能力作为划分标准；凡是产品品种繁多，难以按产品生产能力划分的则以生产用固定资产原值作为划分标准。目前，我国工业企业分为大型（分为特大、大一、大二三档）、中型（分为中一、中二两档）、小型三个类别。

3. 按所有制形式划分：

（1）国有企业。国有企业是指企业全部资产归国家所有，并按《中华人民共和国企业法人登记管理条例》规定登记注册的经济组织。国有企业是社会主义公有制经济的重要组成部分。

（2）集体所有制企业。集体企业是指企业资产归集体所有，并按《中华人民共和国企业法人登记管理条例》规定登记注册的经济组织。集体所有制企业也是社会主义公有制经济的组成部分。

（3）私有制企业。私有企业是指企业资产归公民私人所有、以雇佣劳动为基础的经济组织。

（4）港澳台独资企业。港澳台商独资经营企业是指依照《中华人民共和国外资企业法》及有关法律的规定，在中国大陆由港澳台地区投资者全额投资设立的企业。

（5）外商独资企业。外资企业是指依照《中华人民共和国外资企业法》及有关法律的规定，由外国投资者全额投资设立的企业。

（6）混合企业。混合所有制企业是指由国家、集体、私人、港澳台、外商等两种或多种所有制投资主体共同投资兴办的企业。

4. 按企业的财产构成和出资者的法律责任划分：

（1）自然人企业。自然人企业是指具有民事权利能力和民事行为能力的公民依法投资建立的企业。自然人企业的财产属于出资者私人财产的一部分，企业不是民事主体，只有出资者才是民事主体。个人业主制企业和合伙制企业是最典型的自然人企业。

个人业主制企业是指由单个人出资经营，归个人所有和控制的企业。也就是我国的个体企业和私营独资企业。这种企业的全部资产属于一个人所有，成为这个人总资产的一部分。业主个人享有企业的全部经营所得，同时对企业的债务负有无限责任，如果经营失败，出现资不抵债的情况，业主要用自己的家财来抵偿。

合伙制企业是由两个或两个以上出资人共同出资兴办、联合经营的企业。这种企业通常采用合伙经营合同的形式确定各自的收益分成和分担责任。它与个人业主制企业的区别是：资产属于几个出资者共同所有，企业的盈利由出资人按比例分成；企业亏损破产，每个合伙人都必须以全部个人财产对企业债务承担无限连带责任。

（2）法人企业。法人企业是指具有法人资格的企业。法人是指具有民事权利能力和民事行为能力，依法独立享有民事权利和承担民事义务的组织。企业法人必须具备以下条件：第一，有符合国家规定的资金数额。第二，有自己的名称、组织章程、组织机构和经营场所。第三，能够独立承担民事责任。第四，依照法定程序成立，经主管机关核准登记。

按我国法律规定，国有企业、集体所有制企业、私营有限责任公司、中外合资经营企业均属法人企业，中外合作经营企业和外资企业符合上述法人条件规定的，可依法成为法人企业。法人企业的典型形式为有限责任公司和股份有限公司，我国目前还在探索股份合作制企业。

三　组织的资源

任何组织的活动都需要借助一定的资源来进行。这些资源的拥有情况和利用情况，影响甚至决定着组织活动的效率和规模。组织活动的内容和特点不同，需要利用的资源类型亦有区别。但一般来说，任何组织的活动都离不开人力资源、物力资源、财力资源、技术资源和信息资源。

（一）人力资源

人是最重要的因素，只有拥有适合工作需要的、对组织目标有共同追求的高素质的人力资源，才能推动组织系统的有效运行和发展。根据不同的标准，可以将人力资源划分成不同类型。人力资源研究就是要分析这些不同类型的人员的数量、素质和使用状况。比如，根据企业人力资源所从事的工作性质的不同，可分为生产人员、技术人员和管理人员三类。对生产人员的研究，就是要掌握各类生产人员的数量、文化程度、操作技能是否符合企业生产现状和发展的要求，是否需要对他们进行技术培训等；对技术人员的研究，就是要弄清技术骨干的数量及其技术水平、知识结构，是否做到了人尽其才；对管理人员的研究，就是要分析企业管理人员的能力结构、知识结构、年龄结构、专业结构是否合理，是否具有足够的管理现代工业生产的经验和能力，能否通过培训提高他们的管理素质等等。

（二）物力资源

组织的物力资源是组织活动的物质基础。物力资源研究，就是要分析在组织活动过程中需要运用的物质条件的拥有数量和利用程度。比如，企业要分析拥有多少厂房、土地、设备、原材料、动力、成品及半成品等，它们与目前的技术发展水平是否相适应，企业是否应对其进行更新改造，机器设备和厂房的利用状况如何，企业能否采取措施提高其利用率，等等。

（三）财力资源

组织进行生产、经营、社会服务等活动必须拥有与其规模、技术特点和管理水平相适应的一定数量的财力。财力资源是一种能够获取和改善组织其他资源的资源，是反映组织活动条件的一项综合因素。组织财力的来源因组织的性质和类型不同而有所不同。如企业的资金主要来自投资者的出资、银行贷款、企业盈利、发行债券、商业信用等。

财力资源研究就是要分析组织的资金拥有情况（各类资金的数量），构成情况（自有资金与债务资金的比重），筹措渠道（金融市场或商业银行），利用情况（组织是否把有限的资金使用在最需要的地方），分析组织是否有足够的财力资源拓展新业务、改造原有活动条件和手段，在资金利用上是否还有潜力可挖，等等。

（四）技术资源

现代技术的采用，可以大大提高劳动生产率和经济效益。新技术、新工艺不仅能节省时间和费用，高效利用人、财、物资源，还能提高商品的产量和质量。组织要发展，需要技术不断进步。

（五）信息资源

信息是指组织内外各种活动中经过搜集、加工、整理的对组织活动产生影响的记录。信息是管理的工具，人的任何行动都取决于所掌握的信息。信息越是完整、及时、准确和适用，组织的管理水平就越高，组织活动就越有秩序和协调。美国著名管理学家德鲁克曾说，信息情报是企业未来最宝贵、最便宜的资源，谁越知道利用它，谁就越能赚大钱。

第二节　组织环境

一　组织与环境

组织作为一个与外界保持密切联系的开放系统，需要与外界不断地进行各种资源和信息的交换，其运行和发展不可避免地受到种种环境力量的影响。

所谓**环境是指对组织绩效起着潜在影响的外部机构或力量。**环境是组织生存与发展的物质条件的综合体，它存在于组织界限之外，并可能对管理当局的行为产生直接或间接影响。外部环境非常广泛，正如一位作家写道："从整个宇宙中减去运河代表组织的那一部分，余下的部分就是环境。"

任何组织都是在一定环境中从事活动的，环境的特点及其变化必然会制约组织活动方向和内容的选择。环境研究就是要通过分析组织活动的外部影响因素，揭示活动条件变化规律，预测其未来变化，为活动方向及内容的选择与调整提供依据。

1. 环境为组织活动提供条件。环境是组织生存的土壤，它为组织活动提供条件。以大量存在的从事经济活动的企业组织为例。企业经营所需的各种资源需要从原料市场、能源市场、资金市场、劳动力市场中获取。离开这些市场，企业经营便会成为无源之水，无本之木。与此同时，企业转换上述各种资源生产出来的产品或提供的劳务也要在市场上得以实现。没有市场，企业就无法销售产品、得到销售收入，生产过程中的各种消耗就不能得到补偿，经营活动就无法继续，更谈不上扩大规模了。

2. 环境会限制组织的生存与发展。环境在为组织活动提供条件的同时，也限制着组织的生存和发展。如企业只能根据外部能够提供的资源种类、数量和质量来决定生产经营活动的具体内容和方向；企业的产品既然要通过外部环境中的市场才能实现，那么在生产之前和生产过程中就必须考虑到这些产品能否被用户所接受，是否受市场欢迎。因此，外部环境在提供了经营条件的同时，也限制了企业的经营。

3. 环境的变化为组织提供机遇或挑战。对组织活动有着如此重要作用的环境是不断变化的。如果环境是静态的，即使它的影响再大，对其研究也不需反复强调、高度重视。因为在这种情况下环境研究可以是一劳永逸的，对一成不变的外部环境深入进行一次细致的分析，便可把握它的特点，制定相应对策。然而，实际情况并非如此，外部存在的一切都在不断地变化，比如，技术在发展、消费者收入在提高、教育在不断普及等。

外部环境的种种变化，可能给组织带来两种不同程度的影响：一种是为组织的生存和发展提供新的机会，比如新资源的利用可以帮助企业开发新的产品；另一种可能是环境在变化过程中为组织生存造成某种不利的威胁，比如技术条件或消费者偏好的变化可能使企业产品不再受欢迎，组织要想继续生存，要想在生存的基础上不断发展，就必须及时地采取措施，积极地利用外部环境在变化中提供的有利机会，同时也要积极采取对策，努力避开这种变化可能带来的威胁。

4. 环境研究的目的是扬长避短、趋利避害。要利用机会，避开威胁就必须认识外部环境；要认识环境，就必须研究环境，分析环境。这种研究不仅可以帮助我们了解环境今天的特点，而且可以使我们认识环境是如何从昨天演变到今天的，从而揭示环境变化的一般规律，并据此预测它在未来的发展和变化趋势。

5. 组织行为也会对环境产生影响。组织要生存、发展，就要适应和服从外部环境，但组织对环境的适应并不是被动的、消极的，而是能动的、积极的，并且组织还可以通过各种方式对环境加以控制，尤其在影响具体环境方面，组织可以设法发挥更大的能动作用。比如在影响竞争对手方面，美国通用汽车公司曾通过降低产品售价，迫使福特和克莱斯勒公司也相应降低各自的产品价格。1996 年，中国长虹电器公司采取降低彩电价格策略，极大地扩大了市场占有率，击退了竞争对手，且带动全国彩电市场价格大幅度回落。

二 组织的环境因素

(一) 一般环境

一般环境是指对某一特定社会中所有组织都发生影响的环境因素，也称为宏观环境因素。如经济因素、政治因素、社会因素、技术因素等。一般环境因素的影响通常是泛指的，不一定只涉及某一特定组织。虽然一般环境因素不直接影响组织的决策，并且从总体上说，它对组织的影响较具体环境要小，但这并不意味着组织可以忽视这些因素。有时，一般环境因素的改变关系着组织的生死存亡。

一般环境的改变是单个组织无法控制的，组织只有通过一定的决策来适应已经变化了的一般环境。但有些一般环境因素是可以预测的，如社会环境因素等。在中国，随着经济的不断发展，人民的生活水平日益提高，人的寿命越来越长，而中国又实行计划生育政策，这使婴儿的出生率大大降低。由此可以预见，中国必将成为老龄化国家，“银发市场”大有作为。而有些一般环境因素的不确定性很高，如技术环境因素。一项技术的发明是否会给企业带来革命性改变，这是很难预测的。尽管与具体环境相比，这些因素对组织运行的影响通常要小一些，但管理者仍需加以考虑。

1. 经济环境。经济环境是影响组织行为诸多因素中最关键、最基本的因素。一个组织所处的经济环境，通常包括其所在国家或地区的经济制度、经济结构、物质资源状况、经济发展水平、国民消费水平等方面。经济环境又分为宏观经济环境和微观经济环境。宏观经济环境主要指一个国家的人口数量及其增长趋势，国民收入、国内生产总值及其变化情况以及通过这些指标能够反映的国民经济发展水平和发展速度。微观经济环境主要指组织所在地区或所需服务地区的消费者的收入水平、消费偏好、储蓄情况、就业程度等因素。相对而言，宏观经济环境的变化对组织所产生的影响更为直接、更为重要。其中最主要的是宏观经济周期波动和政府所采取的宏观经济政策。例如，在国民经济高速增长时期，企业往往面临更多的发展机会，因而企业可以增加投资，扩大生产或经营规模，这时企业的竞争环境也不会太紧张；而在经济停滞或衰退时期则不然。再如，国家实施信贷紧缩政策会导致企业流动资金紧张，周转困难，投资难以实施；而政府支付的增加，则可能给许多企业创造良好的销售前景。利率、通货膨胀率、可支配收入的变化、股市指数和经济周期是一些可以用来反映经济环境的指标。通常，这些因素的改变意味着经济环境的变化，组织对此必须密切关注。

2. 政治环境。政治环境是指总的政治形势，它涉及社会制度、政治结构、执政党的性质、党派关系、政府政策倾向和人民的政治倾向等。不同的国家有着不同的社会制度，不同的社会制度对组织活动有着不同的限制和要求。即使社会制度不变的同一个国家，在不同时期，由于执政党的不同，其政府的方针特点、政策倾向对组织活动的态度和影响也是不断变化的。政治的稳定无疑是组织发展必不可少的前提条件。政治环境的变化，有时对组织的决策行为产生直接作用，但更多的表现为间接影响。例如，由国家权力阶层的政治分歧或矛盾所引发的政局动荡，无疑会给当地企业的经营活动造成直接冲击，会给学校教学造成严重影响，会给部队增加新的任务要求，会给地方政府组织带来新的压力。另一方面，根据这种政治环境的变化而制定的新制度、新法规和新政策，将对全国范围内的组织产生更广泛、更深远的直接或间接影响。因此，组织必须通过政治环境研究，了解国家和政府目前禁止组织干什么，允许组织干什么，鼓励组织干什么，从而使组织活动符合社会利益，受到政府的保护和支持。

3. 社会环境。社会环境的内容十分广泛，一般包括一个国家或地区人们的教育程度和文化水平、宗教信仰、风俗习惯、审美观点、价值观念等。文化水平会影响 人们的需求层次；宗教信仰和风俗习惯会禁止或抵制某些活动的进行；价值观念会影响人们对组织目标、组织活动以及组织本身存在的认可与否；审美观点则会影响人们对组织活动内容、活动方式以及活动成果的态度。任何组织一经产生，就按照社会环境的要求进入一定的位置，但组织所处的社会环境并不是一成不变的。组织必须使其适应社会环境的变迁，必须随社会环境的改变而改变。

4. 技术环境。任何组织都与一定的技术存在着稳定的联系，一定的技术是一定组织为社会服务或贡献的手段。技术进步从劳动力、劳动资料、劳动对象等方面推动着生产力的发展，不同的技术条件和技术过程，又要求有不同的管理方式和方法，组织方式和领导方式也随着技术的发展而改变。

一个组织拥有的技术先进与否，对组织的生存和发展影响极大。技术领先的医院、大学、机场、公安局，甚至军事组织，就比那些没有采用先进技术的同类组织具有更强的竞争力。在当前，一场以电子技术和信息处理技术为中心的新技术革命正在迅猛发展。任何人都可以感觉到这场技术革命对我们的工作、生活的影响。现在，我们有自动化的办公室，制造过程中的机器人、激光、集成电路、缩微照片、微处理器及合成燃料等，这些都为我们的工作、生活带来了方便。技术革命也对管理产生了重要影响。由于电子计算机和信息处理技术的发展，已使组织有可能逐渐建立起大规模、反应灵敏、反应迅速的管理信息系统，大大提高了决策的准确性、及时性。

5. 自然环境。自然环境主要指地理位置、气候条件以及资源状况等自然因素。地理位置是制约组织活动，特别是企业经营的一个重要因素。当国家在经济发展的某个时期对某些地区采取倾斜政策时尤其如此。比如目前我国沿海地区的开放政策吸引了大批外资，促进了投资环境的改善，给原已处在这些地域的各类组织提供了充分的发展机会。此外，是否靠近原料产地或产品销售市场，也会影响到资源获取的难易和交通运输成本等。

气候条件及其变化对组织的影响也是很显然的。气候趋暖或者趋寒会影响空调器厂家的生产或者服装行业的销售；四季如春、气候温和则会鼓励人们远足郊外，从而为与旅行或郊游有关的产品制造提供机会。

资源状况与地理位置有着密切的关系。资源，特别是稀缺资源的蕴藏不仅是国家或地区发展的基础，而且为所在地区经济组织的发展提供了机会。没有地下哗哗流淌着的石油，许多中东国家难以在沙漠中建造绿洲。资源的分布通常影响着工业的布局，从而可能决定着在不同地区的不同产业、不同企业的命运。

（二）具体环境

具体环境指的是与实现组织目标直接相关连的那部分环境。每一个组织都处于不同的具体环境之中，并且随条件的改变而改变。管理者通常将大量注意力集中于组织的具体环境，因为具体环境与一般环境相比，更能直接地给组织提供有用的信息，更容易被组织人员所识别。一般环境的改变对组织的影响，往往要通过具体环境对组织产生的作用力表现出来。例如，技术环境因素是一般环境因素，但作为组织主要类型之一的企业却不能直接从技术环境中感受到技术进步的影响，而往往是采用先进技术的竞争者使企业感受到技术进步带来的市场变化。

1. 资源供应者。一个组织的资源供应者是指为该组织提供资源的人或单位。这里所指的资源不仅包括设备、人力、原材料、资金等，也包括信息、技术和服务等。对大多数组织来说，金融部门、政府部门、股东是其主要的资金供应者，学校毕业生分配部门、劳动人事部门、各类人员培训机构、人才市场、职业介绍所是其主要的人力资源供应者，各新闻机构、情报信息中心、咨询服务机构、政府部门是主要的信息供应者，大专院校、科研机构、发明家是技术的主要源泉。组织要生存和发展，无论是文教组织还是武装组织，都必须依靠一定的人力、物力和财力。任何一个组织，如果缺少了人力、物力、财力中的任一因素，都难以有效地运行。但组织本身并不一定完全具备这些条件，它必须源源不断地从外界获得这些要素。

组织的管理者必须处理好与资源供应方之间的关系，寻求以尽可能低的成本来保证所需的投入的稳定供应。资源的不可获得或延误，均能极大地降低组织效果。为此，管理者必须尽最大努力保证人力、物力、财力供应的持续稳定。

2. 服务对象。服务对象或顾客是指一个组织为其提供产品或劳务的人或单位，如企业的客户、商店的购物者、学校中的学生和毕业用人单位、医院的病人、图书馆的读者等，都可称其为相应组织的服务对象。任何组织之所以能够存在，是因为有一部分需要该组织的产出的服务对象的存在，如果一个组织失去了服务对象，该组织也就失去了自身存在的基础。有些组织，虽然不生产实物产品，如政府组织、学校组织、文化组织、卫生组织、社会福利组织等，但这些组织的存在为公众提供了服务。我们对一所学校的评价，完全可以通过公众是否愿意进该校就读、学校在社会上的受欢迎程度作为标准。这些组织提供的服务实质上就是它们的产品——无形产品。组织与服务对象的关系实质上是生产与消费的关系，组织的一切活动都必须以服务需求对象为中心。现在所说的“顾客是上帝”所揭示的就是这个道理。因此，对于一个组织来说，只有不断地满足、适应其服务对象各种变化了的需求，才能生存发展。

3. 竞争者。一个组织的竞争对手是指与其争夺资源、服务对象的人或组织。任何组织，都不可避免地会有一个或多个竞争对手，即使是垄断组织也不例外。企业与企业之间、医院与医院之间、各国武装部队之间的竞争都属此类。竞争者的一举一动常常影响着管理者的决策，竞争的结果通常表现为此消彼长。比如，长虹、康佳、创维等相互之间就是竞争者，长虹采用降价手段扩大市场占有率，必将影响其他企业的市场占有率。凡是忽略竞争者行为的组织无一例外都要付出惨重的代价，国内国外不乏其例。在20世纪60年代，美国汽车在北美市场占有绝大部分份额，日本汽车在美的占有率低于4%，美国汽车公司根本没有将其作为竞争威胁。1967年，日本汽车在美的占有率接近10%，但仍然没有引起美国公司的重视。世界石油危机爆发后，日本汽车以其省油的特点大受美国用户的欢迎，在美市场占有率很快上升，美国人这才开始着急，但悔之已晚。1989年，日本汽车在美的占有率已近30%，美车只剩60%。

4. 公众。公众是一个内涵广泛的概念，通常是指所有实际的或潜在的关注、影响一个组织达到其目标的政府管理部门、社会团体及个人。组织与公众的关系直接或间接地影响组织行为，组织必须努力和公众建立良好的关系。

政府管理部门主要是指国务院、各部委及地方政府的相应机构，如工商行政管理局、卫生防疫站、烟草专卖局、物价局等。政府管理部门拥有特殊的官方权力，可制定有关的政策法规，规定价格幅度，征税，对违反法律的组织采取必要的行动等。政府一般都通过利用法律来规定组织可以做什么，不可以做什么，以及能取得多大的收益。例如《义务教育法》、《卫生法》、《反不正当竞争法》、《环境保护法》、《消费者权益保护法》、《劳动法》、《教师法》等对各类组织的行为都作了限制，任何一个组织都不可以超越法律之上。如今，大型组织通常都设有自己的法律顾问，这是因为，法规的影响不仅仅限于时间和金钱，它还缩小了管理者可斟酌决定的范围，限制了可行方案的选择。有的组织由于其组织目标的特殊性，更是直接受制于某些政府部门，如我国的电信业、医药业和饮食业，就各自受到邮电部、医药管理局、卫生防疫管理部门的直接管理。

社会团体通常是指社会特殊利益代表组织，代表着社会上某一部分人的特殊利益的群众组织。它时刻关注组织的行为，并通过向组织施加压力来迫使组织改变其决策，如新闻单位、工会、消费者协会、环境保护组织、卫生组织、教育文化组织等。它们虽然没有像政府部门那么大的权力，但却同样可以对各类组织施加相当大的影响。它们可以通过直接向政府主管部门反映情况，通过各种宣传工具制造舆论以引起人们的广泛注意，从而对各类组织的活动施加影响。事实上，有些政府法规的颁发，部分地是对某些社会特殊利益代表组织所提出的要求的回应。现在社会团体的力量越来越强，管理者应当意识到这些集团影响他们决策的力量。

组织是否在个人心中留有良好印象，会直接影响营利组织的盈利能力，对于非营利组织则会影响自己的受欢迎程度。我们平常所议论的某某产品质量较好，这就是组织在个人心目中树立了良好印象的具体表现。对于一个组织的长期发展来说，组织形象也是十分重要的。

三 环境分析的内容和方法

(一) 组织环境分析的内容

对组织所处的环境进行分析，一般要根据管理的目的来确定分析的内容和重点。在大多数情况下，对组织环境的分析可从两个方面进行：

1. 分析组织环境的基本特征、环境的不确定性程度以及组织对外部环境中的某些因素的依赖程度。如果一个组织对外部环境中的某些因素的依赖程度越高，组织管理者管理的自主性就会越小，如果外部因素中不存在要高度依赖的因素，组织的自主性则相对较大；环境的不确定性程度越低，组织的决策相对就越容易，反之就越困难。

2. 分析环境变化给组织带来的机遇与威胁及其程度的大小。从适应环境的要求出发，组织只有准确地把握住了环境变化带来的机遇才能够顺利发展，也只有认清了威胁和挑战才可能避开威胁，减少决策的失误。

(二) 组织环境分析的方法

1. 识别环境的不确定性程度的方法。环境是不断变化的，而且大多数变化，对于管理者来说是不可预测的，因此环境具有一定的不确定性。根据环境不确定性的程度，我们可以把环境分为动态环境和稳态环境。**动态环境是指组织环境要素大幅度改变的环境。**反之，则称之为稳态环境。在稳态环境中，组织所处的环境较为简单，确定性较强，管理者易于在稳态环境中做决策。任何一个组织都希望自己处于一个较为稳定的环境之中。从某种程度上讲，这也有利于组织的发展。但组织并不总是处于稳态环境中，组织经常面临着环境的变化。

环境的不确定性可以从两个角度来衡量。一是环境的复杂性。复杂性程度可用组织环境中的要素数量和种类来表示。在一个复杂性环境中，有多个外部因素对组织产生影响。通常外部因素越少，环境复杂性越低，不确定性就越小。二是环境的多变性，即组织环境中的变动是稳定的还是不稳定的。它不仅取决于环境中各构成因素是否发生变化，而且还与这种变化的可预见性有关。可预测的快速变化不属于管理者必须应付的不确定性。我们通常所谈到的环境多变性是指不可预见的变化。环境的不确定性威胁着一个组织的成败，因此管理者应尽力将这种不确定性减至最低程度。

美国学者邓肯（Duncan）提出从两个不同的环境层面来确定组织所面临的不确定性程度：一是环境变化的程度：静态（稳定）—动态（不稳定）层面；二是环境复杂性程度：简单—复杂层面。进而得出一个评估环境不确定性程度的模型。如图 3—1 所示。

如果组织面对常规的需求环境，如为相同或极其相似的对象提供相同的服务，则组织面对的是一个稳定的环境，例如公用事业行业。反之，如果组织面对变化极其快速的环境，而且不同的环境要素都在发生变化，则组织面对的是动态的、不稳定的环境，例如计算机行业。

如果一个组织只与很少的外界部门相关联，其面临的环境属于简单类型；如果组织必须面对许多外界部门，其面临的环境属于复杂环境。一般而言，组织规模越大，面临的环境越复杂。

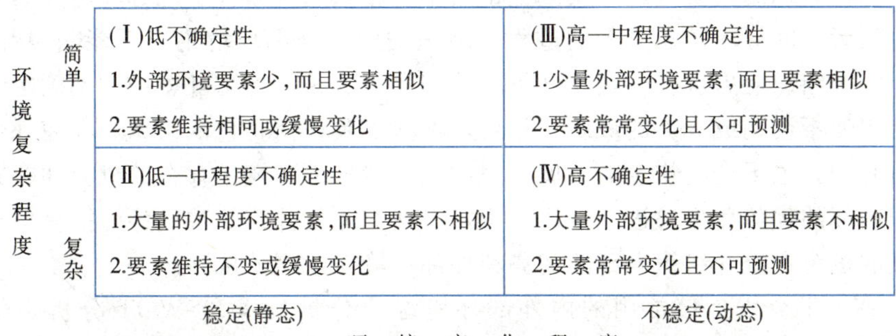

图 3—1 评估环境不确定程度模型

资料来源：饶美胶、刘忠明主编：《管理学新论》，香港，商务印书馆，1996。

2. 分析具体环境的“五种力量模型”。具体环境对组织的影响更直接，更频繁，所以，具体环境是组织分析外部环境的焦点。在这方面，迈克尔·波特教授提出的“五种力量模型”是一种特别有效的分析工具。如图 3—2。

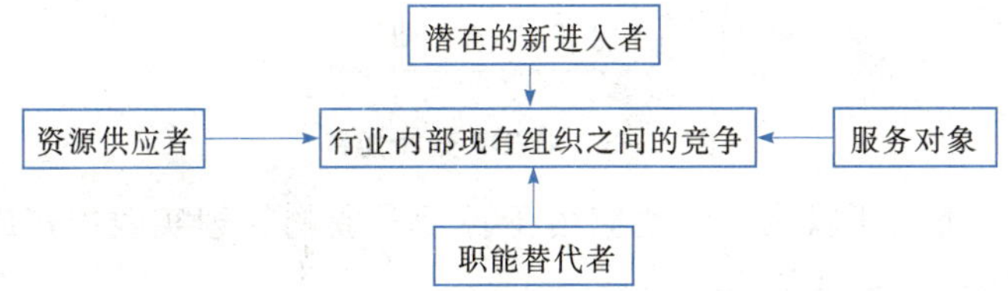

图 3—2 五种力量模型

资料来源：迈克尔·波特：《竞争战略》，10 页，北京，中国财政经济出版社，1988。

根据迈克尔·波特教授的观点，我们可以把周围具体直接影响组织的因素，包括提供机会的因素，也包括产生威胁的因素统一归纳为五种，即：同行业的其他组织，资源供应者，服务对象，其他行业新的潜在进入者和职能服务上的替代者。

模型适用于其他一切类型的组织。这一模型帮助人们深入分析组织所在的各种行业竞争压力的来源，使人们更清楚地认识到组织的优势和劣势，以及组织所处行业发展趋势中的机会和威胁。

3. 内外部环境综合分析技术。管理要通过组织内部的各种资源和条件来实现，因此，组织在分析外部环境的同时，必须分析其内部环境，即分析组织自身的能力和局限，找出组织所特有的优势和存在的劣势。

任何组织的发展过程，实际上都是不断在其内部条件、外部环境及其管理目标三者之间寻求动态平衡的过程。组织的内、外部环境绝对不能割裂开来。如果一个组织能力很强，竞争优势十分明显，那么，外部环境中的不确定性对该组织便不会构成太大的威胁。相反，那些不具任何特色的组织，即使外部环境再有利，也不会有快速的发展。因此，应将外部环境中存在的机会和威胁与组织内部的优势和劣势进行对比分析，以便充分发挥组织的优势，把握住外部环境的机会，避开组织内部的劣势和外部环境对组织的威胁。

SWOT 分析是最常用的内外部环境综合分析技术。SWOT 分析是优势（strengths)、劣势（weakness)、机会（opportunities)、威胁（threats）分析法的简称。这种方法把环境分析结果归纳为机会、威胁、优势、劣势四部分，形成环境分析矩阵，如图 3—3。

内部环境 \ 外部环境	机会	威胁
优势	Ⅰ	Ⅳ
劣势	Ⅱ	Ⅲ

图 3—3 SWOT 分析矩阵

SWOT 分析之所以能广泛地应用于各行各业的管理实践中，成为最常用的管理工具之一，原因在于：

(1) 它把内、外部环境有机地结合起来，进而帮助人们认识和把握内、外部环境之间的动态关系，及时地调整组织的经营策略，谋求更好的发展机会。

(2) 它把错综复杂的内、外部环境关系用一个二维平面矩阵反映出来，直观而且简单。

(3) 它促使人们辩证地思考问题。优势、劣势、机会和威胁都是相对的，只有在对比分析中才能识别。例如，一般意义上讲，耐磨程度是衡量鞋的质量的重要指标，所以制鞋商会因自己生产的鞋经久耐用而骄傲，并将此看成是自身产品的优势。然而，随着收入水平的提高，顾客已不关心鞋的耐用性，而是更关心款式。在这样的环境下，这家制鞋商原有的优势已不再是优势。目前许多企业的管理人员都陷入“高质量的产品”没有人买的困境中，他们所谓的“高质量”大多是企业自己的感觉和判断。

(4) SWOT 分析可以组成多种行动方案供人们选择，加上这些方案又是在认真的对比分析基础上产生的，因此可以提高管理者决策的质量。

本章小结

1. “组织”与“管理”是相互依存、不可分割的两个概念。缺少了组织，管理就无“用武之地”；缺少了管理，组织就失去了生存与发展的内在机制，就会消亡。组织是通过组织界线将组织与外部环境区隔开来。组织具有凝聚功能、协调功能、制约功能、激励功能。

2. 在现实生活中，组织可以按其性质、形成方式、内部人员受惠程度等标准进行分类。企业组织是现代组织最重要的形式之一，熟悉企业的各种分类，对研究管理尤其是研究企业管理是很有益的。

3. 组织的活动一般都离不开人力资源、物力资源、财力资源、技术资源和信息资源。

4. 任何组织都不可能脱离其所处的环境而封闭、孤立地存在，组织的生存和发展与环境有着千丝万缕的联系。组织环境分为一般环境和具体环境。

5. 对组织所处的环境进行分析，主要是分析组织环境的基本特征、环境的不确定性程度以及组织对外部环境中的某些因素的依赖程度及环境变化给组织带来的机遇与威胁及其程度的大小。

汤姆是位好经理吗？

托马斯·戴顿，现年41岁，是机械产品制造公司生产总经理职位的几个候选人之一，这个企业有7个制造工厂。汤姆（托马斯的昵称）的人事档案中指出，他在州立大学机械工程专业毕业后，立即到公司担任设计工程师。他的第一个任务是到制图室当制图员。制图部门的主管对他的评语说明，汤姆能主动而出色地完成该项工作。评语中有这样的语句：“戴顿先生作为设计部门的成员已有6个月，他有好多次在周末主动去重新制图，使图纸达到了最精确的规格。未曾听说过戴顿先生的工作有任何由于污损、凌乱等原因而返工的事情。”18个月后，汤姆被提拔为组长，主管10个制图员。如所预期的，他的小组的工作十分出色，图纸准确性是高水平的。其原因之一是，汤姆实际上履行了复核人的工作，在图纸递呈给部门领导之前，亲自对它们进行全面而彻底的审核。为了履行规定的交图期限，汤姆不止一次重新绘制下属的图纸。

汤姆在其设计部门的最初几年任职后，步步提升，当他担任研究实验室助理经理期间，主要由于他的工作和努力，几个重要产品得到改进。在担任几年的研究工作之后，他转到一个较大的工厂去担任主管生产部门的助理经理，从而，使他能监督他所开发的一个新产品的引进制造工作。他留在这个职位上有5年以上，其间，制造部门的生产成本，在汤姆监督之下，总是全公司最低的。随着工厂经理的退休，汤姆在有关各方的祝贺下，晋升为经理，人们对于他为完成任务而艰苦持久地工作的能力完全信任，他对公司的忠诚更是毋庸置疑。

汤姆成为工厂经理的预想，不久就成功地实现了。成功是由作业说明书衡量出来的。作业效率稍有提高，然而由于管理费用的大幅度降低，结果工厂的盈利能力就显著提高了。但是汤姆的管理并不完全是好的。这个工厂的总工程师辞职了，他告诉汤姆，辞职的理由是别家公司答应给他同样职位并给他更多的报酬。可是在与公司主管工业工程的总经理谈话时，他作了以下的声明："我们厂里不再有任何每周的干部会议，这些当汤姆成为工厂经理后约一个月就停止了。他告诉我们这种会议浪费时间，如果我们有什么关于改进工作的好主意，我们应该直接找他。另外，他现在批准所有的工薪变动。作为一个部门负责人，只要在公司工薪计划规定的范围内，我一直能够批准我这一部门工程师的工薪，可是现在不行了，因为他批准所有的工薪变动，不管数额多少或是否在工薪计划项目之内。至于加班，他事先批准所有的加班，不仅是一般管理部门的，而且是生产部门的，而通常这是工厂助理经理的管理职责。同时成本控制计划使得他实际上独揽各部大权，我们本可以在年度预算范围内自行管理自己的部门，但目前不行了。汤姆要求把所有的费用报告都直接送给他，我们作为部门负责人，不再能看到这些了。电话总机接线员每天要向他报告所有长途电话是打给谁的，什么人打的，通话的次数。但真正使我激怒的是他干预我这一部门的工作，他叫我的下属人员去他的办公室以考查他们工作的准确性。如果他要过问工业工程部门，这是受欢迎的，但他就不需要设一个部门负责人，而只需要一个主任秘书就行了。"

汤普森先生，现在主管生产的总经理，已被提名担任公司的董事长，是他指出托马斯·戴顿在公司突出的成功事迹，他是汤姆的坚定支持者。生产总经理协调着所有7个工厂的生产，并向公司董事长汇报工厂的工作。按照传统，公司在很大程度上将权力委任给各厂经理来处理日常事务，这种权力委任的政策，有时可能会使一些工厂经理也要付出很高代价的错误，以及随之而来的试图立即干预与改正错误的意图，但是最后的结果是锻炼出能干的工厂经理，发展出高效率的生产组织。汤普森先生相信，作为公司的董事长，他能使汤姆成为一个好的工厂经理。

问题：

1. 汤姆作为工厂经理的工作是成功的还是失败的？其根本的原因是什么？

2. 你是否同意汤普森关于汤姆能成为一位好的工厂经理的论断？如果你作为汤普森先生，准备对汤姆采取什么措施？

【复习题】

1. 组织通常具有哪些功能？
2. 组织有哪些分类方法？
3. 试分析组织活动所需要的资源。
4. 试分析组织与环境的关系。
5. 组织的环境因素有哪些？试分析之。
6. 环境因素分析的内容和方法是什么？

讨论及思考题

1. 试描述学校所处的环境。它是如何制约学校的？

2. 组织面临着各种一般环境和具体环境要素的影响，管理者是否应该将管理组织环境作为一项管理任务？为什么？

第四章

计　划

本章提示

◇ 计划的概念及其在管理工作中的作用

◇ 计划的种类以及各种类型计划之间的联系

◇ 计划的原理

◇ 计划工作的逻辑步骤

◇ 现代的计划编制方法及在实践中应用

本章引言

1984 年 11 月 1 日，一个仅靠 20 万元开办费起家的自负盈亏的计算机公司成立了，它就是闻名全国的联想集团。1988 年 4 月，联想集团宣布开始向海外进军。首先准备在香港设立一个贸易公司，目的在于为创办产业积累资金；第二步决定于 1995 年以前，建立技、工、贸一体化的跨国集团；第三步在 20 世纪末形成经济规模，使联想股票在海外上市，公司的营业额达到 10 亿美元。

由于联想集团从成立至今，每一步都有清晰的发展计划，所以它已发展成为我国 IT 产业的领头羊。目前该集团正向世界五百强企业迈进！由此可见，计划是管理的首要职能，是其他各项职能的依据和出发点。要搞好计划工作，必须遵循一定的工作程序，必须掌握计划工作的原理，必须要有预见性，还必须掌握现代的计划方法。

第一节　计划的特点与作用

一　计划的定义

什么是计划，一般来说，对计划的理解有广义和狭义之分。**从广义上说，计划就是对未来所要从事事业的谋划、规划和打算。**这里又可分为动态和静态两层含义：从动态来看，它是在科学预测的基础上对未来某一活动预先作出的安排，包括确定行动的时间、方法、步骤和手段等，一般通常称之为“计划工作”。从静态来看，就是指规划好的行动方案或蓝图。**而从狭义上讲，计划仅指未来有希望达到或实现的目标。**这个简单的定义实际上包括了四个要素：核心是实现目标，目的是指导行动，内容是筹划和安排，着眼点是未来。

切实可行的计划应当满足以下几个方面的要求：第一，应当具有明确的目标；第二，计划工作必须先于其他各项管理活动而展开；第三，计划必须是准备付诸实施的、切实可行的方案；第四，计划必须有益于在总体上提高管理效益。

二　计划的特点

计划之所以成为管理工作的一个必不可少的职能，是由于它以下的基本特点和性质决定的。

（一）首位性

在组织管理中，计划相对于其他管理职能处于首要位置，是进行其他管理职能的基础或前提条件。计划在前，行动在后。组织的管理过程首先应当明确管理目标、筹划实现目标的方式和途径，而这些恰恰是计划工作的任务。只有在制定出计划的前提下，才便于管理人员了解需要什么样的组织关系，什么样的人员，按照什么样的方针去领导下属，以及采用什么样的控制。因此，要使所有其他的管理职能发挥效用，就必须优先做好计划。

（二）目的性

任何组织制定的各种计划，都是为了促使组织的总目标和一定时期的目标的实现。确切地说，计划能对组织行为的执行产生积极的指导作用，科学的计划可以使组织有限的资源得到合理的配置，可以减少浪费，提高效率，规范组织人员行为，提高成员工作的目的性，确保组织沿着既定的目标前进。

（三）普遍性

在组织中，计划涉及组织管理区域内的每一个层次、每一位管理者及员工。一个组织的总目标确定之后，各级管理人员为了实现组织目标，使本层次的组织工作得以顺利进行，都需要制定相应的分目标及分计划。同时，所有组织成员的活动都受计划的影响或约束。这些具有不同广度和深度的计划有机地结合在一起，便形成了一个多层次计划系统。因此，计划具有普遍性。

（四）严肃性

计划是在周密考虑了各种因素后提出的组织全体成员在一定时期内必须共同遵守的行动纲领。对组织来说，计划是正式的权威文本，具有权威性。符合客观实际、有科学依据的计划一经制定并下达，就必须坚决执行，即使在执行中遇到困难也必须努力去完成。同时，计划有时也具有机密性。

（五）灵活性

绝对准确无误的计划几乎是不存在的。计划都应具有一定的灵活性和弹性，以便在情况发生不测时有变动回旋的余地。灵活性使计划保留了改变方向的能力，计划的灵活性越大，意外情况下引起的损失也会越少。但必须指出，这种灵活性必须有一定的限度，不能因为要保留灵活性，而危及计划的根本目标。灵活性不等于随意性，计划的调整和变动，必须经过一定的程序。

（六）有效性

计划的好坏在于有效性的评价。一个好的计划必须能实现组织的高效率。计划的有效性主要是指时效性和经济性两个方面。计划的时效性是指计划期及实施计划时机的选择，计划工作必须在计划期开始之前完成，计划期的起止时间必须慎重选择。经济性是指组织计划应该是以最小的资源投入获得尽可能多的产出，一项好的计划，可以使组织以合理的代价实现目标。

三 计划在管理中的作用

（一）计划是管理者指挥的依据

管理者在计划制定之后工作并没有结束，他们还要根据计划进行指挥。他们要分派任务，要根据任务确定下级的权力和责任，要促使组织中的全体成员的活动方向趋于一致而形成一种复合的、巨大的集体力量，以保证完成计划所设定的目标。为了保证不同成员在不同时空的活动能提供组织所需的贡献，他们所从事的活动必须相互协调地进行。为此，必须进行科学的分工。计划的编制将组织的目标活动在时间和空间上进行详细地分解，从而为科学分工提供了依据。管理者正是基于计划来进行有效指挥的。

（二）计划是降低风险、掌握主动的手段

未来的情况是不断变化的，特别是当今世界正处于剧烈变化之中，社会、科技、人们的价值观念等都在不断的变化。计划是预期这种变化并设法消除变化对组织造成不良影响的一种有效手段。计划是针对未来的，这就使计划制订者不得不对将来的变化进行预测，根据过去的和现在的信息来推测将来可能出现的变化将对达成组织目标产生何种影响，在变化发生时应采取什么对策，并制定出一系列的备选方案。实际中，有些变化是无法预知的，但通过计划工作，进行科学的预测可以把未来的风险减少到最低程度。

（三）计划是减少浪费，提高效率的方法

计划工作的一项重要任务就是要使未来的组织活动均衡发展。预先对此进行认真的研究，能够消除不必要活动所带来的浪费。此外，由于有了计划，组织成员的努力将合成一种组织效应，这将大大提高工作效率从而带来经济效益。计划工作还有助于用最短的时间完成工作，促使各项工作能够均衡稳定的发展。计划将组织活动在时空进行分解来对现有资源的使用进行合理的分配，通过规定组织的不同部门在不同时间应从事何种活动，告诉人们何地需要多少数量的何种资源，从而使组织的可用资源充分发挥作用，并降低成本。

（四）计划是管理者进行控制的标准

计划工作的内容之一包括建立目标和一些指标。也许这些目标和指标不能直接在控制职能中使用，但它们提供了一种控制标准。计划职能和控制职能具有不可分割的联系，计划的实施需要控制活动给予保证，在控制活动中发现的偏差，又可能使管理者修订计划，建立新目标。因此，计划是控制的基础，没有计划，控制工作也就不存在。

总的说来，计划就是预测未来，是未来行动的具体化，并决定未来的行动方案，以达到既定的目标。

第二节 计划的类型与内容

一 计划的类型

由于人类活动的复杂性与多元性，计划的种类也变得复杂和多样。尽管计划的形式是多种多样的，但它们有一个共同的特征：计划是关于未来的一种蓝图和一定行动的建议、说明和框架，因而是导向目标的积极方案。据此，我们依据不同的标准，可以将计划划分为不同的类型。

（一）战略计划、管理计划和作业计划

计划按制定者的层次可以划分为战略计划、管理计划和作业计划。

战略计划是由高层管理者制定的，是对组织全部活动所作的战略安排，通常具有长远性、单值性和较大的弹性。战略计划可以决定在相当长的时期内大量资源的运动方向，它涉及面很广，非定量因素较多，计划内容抽象、概括，不要求直接的可操作性，不具有既定的目标框架作为计划的着眼点和依据，因而设立目标本身成为一项主要任务。因此，战略计划的制定者必须有较高的风险意识。

管理计划也叫战术计划，是由中层管理者制定的分阶段的目标。管理计划将战略计划中具有广泛性的目标和政策，转变为确定的策略和措施，并且规定了达到各种目标的确切时间。一般情况下，管理计划是按年度分别拟定的。

作业计划是由基层管理者制定的规定总体目标如何实现的细节计划。作业计划根据管理计划确定的目标，确定工作流程，划分合理的工作单位，分派任务和资源，以及确定权力和责任。

战略计划、管理计划和作业计划，强调的是组织纵向层次的指导和衔接。战略计划对管理计划和作业计划具有指导作用，而管理计划和作业计划的顺利完成能够确保战略计划的实施。

（二）长期、中期和短期计划

计划可以按照时间期限的长短分成长期计划、中期计划和短期计划。现有的习惯做法是将 1 年及其以内的计划称为短期计划，1 年以上到 5 年以内的计划称为中期计划，5 年以上的计划称为长期计划。

长期计划描绘了组织在一段较长时期的发展蓝图，它规定在这段较长时间内组织以及组织的各部分从事活动应该达到什么样的状态和目标。

中期计划介于长期、短期计划之间，中期计划必须与短期计划和长期计划衔接。好的中期计划恰如其分地指引着短期应该完成的方向，并为总目标的实现奠定坚实的基础。

短期计划具体规定了组织总体和各部分在目前到未来的各个时间间隔相对较短的时段特别是最近的时段中所应该从事的各种活动及从事该种活动所应达到的水平。

长期计划为组织指明方向，中期计划则为组织指明路径，而短期计划则为组织规定行进的步伐，因此将长、中、短期计划结合起来有着极为重要的意义。不顾长期计划的短期计划，助长了只顾眼前不顾长远的短期行为，实际上也阻碍了长期计划的实现。所以说这两者结合的重要性无论怎样强调也不过分。

（三）综合计划、局部计划和项目计划

按计划对象可把计划分为综合计划、局部计划和项目计划三种。

综合计划一般指具有多个目标和多方面内容的计划。就其涉及对象来说，它关联到整个组织或组织中的许多方面。局部计划是限于指定范围的计划。包括各种职能部门制定的职能计划，如技术改造计划、设备维修计划等，还包括执行计划的部门划分的部门计划。项目计划是针对组织的特定课题作出决策的计划。

（四）指令性计划和指导性计划

按对计划执行者的约束力大小，可以把计划分为指令性计划和指导性计划。

指令性计划是由上级主管部门向下级下达的具有行政约束力的计划，具有非常明确的目标和措施，并且有很强的可操作性。指令性计划一经下达，各级计划单位必须遵照计划开展活动，而且要尽一切努力加以完成。指导性计划对于计划执行者不具有严格的约束力，一般只规定一些指导性的目标、方向、方针和政策等，是一种参考性计划。这种计划下达之后，执行单位不一定完全遵照执行，可根据自己单位的实际情况，决定是执行计划还是做适当的调整。

（五）业务计划，财务计划和人事计划

根据职能标准来分类，可以将计划分为业务计划、财务计划和人事计划。业务计划是组织的主要计划，包括生产计划、营销计划等。业务计划也有长短

期之分，长期业务计划主要涉及业务方面的调整或业务规模的扩张，短期业务计划则主要是关于业务活动如何开展的安排。

财务计划与人事计划是为业务计划服务的。财务计划研究如何从资金的提供和使用上促进业务活动的有效进行，人事计划则分析如何为业务规模的维持或扩张提供人力资源保证。

二 计划的基本内容

确定计划不同的内容对于发挥计划职能有着重要意义。不同层次的管理者所面临的计划内容是不同的，从抽象到具体，把计划内容分八点：宗旨、使命、目标、战略、策略、程序、规划、预算。

（一）宗旨

一个组织的宗旨可以看成是一个组织的最基本的目标，也是一个组织赖以存在的基本理由。一个组织的宗旨有两类：一是寻求贡献于组织以外的自然、社会；二是寻求贡献于组织内部的成员的生存和发展。这两类宗旨是彼此相连、相辅相成的。

（二）使命

使命是组织实现宗旨的手段，不是组织存在的理由。确定了组织的宗旨以后，为了实现它，组织就可以为自己选择一项使命，使命的内容就是组织选择的服务领域或事业。

（三）目标

目标是组织活动所要达到的结果，它是在组织的目的或使命指引下确立的，是目的的具体化和数量化。组织的目标包括了组织在一定时期内的目标以及组织各个部门的具体目标等两个方面的内容。在通常情况下，人们可以把组织目标进一步细化，从而得出多方面的目标，形成一个互相联系的目标体系。

（四）战略

战略是为实现组织目标所确定的发展方向、行动方针、行为原则、资源分配的总体谋划。战略是指导全局和长远发展的方针，对于组织的思想和行动起引导作用。只有在战略制定和实施以后，组织才能由一个抽象的概念变成具体的形态。战略的重点是要指明方向和资源配置的优先次序。

（五）策略

策略是指管理者对未来行动的总体构想与实现目标的一整套具体方案，是实现目标的具体谋略。组织要制定切合实际的、有用的策略，首先必须进行彻底的自我评价。其次，要遵循以下基本原则：(1) 策略要为组织目标的实现与计划的完成服务。(2) 策略的制定应具有连贯性。(3) 策略应有弹性。(4) 策略应当是成文的。

(六) 程序

程序是完成未来某项活动的方法和步骤，是将一系列行为按照某种顺序的排列安排。程序直接指导行动本身，而不是对行动的思考。程序是一种经过优先的计划，是通过大量经验实事的总结而形成的规范化的日常工作过程和方法，并以此来提高工作的效果和效率。程序往往还能较好地体现政策的内容。

(七) 规划

规划是为了实施既定方针所必需的目标、政策、规则、任务分配、执行步骤、使用的资源而制定的综合性计划。组织规划的作用是根据组织总目标或各部门目标来确定组织分阶段目标，其重点在于划分总目标实现的进度。规划有大有小，有长期有短期。规划同时也是一份综合性的、纲要性的计划。

(八) 预算

预算是用数字表示预期结果的文件，也可以称为"数字化"的计划，也是组织各类各项可支配资源的使用计划。一般来说，财务预算是组织最重要的预算，因为组织的各项经营活动几乎都可以用数字化、货币化的方式在财务预算表上体现出来。预算还是一种主要的控制手段，是计划和控制工作的连接点。

第三节 计划的原理与编制过程

一 计划的原理

管理者要出色地做好计划工作，提交满意的，切合实际的计划方案，他就应当全面掌握并能熟练运用计划的原理，这些原理主要体现在以下几个方面：

(一) 限定因素原理

限定因素是指妨碍组织目标实现的因素，也就是说，在其他因素不变的情况下，仅仅改变这些因素，就可以影响组织目标的实现程度。限定因素原理是，在备选方案中进行选择时，人们越准确地识别并解决那些妨碍既定目标实现的限定性因素，也就会越容易和越准确地选定最有利的备选方案。限定因素原理有时又被形象的称之为“木桶原理”，其含义是木桶能盛多少水，完全取决于桶壁上那块最短的木板条。这一原理的含义在于，它告诉计划编制人员，必须全力找出影响计划目标实现的主要限定性因素，有针对性地采取有效措施。

（二）许诺原理

许诺原理是指计划期限应当延伸到足够远，以便在此期限中能够实现当前的许诺。任何一项计划都是对完成某项工作所作出的许诺，许诺越大，所需的时间越长，因而实现目标的可能性就越小。合理的计划期限的长短取决于实现决策中所许诺的任务所需的时间。要特别注意把握三点：一是完成计划必须明确严格的期限要求；二是必须合理确定计划期限；三是单项计划的许诺不能太多。

（三）灵活性原理

灵活性原理是指在计划中加进灵活性会减少由突发事件带来的损失。这个原理要求在制定计划时必须留有余地，当出现意外情况时，可以及时调整而不必花太大的代价。灵活性原理是计划工作中非常重要的原则，在承担的任务重而目标计划期限长的情况下，灵活性便显出它的作用。但是灵活性也是有一定限制的，主要有三条：一是未来更多难以预料的不肯定因素使得我们不能总是以推迟决策的时间来确保计划的灵活性；二是确保计划有灵活性必须是以代价为前提，而代价过大的灵活性计划，又缺乏效率性；三是有时现有的客观条件和现实情况会影响甚至完全扼制计划的灵活性。

（四）改变航道原理

改变航道原理是指计划使人们坚持走某一条通向既定目标的道路，定期对所发生的事件和所期望发生的事情进行检查对比，调整使之朝着正确的方向前进。尽管管理人员在拟定计划时预见了未来可能发生的情况，并制定出相应的应变措施，但未来情况的变化不可能一一都能预见得到。计划常常赶不上变化，正因为如此，在计划实施过程中，根据当时的实际情况对计划进行检查和修订就成为必要。如果情况已经发生变化，就要调整计划或重新制定计划，但计划的总目标不变，而且实现目标的进程可以因情况的变化随时改变。

二 计划的编制过程

虽然计划的类型和表现形式各式各样，但科学地编制计划所遵循的步骤却具有普遍性。制定一个完整的计划一般需要八个步骤：估量机会、确定目标、明确计划前提、确定备选方案、评价备选方案、选定方案、拟定派生计划、编制预算。如图 4—1 所示。

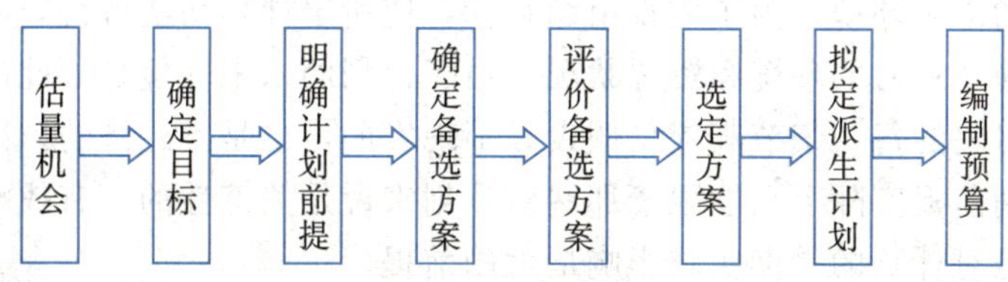

图 4—1 计划实施的步骤

（一）估量机会

对机会进行估量实际上是在计划工作开始之前就应着手进行的工作。管理者在计划之前应该对环境中的机会做一个扫描，从中找出能够取得成功的机会。管理者应该考虑的内容包括：组织期望的结果，存在的问题，成功的机会，把握这些机会所需的资源和能力，自己的长处、短处和所处的地位。计划工作要求对这类机会的情况作出现实的判断，因而严格说来，它不是计划工作过程的一个组成部分，但却是计划工作真正的起点。

（二）确定目标

计划工作的第一个步骤就是为整个机会确定目标。确定目标时要注意解决以下三个问题：

1. 确定目标的内容和顺序。某一组织在一定的时间内到底要取得哪些成果是首先要确定的。此外，这些成果不可能是等量齐观的，在一定的条件之下，某一目标可能比其他目标更为重要。因此，大至一个国家，小至一个人，正确地选择目标内容和顺序是和社会制度、组织的性质、面临的主要问题以及管理者个人的价值观念有关。

2. 制定目标的原则。建立组织目标首先要明确组织的使命和宗旨，并结合组织内外环境决定一定期限内的工作具体目标。其原则是：（1）目标分解：是把组织的总目标分解成各部门的目标和个人目标。（2）目标控制：管理者必须进行目标控制，随时了解目标实施情况，及时发现问题。（3）目标评定：目标管理注重结果，对个人及部门目标的完成情况必须进行自我评定、群众评议、领导评审。

3. 选择适当的目标时间。是指要用多长的时间来达到目标。一般来说，人们往往习惯于按照日历的相等间隔确定计划时间，但这种做法有时与实际工作中所需时间不一致。最好的办法是按承诺原则确定目标时间。

（三）明确计划前提

选定目标即是确定计划的预期成果，而确定前提条件则是要确定整个计划活动所处的未来环境。为了实现组织目标，使所定计划切实可行，必须准确地预测出实施计划时的环境和资源状况。由于计划的未来环境是如此的复杂，所以，要想对它的每一细节都提出假设是不现实的，也是不经济的。因此，所要确定的计划前提实际上只能限于那些对计划来说是关键性的、有战略意义的前提，也就是对计划的贯彻实施影响最大的前提。

（四）确定备选方案

计划工作的第四步是探讨和制定可供选择的行动过程，即可行方案。任何事物只有一种可行的方案是极少见的，完成某一项任务总是有许多方法，即每一项行动均有异途存在，这叫做异途原理。围绕组织目标，要尽可能多地提出几种实施方案，充分发扬民主，吸收各级管理者、相关专家、基层工作人员代表参与方案的制定，也可通过专门的咨询机构提出方案。既要群策群力，集思广益；又要开阔思路，大胆创新。

（五）评价备选方案

评价备选方案的尺度有两个方面：一是评价的标准；二是各个标准的相对重要性，即权数。在评价时要考虑以下几点：

1. 特别注意发现每一个方案的制约因素或隐患。对制约因素认识得越深刻，选择方案时的效率就越高。

2. 在评估时，即将一个方案的预测结果和原有目标进行比较时，既要考虑到许多有形的可以用数量表示的因素，也要考虑到众多的不能用数量表示的因素。例如一个人或一个企业的声誉和人际关系等。

3. 要用总体的效益观点来衡量方案。这是因为对某一部门有利的不一定对全局有利，对某项目标有利的不一定对总体目标有利。

（六）选定方案

选择方案就是选择行动的过程，以此确定正式通过的方案。选择方案是决策的关键。为了保持计划的灵活性，选择的过程往往可能会选择两个方案，并且决定首先采取哪个方案，并将另一个方案也进行细化和完善，作为后备方案。这一步是依据方案评价的结果，从若干可行方案中选择一个或几个优化方案。首先要认真比较各个方案的优点和缺点，站在全局的观点上权衡利弊，必要时还可以采用试点实验、数量分析等方法比较这些方案。有时，对可供选择方案的分析和评价可能会产生两个或更多的方案都是可取的情况，主管人员就可以决定同时采取几个行动方案，而不只是一个行动方案。

（七）拟定派生计划

完成选择之后，计划工作并没有结束，还必须帮助涉及计划内容的各个下属部门制定支持总计划的派生计划。派生计划是主计划的基础；只有派生计划完成了，主计划才有保证。

选定的计划方案一般是组织的总体计划，为了使得它具有更强的针对性和可操作性，还需要制定一系列支持计划，它们是总体计划的子计划。如水业公司决定生产净水之后，需要制定招聘、培训各类人员的计划，还需要拟定设备及原材料计划、资金筹集和使用计划、产品广告计划、产品生产计划和产品销售计划等。

（八）编制预算

完成以上几步之后，最后一项便是把决策和计划转化为预算，使之数字化，通过数字来反映整个计划。这主要有两个目的：第一，计划必然涉及资源的分配，只有将其数字化后才能汇总平衡各类计划，分配好各类资源；第二，预算可以成为衡量计划是否完成的标准。例如医药公司可以根据销售预测，确定每年销售各类药品的数量、价格、销售收入及现金收入情况的销售预算，接着编制生产预算、直接材料、直接人工和制造费用预算，并编制销售及管理费用预算、预计损益表、预计资产负债表和预计财务状况变动表等。通过各项预算来反映计划执行后收入与支出总额、利润的数额以及现金流动情况、资产与负债情况等。

第四节　现代计划方法

一　滚动计划法

滚动计划方法是编制具有灵活性的、能够适应环境变化的长期计划方法。它是在已编制出的计划的基础上，每经过一段固定的时期（滚动期），根据变化了的环境条件和计划的实际执行情况，从确保实现计划目标出发对原计划进行的调整。

滚动计划法是一种具有灵活性的、能够适应环境变化的长期计划编制方法。由于长期计划的计划期较长，影响它的不可控因素多，很难准确地预测到各种影响因素的未来变化，因而很难确保长期计划的成功实施。采用滚动计划方法，意在根据环境条件变化和实际完成情况，定期地对计划进行修订，使组织始终有一个较为切合实际的长期计划作指导，并使长期计划与短期计划紧密衔接。

滚动计划法的编制过程如图 4—2 所示。在已编制出的计划的基础上，每经过一段固定的时期（例如一年或一个季度等，这段固定的时期被称为滚动期），便根据变化了的环境条件和计划的实际执行情况，对原计划进行必要的调整，以确保实现计划目标。每次调整时，保持原计划期限不变，只将计划期限顺序向前推进一个滚动期，或者说平行移动一个滚动期。

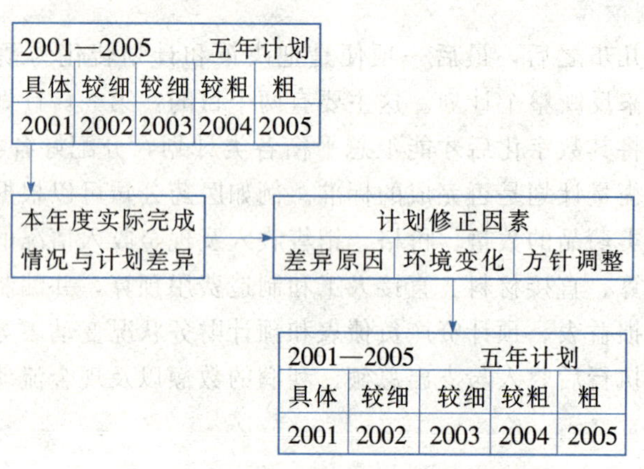

图 4—2 滚动计划

滚动计划的特点是，把计划工作看成是一种不间断的运动，使整个计划处于适时的变化和发展之中，避免了计划的凝固化，提高了计划的适应性。它与若干年编制一次的静态计划相比具有以下优点：

1. 提高了计划的适用性。由于滚动计划相对缩短了计划期，加大了对未来估计的精确性，使计划更加切合实际，从而提高了计划的质量。

2. 提高了计划的应变能力。滚动计划不仅适用于长期经营计划，也适用于短期经营计划，特别适用于市场需求不稳定、环境因素变化大的企业。滚动计划要逐期分析和修订，使计划更加适应环境的变化，增加了计划的弹性，增强了计划的应变能力。

3. 滚动计划提高了计划的连续性和一致性。使短、中期计划与长期计划相互衔接，保证长期计划对短期计划的指导。

滚动计划的缺点是编制工作量大。

二 网络计划法

网络计划法是国外20世纪50年代出现的一种较新的计划方法，它包括各种以网络为基础制定计划的方法，如关键线路法（CPM）、计划评审技术（PERT）、组合网络法（CNT）等。

网络计划技术是以网络图的形式来表达一项计划中各种工作（活动、工序）之间的先后次序和相互关系；通过计算网络图的各种时间参数，确定关键工序和关键线路和时差；利用时差不断改善网络计划，求得工期、资源与成本的综合优化方案，并付诸实施；最后，通过信息反馈进行有效的控制和监督，以保证计划目标的实现。

网络图的画法如下：

1. 确定项目的全部工作。如表4—1为某工程项目的各项作业关系表。表中紧前作业是指该项作业开始之前必须完成的相邻作业。表中作业时间可以采用一定的方法进行估算，估算时要同时考虑人力、设备等影响因素。

表4—1　　网络图工作明细表

作业代号	紧前作业	作业时间（天）
A	—	15
B	A	15
C	A	14
D	B、C	10
E	B	6
F	D	6
G	D	1
H	E、G	30
I	F、H	8

2. 绘制合乎逻辑的网络图。

3. 从网络图中识别出关键线路及关键工作。关键线路是由占有时间最长的关键工作活动组成的序列，处于关键线路上的工作为关键工作。上述项目的简要网络图如图 4—3。

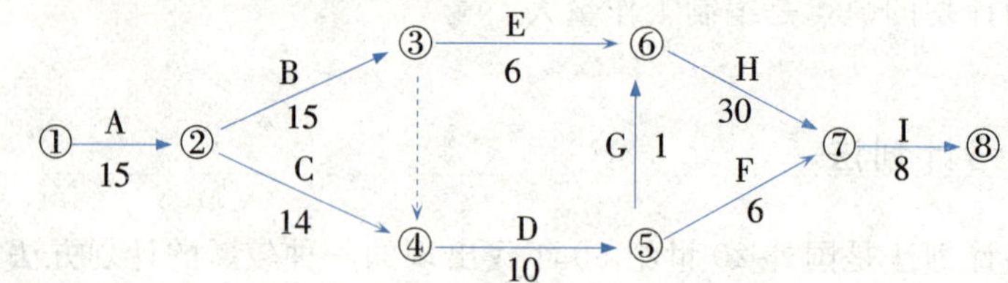

图例：①②……节点，作业的开始点与终结点
→ 一项工作活动，箭线左侧的数字为该项活动所耗用的时间
⇢ 工作间的前后关系，它既不是具体工作，也不占有时间
→ 关键作业

图 4—3　网络图

运用计划评审技术进行控制的关键是在网络图上确定关键线路。图中的关键线路为 A—B—D—G—H—I，总长度为 79 天（15＋15＋10＋1＋30＋8）。关键线路决定着项目的完工期，是完成计划的关键。因此为确保整个项目按计划完成，管理者需集中力量对关键线路上的关键工序进行控制，在关键工序上挖潜，以达到缩短工期、降低费用和合理利用资源的目的。值得注意的是，关键线路是相对的、可变的。在计划执行过程中，可以对关键工序加以有效控制和调度，使原来的关键线路变成非关键线路，而原来的某一条或某几条非关键线路就有可能变成关键线路。这时控制的重点就应该转移到新的关键线路上，并对新的关键工序实施重点控制。

采用网络计划方法有一系列优点：

第一，它促使管理人员重视计划工作。因为如果不进行计划，不了解各个局部之间的相互配合关系，就谈不上网络分析，所以，管理人员必须重视计划工作。

第二，增进组织内部的意见交流。因为部门或作业机构的工作关系清楚地显示在网络图上，所以管理者可明确工作对于实现目标的重要程度以及与其他单位的依赖关系，在工作进度和控制上与员工达成及时而有效的意见交流。

第三，可对工程的时间进度与资源利用实施优化。调动非关键线路上的人力、物力和财力从事关键作业，进行综合平衡，这样既能节省资源又能加快工程进度。

第四，有利于管理人员将注意力集中于关键问题上。由于对关键线路上的关键工作实施重点控制，可发挥例外管理的功效。

第五，便于组织加以控制。对于复杂的大型项目，通过采用网络计划法可以将一个大型的项目分成许多支系统来分别控制，这样在保证各局部最优的情况下，就能保证整个项目最优。

当然，网络计划也有局限性。由于作业时间的长短直接关系到关键线路的确定及控制效果，所以，如果无法确定作业时间或对进度“瞎估计”，那么网络计划法可能就没有意义了。此外，网络计划法强调时间因素而忽略费用因素。

三 运筹学方法

运筹学是指用数学方法研究经济、社会和国防等部门在内外环境的约束条件下合理调配人力、物力、财力等资源，使实际系统有效运行的技术科学。它可以用来预测系统发展趋势、制定行动规划或优选可行方案。运筹学研究的内容十分广泛，主要分支有：线性规划、非线性规划、整数规划、动态规划、图论、网络理论、博弈论、决策论、排队论、存储论等。

运筹学方法也是计划工作最全面的分析方法之一，是管理科学的理论基础。它主要运用分析、实验和定量的科学方法，研究在物质条件已定的情况下，为达到一定的目的，如何统筹兼顾整个活动所有环节间的关系，为选择一个最好的方案提供数量上的依据，以便资源能合理安排，取得最好的效果。这种方法的具体步骤如下：

1. 根据问题的性质建立数学模型。

2. 根据模型中变量和结果之间的关系，建立目标函数作为比较结果的工具。

3. 确定目标函数中各参数的具体数值。

4. 求解，即找出目标函数的最大或最小值，以此得到模型的最优解。

运筹学被广泛运用于如何合理利用有限资源实现既定目标的问题，收到了很好的效果。但也有一批管理学家对运筹学法提出了怀疑，主要集中在两点：一是针对模型的假设条件。运筹学方法往往需要对问题进行若干的假设，以适应数量计算，这样过多的假设可能会使结果高度失真而失去解决问题的意义。二是关于目标函数的结果问题。运筹学法最终要得到问题的最优解，而在管理实践中，管理者追求的往往是从多个角度来看均“满意的解”，而非附着各种条件的“最优的解”。

目前，随着计算技术的不断发展，数学模型允许的复杂程度不断提高，以上的疑虑已有部分得到了解决。

四 计量经济学方法

计量经济学的奠基人是挪威经济学家弗瑞希（Ragnar Frisch）。**计量经济学方法**是运用现代数学和各种统计方法来描述和分析各种经济关系，定量研究经济现象的经济计量方法的统称，数理统计学在其中扮演着重要角色。这种方法可以用于经济预测、结构分析和政策评价，可以使计划更加完善与科学。按应用领域划分，主要有生产模型、需求模型、消费模型、投资模型、货币需求模型、宏观经济模型等方法，它们都具有很强的实用价值。严格地说，所谓计量经济学，就是把经济学中关于种种经济关系的学说作为假设，运用数理统计的方法，根据实际统计资料，对经济关系进行计量，然后把计量的结果和实际的情况进行对照。计量经济学方法解决实际问题的程序如下：

（一）因素分析

即按照问题的实际情况分析影响它们的因素种类、因素之间的相互关系以及各因素对问题的影响程度。

（二）建立模型

根据分析的结果，把影响问题的主要因素列为自变量，所有次要因素都会用一个随机误差项表示。而把问题本身作为因变量，然后建立起含有一些未知参数的数学模型。

（三）参数估计

由于模型有许多参数需要确定，这就要用计量经济学方法、利用统计资料加以确定。参数估计出来之后就要计算相关系数，以检查自变量对因变量的影响程度。此外，还要对参数进行理论检验的统计检验，如果这两项结果不好就要分析原因，修改模型，重新进行第三步骤，直至模型满意为止。

（四）实际应用

计量经济模型主要有三种用途：第一为经济预测，即预测因变量在将来的数值。第二为评价方案，即对计划工作或决策工作中的各种方案进行评价以选出最优方案。第三为结构分析，即用模型对经济系统进行更深入的分析，深化认识。计量经济模型的这三种用途都可以应用于计划工作，它能够使计划更加完善，更加科学。

本章小结

1. 计划是管理的基本职能之一，其主要任务是在收集大量基础资料的前提下，对组织的未来环境和发展趋势作出尽可能准确的预测，并根据预测结果和资源确立组织目标，然后制定出方案、措施、方式和步骤，作出完整的谋划。

2. 对于现代企业来讲，计划的作用是通过科学的综合平衡，协调、衔接好企业的产、供、销、运等各个环节，充分发挥现有的人、财、物的资源优势，避免和减少浪费，求得企业的最佳经济效益。

3. 按照不同的角度，可以将计划分为不同的类型，针对不同的特点编制不同的计划。

4. 由于计划涵盖的范围极为广泛，所以要按计划的原则，分步骤编制好计划。

5. 要搞好计划工作必须掌握现代计划方法，还必须结合最新的科学研究成果编制现代计划。

中南油脂公司的企业发展计划

1998年初夏，深圳蛇口诞生了国内最大的一家食用油脂加工企业——中南油脂公司（以下简称中南）。该公司由6家中外企业共同投资兴建，其中大陆2家、香港地区3家、马来西亚1家。

中南主要生产各类高中档植物油，在成立之初就提出了“创建中国一流企业”的目标。1990—1994年，中南取得了理想的业绩发展，由受益留存积累的资本使得中南的总资产以每年10%的速度增长。开业以来，中南每年均跻身全国食品制造企业十强，并在油脂加工业企业中独占鳌头。1994年更是创下了历史最高水平，入选了当年中国工业企业五百强。

中南能够取得今天的市场地位与其实力是密不可分的。

从技术与设备来说，中南全面采用了从德国引进的具有80年代末国际先进水平的自动化生产线。全封闭的连续生产技术可保证加工能力随不同种类油脂等级的要求，在600吨～1 200吨/24小时范围内调整，产品理化指标优于国家规定，规格达国际先进水平。

中南依靠强劲的广告宣传，以及热心公益的形象，为自己建立了良好的社会声誉，获得了极高的知名度。

中南的经营活动，还享受了全面的特区政策，包括税收、土地使用、外汇管理、银行信贷、劳动用工、人员出入境管理等方面。

存在优势的同时，中南也面临着经营上的困难。

中南地处蛇口港区，与香港、澳门隔水相望，天然的深水港及现代化的装卸设备，对于出口十分便利，但要创建全国性品牌，运输问题则十分关键。虽然产品能较方便地运送到全国各地，但成本仍然偏高，因之很难与既占地理优势，又享受国家补贴的国有企业竞争。这也是目前中南优质的散装精制油很少供应国内市场的原因。

原材料的供应也是一个问题。外商投资企业一般没有计划指标的原料供应，加之市场又不够成熟，时常找不到可靠的供应来源。国外虽有一定的原材料渠道，但成本偏高。

中南面临的市场竞争日益激烈。最具竞争力的是丰顺和日兴两家。它们共同的特点是：资金充裕，有国际财团做后盾；规模较大，年生产能力达50万吨；设备先进，从日本、欧美等地引进了达到80年代先进水平的自动化生产设备；产品质量好，品种多。

地方保护主义的问题也制约着中南的业务拓展。尽管政府的粮油贸易政策逐步松动，但各地仍制定了不少“土政策”，希望通过条条框框来控制市场与流通，极力保护地方利益。

最后，随着中国市场经济的进一步成熟，中南也面临着获得“国民待遇”的问题，原先享有的诸多优势政策可能消失，建筑其上的优势可能会丧失，甚至逆转。

问题：

对于中南这样一家历史并不悠久，又无国际财团支持的新兴企业，为了巩固已有的地位，保持稳定发展，应如何设计一个长期计划呢？

【复习题】

1. 一个完整的计划应该包括哪些内容？为什么？
2. 计划按具体形态分类、按层次不同分类，各分成哪些类型的计划？
3. 计划工作中的制定派生计划及相应的预算包括哪些内容，为什么？
4. 制定一个完整计划的所需步骤有哪些？结合实际加以说明。
5. 灵活性原则有适用限度吗？其限制条件有哪些？
6. 你所知道的现代计划方法有哪些？各有什么适用条件？
7. 滚动计划法的优点有哪些？
8. 网络计划技术中的网络图构成要素有哪些？

讨论及思考题

1. 一个完整的计划对企业的经营管理起到哪些重要的作用？搜集案例并加以讨论说明。

2. 在编制计划的过程中为什么要确定多个备选方案并加以评价，进而最终选定最优方案？结合经济学知识，说明评价的原则和方法有哪些。

第五章

决　策

本章提示

◇ 决策的概念、原则及依据

◇ 决策的分类

◇ 决策过程的每一个步骤

◇ 决策的方法及运用

本章引言

赫布·凯莱赫是美国西南航空公司的总裁，为了提高飞机的上座率，他决定将公司飞机机舱前部的壁橱拆掉，同时还决定：不提供早餐，不预订坐位与不设头等舱，不在航班间转运行李等等。这些决策使西南航空公司在减低成本的同时也获得了大量的顾客，达到了组织的目标。由此可见决策在管理中的重要性。

决策是管理的核心。组织的整个管理过程中，都有决策行为的存在，决策贯穿于管理工作的始终。事实上，一个机构的管理人员在执行各项管理职能时都必须以决策为基础，工作内容都涉及计划、组织、人事、领导、和控制等管理活动的决策与协调工作。决策的正确性和科学性对管理活动的成败起着决定性作用。

第一节　决策的原则与依据

一　决策的概念

决策就是指决策者在一定的条件下，为了解决组织面临的问题，实现组织目标，在充分掌握信息和对有关情况进行深刻分析的基础上，用科学的方法拟定并评估各种备选方案，从中选择一个满意方案并组织实现的全过程。这是一个建立在环境和条件分析的基础之上的，对未来的行为确定目标，对实现的若干可行方案进行选择，并选定一个优化合理的满意方案的分析决断过程。它有以下特点：

（一）目标性

决策是为了解决某一个问题，或者是为了达到某一特定目标。任何一项组织决策都要有明确的目标。目标是组织在未来特定时限内完成任务程度的标志。决策就是为了实现特定目标的活动，无目标的决策，就是盲目的决策。

（二）选择性

决策本来就是一种抉择，它需要从不同的方案中选择一个作为执行方案。因此，决策必须具有两个以上的被选方案，通过比较评定对这些方案进行选择。如果只有一种方案，就没有选择的余地，也就无所谓决策。

（三）可行性

决策的目的是为了指导组织未来的活动。组织的任何活动都需要利用一定的资源，需要在一定的条件下才能完成。因此，决策所制定的若干个备选方案应考虑到采取某种行动的必要性及实施条件的限制性，这样才能保证决策方案切实可行。这种可行性包括技术、经济和社会等可行性内容。

（四）动态性

由于外部环境和内部条件随时发生变化，这就要求决策也要随之变化，作出适当调整。因此，决策具有显著的动态性。

二 决策的原则

科学的决策能使企业有着正确的前进方向，提高企业的竞争力和适应外部环境变化的能力，使企业取得良好的经济效益和社会效益。怎样才能作出一个正确的决策呢？一般而言，须遵循以下原则：

（一）满意原则

决策总是在一定的环境条件下，寻求优化目标及实现目标的最佳方法。由于环境的变化，在复杂的世界中，许多问题不存在最优解，或者无法求出最优解，因此，常常采取被人们所能接受的满意的标准，即满意原则。满意原则就是能够在与决策相关的客观条件的基础，对未来外部环境变化因素及内部条件有一定的预测，尽量使决策能够合理满足组织的目标要求。

（二）系统原则

在组织活动过程中，决策受内外环境因素的影响，因此决策面临的是一个较大的系统。而决策在本质上也是一个系统的过程，需要通过一系列的科学步骤作出正确的决策。所以，决策时不能仅从某些方面出发进行问题分析，而是要应用系统工程的理论与方法，从组织系统的各方面因素出发，进行系统分析，以系统的总体目标为核心。

（三）可行性原则

可行性原则是指决策者必须以科学的理论为指导，从实际出发，运用科学的方法，从技术上、经济上以及社会效益上等方面进行可行性研究，确定决策的可行性和优化程度。不同的决策有不同的可行性研究内容。

（四）集团决策原则

利用智囊团决策是决策科学化的重要组织保证，是集团决策的重要体现。所谓集团决策，不是找某几个专家简单地讨论，更不是靠少数管理者的专断或擅自决定，而是通过运用科学的方法，依靠和充分利用智囊团，对要决策的问题进行系统的调查研究，收集全面的信息，并进行分析研究，通过方案理论和评估，以及对比择优，提出切实可行的方案供决策者参考。这种决策是决策者与专家集体智慧的结晶，是经过可行性论证的，也是符合实际的。

（五）创新原则

创新在决策中起着极为重要的作用。没有创新就不可能进行较好的决策。创新原则就是要在决策过程中，打破成规和原有的定式，进行大胆的创造。要求决策者在决策过程中，创造性地解决问题，进行决策，并激发组织成员的创造性，发挥组织的创造精神。

三 决策的依据

进行科学决策必须要有一定的科学依据。一般而言，决策需要考虑以下三个依据：

（一）事实依据

这里所谓的事实就是指决策对象客观存在的情况，包括决策者对这种情况的了解和认识。主要强调的是决策对象存在的客观性，也就是要实事求是。事实是决策的基本依据，如果决策离开了事实这个依据，那这个决策就会偏离现实，而不能达到决策者所要实现的最终目的。在决策中，只有把决策对象的客观存在情况了解清楚，才能真正找到目标与现状的差距，才能找到组织中存在的问题及其根源，并针对问题提出可行的解决方案。否则，在对客观情况毫无了解的情况下，就会使决策偏离正确的方向，失去了它原本的作用。

（二）价值依据

所谓价值就是指决策者的价值观、伦理道德和某些心理因素。虽然这些因素均带有主观性，但是价值判断、伦理和心理因素在决策中是有影响作用的，由于不同的决策者有着不同的个人价值观、知识结构、心理素质及文化背景，他们对相同的问题会采取不同的解决方法，对决策方案也会有不同的选择。

因此，要求决策者以决策的事实为基础，树立正确的价值观，使决策者在进行决策时能够有正确的价值作为依据。

（三）环境、条件依据

所谓环境和条件依据是指决策对象事实因素和决策者价值因素以外的各种因素，如自然条件、资源条件、社会制度条件、科学技术条件以及人们的文化传统和风俗习惯等。由于这些因素对整个决策，包括决策目标的确定、决策方案的选定以及决策方法的应用等都起着制约作用，所以在进行决策时必须将以上因素考虑到决策当中。在决策中，不仅要看决策对象在事实上能够达到的程度，以及决策者在价值判断上希望达到的程度，还必须要看由各种环境和条件限制下能达到的程度。

第二节 决策的类型

为了进行正确决策，我们就必须对决策进行科学的分类。决策可以根据不同的原则和标准加以分类。

一 长期决策和短期决策

按照决策时间的长短划分，可以把决策分为长期决策和短期决策两类。

（一）长期决策

长期决策是指决策结果对组织的影响时间长，对组织今后的发展方向具有长远性、全面性的重大影响的决策。它一般需要一定数量的投资，实现时间长，风险较大。如投资方向选择、人力资源开发、组织规模的确定等问题的决策就属于长期决策。

（二）短期决策

短期决策是指决策结果对组织的影响时期较短，是实现长期战略目标所采用的短期策略手段。如企业的日常营销决策、物资储备决策、生产中的劳动调动和资金分配等问题的决策就属于短期决策。

二 战略决策、战术决策与业务决策

按决策的重要程度划分，可以把决策分为战略决策、战术决策与业务决策。

（一）战略决策

战略决策是指有关组织全局性的、长期性的、关系到组织生存和发展的根本性决策。它还包括企业的发展方向、经营方针、国外市场的开拓与巩固、组织机构的调整、高级管理层的人事变动等。战略决策主要是为了适应外部环境的变化，为了谋求企业的未来发展而采取的对策。战略决策的决策后果需要经历一段较长的时间才能看到，所需解决的问题较为复杂，主要是协调组织与组织环境之间的关系。决策过程所需考虑的环境变化较大，不仅仅要依赖复杂的数学模式及技术，而且更需要定量分析和定性分析并重。它主要由组织内最高管理层负责进行。

（二）战术决策

战术决策又称管理决策，是解决如何组织动员内部资源的具体问题，是为了实现战略目标，而作出的带有局部性的具体决策。如：企业的营销计划、财务决策、产品开发、设备更新等就属战术决策，旨在实现组织内部各环节活动的高度协调和资源的合理配置及使用，以提高经济效益与管理效能。战术决策不直接决定企业的命运，但决策行为的质量在很大程度上影响组织目标的实现程度和组织效率的高低。战术决策大多由企业或组织的部门经理等中间管理成员负责进行。

（三）业务决策

业务决策又称执行性决策，指日常业务活动中为提高工作效率与生产效率，合理组织业务活动进程所作出的决策。

业务决策是涉及组织中的一般管理和工作的具体决策活动，这些决策是作业性决策，技术性强，时间紧，大多由初级管理层负责进行。主要决策内容有：工作任务的日常分配与检查，工作日程的监督与管理，岗位责任制的制定与执行，企业的库存控制，材料采购等方面的决策。

业务决策是组织所有决策中范围最小、影响最小的具体决策，是组织中所有决策的基础，也是组织运行的基础。通常，业务决策的有效与否，很大程度上依赖于决策者的经验和常识。

以上决策的划分往往同一个单位的管理层次有关，如图 5—1 所示。

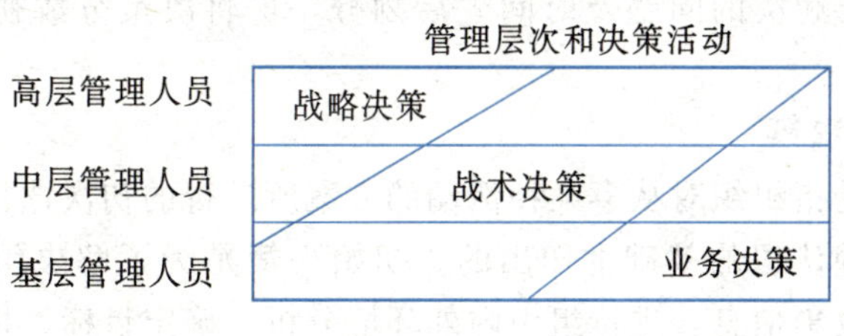

图 5—1

战略决策、战术决策与业务决策是决策体系中不同层次的具有从属关系的三类不同的决策。这三类决策相互依存又相互补充。业务决策是基础，战术决策是实现战略决策的必需的步骤和环节。而战略决策又是战术决策及业务决策的前提。上下两个层次没有绝对的明晰界限，和企业组织的三个不同管理层次也并非一一对应的关系。

三 个人决策与集体决策

决策按照其主体可划分为个人决策和集体决策。

（一）个人决策

个人决策是指在选定最后决策方案时，由某一个最高领导人或决策者最后作出决定的一种决策形式。个人决策的特点是决策迅速，责任明确。个人决策主要用于处理常规的管理问题，以及信息较为准确、简单的决策问题。只要信息无误，决策效果较好，决策效率较高，取得的经济效益相当显著，而且能够充分发挥最高领导人或决策人的个人主观能动性。但是这类决策往往受领导个人本身的性格、学识、能力、经验、魄力等制约，所以具有局限性。

（二）集体决策

集体决策是指由两个或两个以上的人组成的决策集体所作出的决策。集体决策是相对于个人决策而言的，它包含有两种含义：一是通过会议集体讨论，充分发挥领导集团的智慧，集思广益，进行决策；另一种是通过领导机构与下属机构相结合，也称领导与群众相结合，对一些重大的决策课题进行充分的分析、研究、论证，然后作出决策。

四 初始决策与追踪决策

按决策需要解决的问题及时间先后划分，可将决策分成初始决策和追踪决策。

（一）初始决策

初始决策是指组织对从事某种活动的方案所进行的初次选择，是在对组织内外环境的某种认识的基础上作出的。初始决策是为了解决组织所面临的问题，针对性地收集信息，进行组织内外环境分析，确定目标，拟定及评价备选可行方案，选择令人满意的可行方案的最终决策。

（二）追踪决策

追踪决策是指决策方案付诸实施后，发生最初制订方案时并未估计到的重大变化情况，不能再按原决策方案实施，必须对原方案做修正。

追踪决策分为损益型追踪决策和增益型追踪决策。损益型追踪决策是指在决策实施中情况发生了不利变化，在无法避免受损的情况下，通过追踪决策力求减少损失，努力避免一败涂地的决策崩溃局面。这种具有被动性、防守性、补救性的追踪决策就是损益型追踪决策。增益型追踪决策，是指在决策实施过程中，由于从对实际的接触中发现了原来未曾发现的新条件，或是实际情况变化中出现了某些新的因素，抓住这新的条件或因素，可以转移原来的决策目标，或大幅度地提高原决策目标值的决策。

五　程序化决策与非程序化决策

根据决策问题出现的重复程度和无先例可循，决策可分为程序化决策与非程序化决策。

（一）程序化决策

程序化决策又称常规性决策或规范性决策，是指经常发生的，决策目标明确，判断标准清楚，可以通过按原来规定的程序、处理方法和标准进行的决策。一般用于解决业务问题。这类问题产生的背景、特点即内部与外部的有关因素已全部或基本上被决策人所掌握，决策者可依靠长期处理此类问题的经验或求助于一个系统化的程序、规则、政策来完成决策。

（二）非程序化决策

非程序化决策也称非规范性决策，是具有极大的偶然性和随机性，发生次数较少或仅一次，无先例可循且具有大量不确定因素的决策活动。这类决策问题的分析和处理，没有固定的模式和规范化程序，也缺乏准确可靠的统计数据与情报资料。它针对偶然发生的、性质不确定的、结构不分明的问题。因此，这类决策需要依赖于最高决策者本人所具有的丰富经验、渊博的知识、敏锐的洞察力和活跃的思维等各方面的个人素质。比如新产品营销战略、组织结构变革、重大投资问题等均属于非程序化决策。

六　确定型决策、风险型决策与不确定型决策

按决策的可控程度分，有确定型决策、风险型决策与不确定型决策。

（一）确定型决策

确定型决策是指在稳定（可控）条件下进行的决策，也就是各种可行方案所需的条件是已知的和肯定的，决策者确知自然状态的发生，每一个方案只有一个确定的结果，方案的选择取决于对各备选方案结果的直接比较，因而决策

者能预先准确地了解决策的必然结果。这类决策问题一般可以用数学模型求得最优解。比如企业的作业计划、项目管理中的日程安排、设备修理计划等这类决策，可以使用线性规划、数量模型分析等方法。

（二）风险型决策

风险型决策也称随机决策，即决策方案处在风险状态下，决策时只掌握了部分决策所必需的情报和资料，而且各方案潜在的收益和风险与估测的概率有关。决策所面临的自然状态是一种随机事件，各种方案所需的条件都存在不可控因素，从而导致一个方案可能出现几个不同的结果，且各种后果的出现都是随机的，决策者只能根据相似事件的历史统计资料计算出各种自然状态的概率来决策。在这种情况下决策的结果只能按客观的概率来确定，也就是按决策存在的风险来确定。

（三）非确定型决策

非确定型决策是指决策所处理的未来事件的各种自然状态的发生具有不确定性，决策时所需的各种情报资料无法加以具体掌握，而客观形势同时要求必须作出决定的那些决策。这种决策，由于存在着不能加以确定的情况，而且各种方案都有若干个不确定的结果，所以最终决策后果也是不确定的。如某企业为了扭亏为盈，需要开发新产品，因为新产品的市场需求情况不确定，所以对成功的概率到底有多大就带有很大的偶然性，因此这个决策属于不确定型决策。故而，在不稳定条件下进行有效的决策，关键在于决策人员对信息资料掌握的程度、信息资料的质量以及对未来形式的准确判断。

第三节　决策的过程

决策是一个科学的过程，人们在决策过程中应遵循科学的决策步骤。决策过程一般包括以下几个步骤：识别机会或诊断问题、确定目标、寻求可行方案、寻求相关或限制因素、分析评价备选方案、选择方案、组织实施、监督和评估等步骤（见图 5—2）。

一　识别机会或诊断问题

识别机会或诊断问题，也就是发现决策问题，它是决策过程的起点。决策

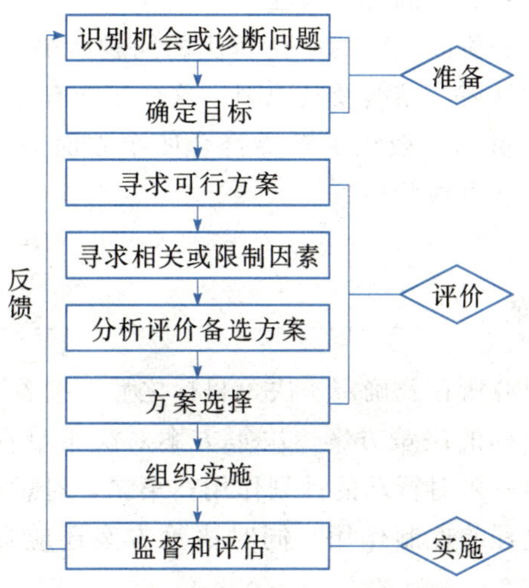

图 5—2 决策过程图

活动是指向决策问题的，决策必须首先明确决策问题，正确界定问题的性质和问题产生的根源是解决问题、提出改进措施的关键。一般情况下，问题可能来自影响系统功能正常发挥或达到理想功能的症结。问题可能存在于系统的内部，如实现与确定目标的差距；也可能由外部引起，如市场的变化，用户需求的变化、企业竞争形势的变化、协作关系的变化，以及新的管理方法、新技术、新工艺的出现等等。

决策问题的分析，首先要明确问题，即界定问题，然后再分析问题的来源，即因果关系。

造成决策问题的原因能否解决，是决策问题能否确定的依据。因此，对决策问题的因果关系分析，就是抓住决策问题最根本所在，以便为下一步确立正确、合理的决策目标做好准备。下面几条原则有助于分析决策问题中的因果关系：(1) 从变化与差异中发现因果关系。(2) 对可能的原因做深入的分析。

二 确定目标

在经过对决策问题的界定、分析及最终确定后，就需要开始着手解决问题，即必须确定决策目标。决策目标是解决决策问题的首要任务，是决策中最重要、最困难的环节，决策目标的重要性在于实现目标是决策方案制定与实施的任务，它是决策能否成功的关键所在。

决策目标是由上一阶段明确的亟待解决的问题所决定的。在确定过程中，必须明确解决问题的性质、结构及其原因，这样才能有针对性地确定出合理的决策目标。制定决策目标一般至少需要符合四个方面的基本要求，即：完整性、明确性、恰当性和可检验性。

三 寻求可行方案

在找出问题的根源所在及确定了决策目标之后，接着下来就应该是寻求解决问题及实现决策目标的决策方案。决策方案对决策目标的实现具有保证作用，具体表现在：第一，对行动的计划作用；第二，对意外变化影响的预防作用；第三，对行动过程的控制作用。同时决策方案还应具备三个属性：指向性、可行性、阶段性。

实现决策目标的决策方案通常不是惟一的，一个问题往往可以用一个以上的方法来解决。故而在进行方案选择之前，应尽可能将所有备选方案及相关因素罗列出来，并尽可能将每个方案实施所需具备的客观条件详尽地描述出来，以便考查和评估，并为以后的选择做好充分的准备。

提出的可行方案应尽可能的满足如下要求：第一，备选方案尽可能全面，即尽可能把所有可能的方案都包括无遗，以免错失最佳方案；第二，每个方案的内容应尽可能具体详细，以便对方案的可行性作出周密的论证，并进行选择；第三，最终供决策者选择的方案不至于太多，否则对选择造成困难；第四，方案要可行。

四 寻求相关或限制因素

寻求相关或限制因素，即列出各种决策方案所可能牵涉到的有利或不利的因素。所谓备选方案的限制因素或相关因素，是指评价方案优劣时，对各备选方案的思考决策结果所需要的客观条件或受制约的因素。如招标问题的决策要考虑的因素有工期、工程质量和价格等。不同的决策问题，有不同的因素需要考虑，决策者必须针对特定问题，思考尽可能详尽的相关因素，以免遗漏。

五　分析评价备选方案

在寻求可行性的过程中，拟定了多种备选方案，但最终付诸实施的只有一个。因此需要对各备选方案进行分析评价。

方案评价包括两方面的内容：其一，是对每一个备选方案进行评价，通过对方案每一个方面的评价及各方面的综合评价，得出方案本身是否可行，能否达到决策目标；其二，对各备选方案间的对比，对于符合决策问题要求，能够实现决策目标的方案，通过对各备选方案的各个方面对比及综合比较，判断各方案间相对优劣的程度，以便选择取舍。

评价的科学性与合理性，直接关系到选择的正误，关系到决策目标是否能得以实现。因此，评价是决策过程中最重要的环节。

除了对备选方案进行逐个分析评价外，还需要对所有备选方案进行比较评估。在比较备选方案的优劣过程中，必须先确定相关的限制因素，作为计算与比较的基础。然后，在针对每一备选方案的相关或限制因素，估计方案的实施结果，以利备选方案的比较，最好能对备选方案的结果进行定量描述。

六　方案选择

在进行详尽的备选方案的分析评价之后，根据决策准则选取一个最优或最满意的方案作为决策的实施方案。选择最优方案的方法有两类基本方法：经验判断法和数学分析法。

（一）经验判断法

决策的全过程都涉及决策者的主观判断问题，特别是方案的选择过程，与决策者的主观意识和经验有关。好的决策者总是有十分丰富的经验，如果其对经验的运用是出于对行为的仔细分析，对过去失败和成功的基本原因与规律进行了研究与认识，那么这些经验就可以作为今后决策选择的基本依据。

采用经验判断对方案进行选择，由于常带有主观偏见性，因此，决策者在作出经验判断之前，越来越多地采用智囊团方法，然后再作理性的决断。

（二）数学分析法

由于不确定性因素存在于企业活动的各个阶段，决策人通常要在前途未知的情况下作出决定，把握不断变化的商机。对于处理不确定因素，可以运用数学方法进行分析，从而提高不确定性决策的准确性。运用数学分析方法进行决策方案的选择还可以帮助决策者提高决策的时效性，同时养成决策人员严格论证的习惯，克服主观随意性。

但是仅靠数学分析方法解决决策方案的选择是不够的，因为决策问题还涉及社会、经济等许多复杂的因素，因此，有时我们所选的方案不是用数学方法求得的最优解，而往往是综合评价后的最佳方案。

七 组织实施

当决策方案确定后，决策过程进入下一个阶段：方案的组织实施阶段。对方案的组织实施，需要对整个方案实施过程进行科学化管理。决策方案实施过程涉及许多条件和因素，为了使实施过程能依据决策方案的要求顺利进行，我们需要制定实施计划、实施组织准备及实施条件准备。

八 监督和评估

决策交付实施以后，并不表示决策过程的终止，还必须时刻注意方案的实施情况，对方案实施进行监督，同时对每一步实施结果进行评估，核查其是否偏离了决策目标。

决策评估是决策从问题提出到实施结束整个过程完成后，对该项决策的总体考查与评价，目的是总结成功的经验，吸取教训，同时也是对有关部门和人员绩效评价的组成部分。决策评估内容包括决策制定的评估、决策实施的评估、决策整体效果的评估。

第四节 决策技术

决策者在进行决策时，需要通过决策技术来解决所面临的一些问题。决策技术是指决策者在决策过程中所应用的手段、方法和组织程序的综合。

随着社会生产、科学技术、决策实践与决策理论的发展，人们创造出了许多的决策技术，归纳起来可以分为两大类：决策“软技术”即定性决策方法以及决策“硬技术”即定量决策方法。

一 决策的“软技术”及其相应方法

决策的“软技术”即定性决策方法，它是指在系统调查研究的基础上，根据掌握的情况与资料，充分发挥集体的智慧、能力和主观能动性，对所分析、研究和评价的问题进行描述性的说明，试图用因果关系去描述被研究对象间的关系和规律的决策。

决策软技术，主要是发挥人的经验、智慧与创造力，强调发挥集体和专家的创造力。它的核心内容是借助经验、智慧，经过质的分析、判断、逻辑推理来进行创造性思维，作出理想的决策。这种方法最显著的特征是：它把复杂的现象或事物分化为简单的要素，具体地考查和分析它们之间有何种的关系，并了解它们各自的作用，从而能够较清晰地认识事物，把握关键，去认识事物的规律和关系。常用的头脑风暴法、专家决策咨询会法、哥顿法、方案前提分析法及德尔菲法等均属定性决策方法。

（一）头脑风暴法

它是一种邀请专家内行，针对组织内某一个问题，敞开思想，畅所欲言发表个人看法，经过相互启发，产生连锁反应，集思广益后进行的决策方法。为了能让与会者有充分的思考空间，并能最大限度地激发他们的创造性，会议一般有以下要求：

1. 鼓励每个人充分发挥想像力，独立思考，不重复他人意见；
2. 鼓励每位与会者提意见和建议，不受限制，不怕矛盾；
3. 同时不反对任一与会者的意见，也不加以评价；
4. 可以补充及发展相同的意见等。

这种方法主要是通过不受任何外来干涉的会谈，达到集思广益，鼓励创新的目的。

（二）专家决策咨询会法

这种方法的具体做法是：

1. 由管理决策部门的有关部门机构，在调研基础上提供一套决策咨询纲要，纲要的内容至少应包括：调查的基本素材，存在问题的简述，决策目标的选定思路，对决策方案的基本要求和其他事项说明。

2. 提前一段时间（依据决策的大小来定）将决策咨询纲要寄发各位专家，各位专家在收到纲要后，按要求开展自己独立的调查和分析，并就纲要内容写出自己的书面材料。

3. 在规定时间通知各位专家带上自己的材料参加决策咨询会。会议主持人向参会专家说明会议的规则，并对会议作记录。

4. 主持人就决策咨询会作出明确结论和说明。

这种方法的好处是：与会者在作发言之前，有了一定的准备，咨询内容明白，不同观点交流有助相互启发完善决策内容。但这种方法由于各专家的观点不一致，而容易产生专家之间的交流障碍。

（三）哥顿法

哥顿法又称为提喻法。它的特点是不讨论决策问题本身，而用类比的方法提出类似问题，或者把决策问题分解为几个局部小问题。会议主持者不讲明讨论的主题，而是围绕主题提出一些相关问题，以启示专家发表见解。运用提喻法的目的仍然在于决策问题本身，只不过是通过不直接讨论决策问题的方式，回避与会者之间的个人利害冲突，让大家充分发表意见。

（四）方案前提分析法

方案前提分析法是使每个方案都有几个前提假设作为依据，方案是否正确，关键在于它的前提假设是否成立。这种方法是让与会者只分析所讨论的方案前提是否成立，而不涉及决策方案的内容。

（五）德尔菲法

德尔菲法又称征询法，是一种被征询意见的专家，事先不接触，事后接触的决策方法。被征询意见的专家被列入一定的组，彼此之间互不了解，不见面谈问题，或者是虽然见面也不谈问题。德尔菲法的基本决策步骤是：首先，由管理决策部门的有关部门机构，在调研的基础上形成决策的基本素材，编写“专家咨询意见表”；其次，确定参与咨询专家的人选，要注意顾及学派分布及年龄分布，并保密，将“专家咨询意见表”分别寄出，管理决策部门的有关机构在收到回函后，对专家的看法进行统计分析归类，再次形成新一轮的“专家决策咨询意见表”。重复以上两步骤，经过多次信息反馈，管理决策部门就会对决策内容有较为科学的结论，以便展开决策活动。此种方法最大的好处就是：由于参加咨询的专家不直接接触，使各位专家可以毫无顾虑地各持己见，畅所欲言，更容易发挥每个专家的智慧。但这种方式要求“决策咨询表”的设计者有较高的专业素质，以使“咨询表”在内容、设问方式、技巧、问题的准确性、全面性等方面得到保证。德尔菲法具有匿名性、多轮反馈、统计性特点。

二　决策的“硬技术”及其相应方法

决策的“硬技术”即定量决策方法，它是指在严格逻辑论证与实验检查的基础上，用数学方法对所分析、研究和评价的问题进行数量化说明，试图用数据和数学模型描述被研究对象间的关系和规律，并借助电子计算机进行决策的一种系统决策技术。也就是数学化、模型化、计算机化。

决策的“硬技术”即定量决策方法一般分为确定型决策、风险型决策和不确定型决策三类。

（一）确定型决策方法

1. 线性规划

在经营决策时经常会考虑如下问题：如何将有限的人、财、物合理地投入和运用，从而取得最好的经济效益。当资金限制或约束条件表现为线性等式或不等式时，目标函数表示为线性函数，所运用的数学分析模型属于线性规划。

线性规划决策模型的特点是决策变量在约束条件与目标函数中都以一次幂的形式出现，约束变量与目标函数是决策变量的一次函数，具有等比性、规定性两个基本特征。线性规划问题概括为在一组线性约束条件下，求解线性目标函数的最优解。

2. 盈亏平衡分析法

盈亏平衡分析法又称量本利分析法，是指在一定市场、生产能力和经营管理条件下，依据项目成本与收益相平衡的原则，确定项目产量、销量、价格等指标的多边界平衡点。其中心内容是盈亏平衡点的分析。所谓盈亏平衡点是指产品销售收入等于产品总成本时的销售额。其中产品成本分为固定成本和变动成本，固定成本是指在一定范围内不随产量变动而变动的成本，变动成本是指随着产量变动而变动的成本。

基本公式如下：

$$R=B-C=PQ-C_f-C_vQ$$

上式中：R——利润

B——销售收入

C——总成本

Q——销售量

P——销售单价

C_f——固定成本

C_v——单位变动成本

令上式中 $R=0$ 得到盈亏平衡点的产量为 Q^*，则

$$Q^*=\frac{C_f}{P-C_v}$$

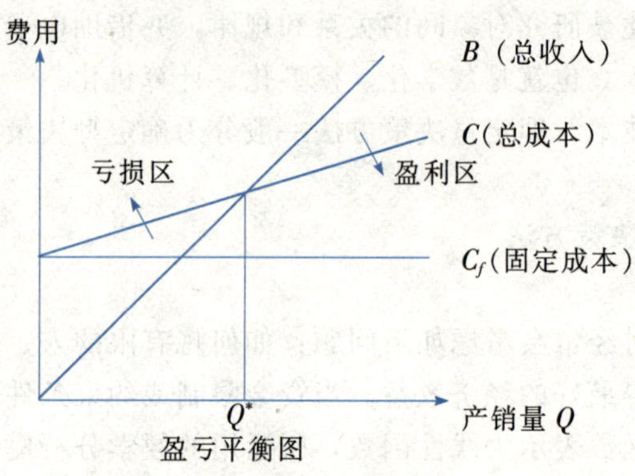

图 5—3

为了说明经营风险性大小，引入经营安全率（S）：

$$S^*=\frac{Q_0-Q^*}{Q_0}\times 100\%$$

上式中 Q_0 为设计生产能力。一般来说，$S^*>30\%$时，认为企业经营较安全，即盈亏平衡时得销售量 $Q^*>70\%$（正常年份销售量），才可认为风险性较小，经营安全。企业经营安全率是相对指标，便于不同企业和不同行业的比较。企业经营安全率的经验数据如表 5—1 所示：

表 5—1

经营安全率	>40%	30%～40%	20%～30%	10%～20%	10%以下
安全等级	很安全	安全	较安全	警惕	危险

从上述盈亏平衡点的计算公式可知，盈亏平衡点的产量越高，盈亏平衡点的销售收入越高，盈亏平衡点生产能力利用率越高，盈亏平衡点价格越高和单位产品变动成本越低，项目的风险就越大，安全度越低；反之，则项目安全度越大，项目盈利能力越强，项目承受风险的能力也越强。

同时，从该公式还可看出，固定成本占总成本的比例越高，盈亏平衡点产量就越高，盈亏平衡点单位变动成本就越低。高的盈亏平衡产量和低的盈亏平

衡单位产品变动成本意味着项目的经营风险较大，即会导致项目在面临不确定因素的变动时发生亏损的可能性增大。固定成本占总成本的比例一般取决于产品生产的技术要求及工艺设置的选择。通常资金密集型项目的固定成本占总成本的比例较高，因而其风险较大。

（二）风险型决策方法

决策树分析法是常用的风险型决策方法。决策树就是用一种树状的网络图形（即决策树）进行决策分析，其决策就是以期望值作为准则的。这种方法对分析多阶段的管理决策问题极为有用。其优点在于，它把可行方案、所冒风险及各阶段和最终结果展示在一张图上，思路清晰，一目了然。决策树是期望值法的图形化，它可以把复杂的决策问题直观地用树状图形表示出来，再配以计算，便于决策者比较、分析和选择最佳行动方案。

在管理决策实务中，许多决策涉及多重步骤，后一步的决策依赖于前一步的决策后果，且每一步都面临不确定性，决策树模型在处理这类问题时最为实用。

决策树型结构，如图 5—4 所示。

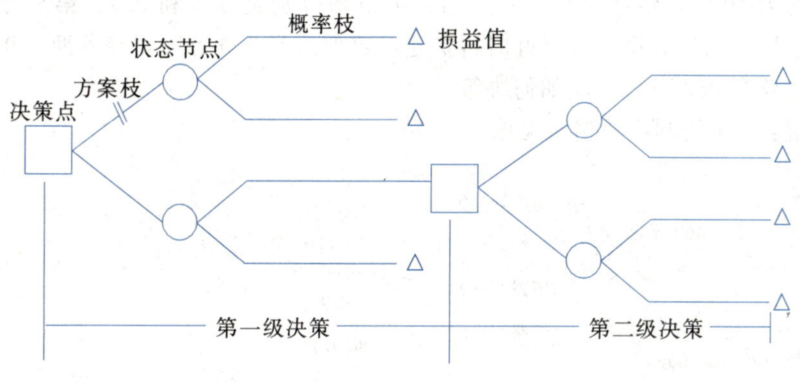

图 5—4

图中符号的意义如下：

□——表示决策结点，在这一点决策者面临各种备选方案需要选择。决策点后引出若干分枝，表示可能的行动方案数目，称为方案枝。

○——表示状态结点，其上方的数字表示该方案的损益期望值。从它引出的分枝为概率枝，每条分枝的上面要注明自然状态名称及其出现的概率值。

△——表示结果结点，在概率枝的末梢，表示每一方案在相应自然状态下的损益值。

‖——在方案枝上，为剪枝符号，表示对该方案的舍弃。

如果一个决策树，只在树的根部有一个决策点，则称为单级决策。若一个决策树不但在树的根部有决策点，而且在树的中间也有决策点，则称为多级决策。

决策树法的步骤：

1. 绘制决策树形图。按从左到右的顺序画决策树，画决策树过程的本身就是对决策问题的再分析过程。

2. 按从右到左的顺序计算各方案的期望值，并将结果写在相应方案节点的上方。期望值的计算是从右向左沿决策树的反方向进行计算的。

3. 对比各方案的期望值大小，进行剪枝选优。在舍去的备选方案枝上用“‖”记号隔断。

以下以多级决策为例，来说明决策树形图的绘制方法及在决策中的应用。

［例］某企业为生产某种新产品，设计了三个方案：建大厂，需投资500万元，销路好时年可获利200万元，销路差时年亏损60万元；建小厂需投资200万元，销路好时年可获利80万元，销路差时仍可获利20万元。大小厂经营期均为10年，估计未来销路好与差的概率分别是0.6和0.4。第三方案是只建小厂，三年后销路肯定好时再扩建，追加投资300万元，经营期7年，估计每年获利250万元。应如何决策？

解：(1) 绘制决策树（见图5—5）

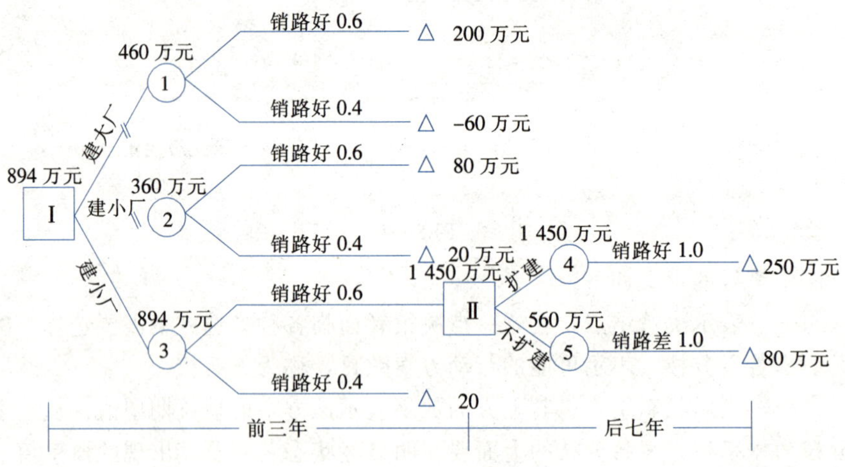

图5—5

（2）由右向左计算各种状态下的损益值：

点④的期望值 E（4）=250×1.0×7－300=1 450（万元）

点⑤的期望值 E（5）=80×1.0×7=560（万元）

（3）第一次决策：由于 E（4）>E（5），故而④优于⑤，剪去三年后不扩建方案，选用扩建方案。这是第一次决策，决策点Ⅱ的期望值应为 1 450 万元。

（4）计算点③的期望值，它包括两部分：第一，前三年只建小厂，销路好时的期望值=0.6×80×3=144 万元，后七年扩建后，期望值为 1 450 万元。第二，前三年销路差时，办小厂则持续十年，其收益期望值=0.4×20×10=80 万元。

点③的期望值 E（3）=（0.6×80×3）+（0.6×1 450）+（0.4×20×10）－200=144+870+80－200=894 万元

点①的期望值 E（1）=［0.6×200+0.4×（－60）］×10－500=460 万元

点②的期望值 E（2）=［0.6×80+0.4×20］×10－200=360 万元

（5）第二次决策：经过比较，先建小厂，后建大厂的期望值最大，应为优化方案，其他两个方案剪去，这是第二次决策，其决策点Ⅰ的期望值为 894 万元。

（三）不确定型决策

在不确定型决策问题中，通常采用的方法有悲观（小中取大）原则决策法，乐观（大中取大）原则决策法、折衷原则决策法、最小后悔值原则决策法以及等概率源则决策法。下面分别介绍这些方法。

1. 悲观原则（小中取大准则）。这种原则是比较各方案所产生的最小收益，从中选择其中最大的一个。采用这种原则的决策者，通常是认为形势比较严峻，在未来发生的各种自然状态中，最坏状态出现的可能性较大。因此，采用这一准则进行决策时，总是从各个行动方案的最小收益中选取效益值最大的方案为决策方案，以确保决策者至少可获得某一收益。这是一种保守型决策原则。

2. 乐观原则（大中取大准则）。乐观原则与悲观原则恰好相反，在该准则下，决策者设想任何一个行动方案都是以收益最大的自然状态发生，决策时总是基于最好的结果。即对决策方案的最大损益值进行比较，从中选择最大值，相应的方案也最优。但此准则风险较大，同时也有可能收益最大。

3. 折衷原则。这个原则是介于悲观原则与乐观原则之间的。在决策过程中，决策者对每个备选方案所产生的最大收益和最小收益赋予一定的乐观系数，再进行加权平均，选取其中加权平均后最大的一个作为最佳方案。在这个决策过程中，决策者既不像悲观者那样保守，也不像乐观者那样冒险，他们对待不确定型决策，总是持折衷的态度，用折衷的标准来平衡，既不乐观，也不悲观。

4. 最小后悔值原则。当决策者选定某一方案以后，如果发现所选方案在实际操作过程中并非最佳方案，这时决策者就会后悔。该准则将各自然状态下的最大损益值定为目标，将该状态下的各方案的损益值与理想值的差值称为相应方案的后悔值（或称为机会损失值），然后在各方案的最大后悔值中选择最小的一个，则相应的方案为最优方案。后悔值公式为：

$$Q_{ij}=\max_{i}\{Q_{ij}\}-Q_{ij}\quad i=1, \Lambda, m;\ j=1, \Lambda, n$$

$$Q_{*}=\min_{i}\max_{j}\{Q_{ij}\}$$

5. 等概率原则决策法。当决策者不能确定各种自然状态出现的概率的情况下，则认为各种自然状态出现的概率是相等的，以此来求得各备选方案的收益期望值，以期望值最大的方案作为最佳方案。

本章小结

1. 决策是指决策者为了解决某一问题，实现特定的组织目标，分析问题，依据标准，提出并评价多种可行方案，确定并实施方案的一种管理过程。决策必须遵循满意原则、系统原则、信息准确原则、可行性原则、集团决策原则及创新原则等。

2. 决策具有普遍性和多样性。根据不同的分类原则，可以把决策分成多种类型。

3. 决策应当是有效科学的，有效的科学决策应遵循一定的程序：识别机会或诊断问题，确定目标，寻求可行方案，寻求相关或限制因素，分析评价备选方案，方案选择，组织实施，监督和评估等步骤。

4. 决策的方法有许多，按照所应用科学方法的不同可分为决策软技术和决策硬技术。在管理决策实际工作中，决策者应综合运用这两种方法进行有效的科学的决策。

洛克威尔公司的艰难决策

在20世纪90年代，像Lockheed Martin，TRW Systems，MCDonnell Douglas等其他美国国防工业大公司一样，洛克威尔公司（Rockwell International）感觉到了美国军事费用缩减所带来的压力。随着苏联的解体和冷战的结束，五角大楼的武器和设备（例如导弹、坦克、卫星等）的购买量仅为20世纪80年代购买量的50%。这样的组织外部环境给洛克威尔公司的业绩带来了严重的威胁，管理者必须找到一项新的战略以应对这一威胁，改善公司业绩。

在公司CEO唐纳德·比尔（Donald beall）的领导下，洛克威尔公司采取了一项带领公司进入21世纪的新战略。他是公司从主要依赖军事工业向民用工业转型战略的主要推动者。例如，通过购买诸如Allen Bradly和Reliance Electric等实力强大的公司，比尔使洛克威尔公司进入工业自动化领域。每当洛克威尔购买一个新公司以后，比尔都会为新公司提供洛克威尔公司拥有的大量技术和电子领域的支持，从而使新公司变得更加强大和富有竞争力。洛克威尔公司曾设计建造了B—1轰炸机、阿波罗太空飞船、航天飞机。这家公司在新产品创新方面拥有大量的技术和技能，并拥有一支富有创造力的工程师队伍。比尔的目标是将洛克威尔公司在军事领域所积累的技术应用于众多新领域的产品开发。

一些分析人士对比尔所做的收购持批评的态度，认为比尔没有一贯的目标和愿景。他们声称，在很多公司决定集中于某一专一领域的时候，比尔建立了一个包括军事电子、自动化产品、印刷出版、航天飞机发动机、传真机芯片、塑料、通讯等众多领域的多元化王国。分析人士认为比尔也许过高估计了他运营这样一种高度多元化业务组织的能力。同时，他们也怀疑洛克威尔公司是否仅仅依据其在军事工业的成功，就一定具有成功运作如此众多业务的能力。

比尔则表示，他和他的管理团队对于洛克威尔公司进入何种业务有着明确的评价决策标准。首先，他们只收购明显处于领导者地位的行业业务。其次，他们依据长期盈利机会（长达10年或10年以上）概念与技术对每项业务进行评价。批评人士则回应说，环境是高度不确定的，比尔和他的管理团队不可能预测相关项目未来的回报情况。

但是，洛克威尔进入自动化领域的行动获得了成功。在洛克威尔公司将其高新技术和资源注入 Allen Bradly 和 Reliance Electric 等公司后，这些公司获得了工业电子市场 30%的市场份额。现在，这些公司的利润占到了洛克威尔公司利润来源的 50%以上。这仅仅是一种运气，还是使洛克威尔公司成为高科技领头羊的一系列战略行动胜利的开始呢？

问题：

1. 根据决策过程的 8 个步骤，试评价比尔的行动。

2. 你认为比尔所带领的洛克威尔公司正沿着正确的道路前进吗？将来他可能遇到怎样的机会或风险？

【复习题】

1. 简述决策的特性。

2. 决策的原则是什么？决策的依据有哪些？

3. 按照不同的原则和标准，决策可分为哪几类？

4. 如何区别确定型决策、风险型决策和不确定型决策？

5. 某轿车厂生产家用型小轿车，销售价格为 110 000 元，1999 年销售量为 10 000 台，固定成本总额为 9 580 万元，变动成本总额为 12 亿元，该产品盈亏平衡电厂量是多少？经营安全率是多少？

6. 某厂准备生产一种新产品，有三个可行方案供选择：一是新建一个车间，二是扩建原有的一个车间，三是改造原有的一个车间。今后市场此种新产品可能出现高要求、中需求、低需求三种情况，每种情况在三种需求下的相应收益如下表所示。试用决策树法分析，哪种方案最好？

单位：万元

方案	自然状态		
	高需求	中需求	低需求
新建	60	30	—28
扩建	52	33	—15
改建	30	25	18

讨论及思考题

1. 程序性决策和非程序性决策的主要区别是什么？为什么非程序性决策是个复杂的、不确定的过程？

2. 据追踪决策的特点，试分析在进行追踪决策时，决策者需要注意哪些问题。

第六章

组织设计

本章提示

◇ 组织设计的任务与过程　　◇ 组织结构的典型形式
◇ 组织设计的权变因素与原则　　◇ 组织设计的主要内容

本章引言

绿叶服装公司是一家私营服装企业，业主李叶担任公司经理。开业之初，公司招聘了六名员工，除了一人当秘书兼会计、李叶兼任设计师外，其余五人并没有严格的分工，服装的设计、加工、供销等业务的哪个环节需要，她们就参与哪个环节。这样，公司经营开展得非常顺利，规模也迅速地扩大。三年后，公司员工增加到120名。尽管如此，公司却没有建立正式的组织结构。但李叶已发现公司的运行明显不如开业之初有序了，以至于经常出现原材料不足、产品交货延迟等问题。这使她感到困惑不解。于是，她请来了管理咨询公司的张博士。在对公司进行了仔细地调查后，张博士帮助李叶设计、构建了适合本公司特点的组织结构。不久，公司的运作又恢复了有序的状态。绿叶公司的发展经历告诉我们，设计、构建恰当的组织结构是一个组织发展过程中不可缺少的管理工作。那么，什么是组织结构，组织结构为什么对一个组织的发展具有如此重要的作用？又如何设计组织结构呢？这就是本章所要讨论的问题。

第一节　组织设计的任务与过程

一　组织设计的概念

组织设计是指在一定的环境下，为了有效地实现组织的目标而对某一个组织实体的结构与运行规则所进行的规划与安排的过程。理解这一概念，要注意以下几点：

1. 组织设计为实现组织的目标而进行的活动，因此，有效地实现组织的目标是组织设计的目的，组织设计只是落实组织目标的手段。组织的目标实现的有效性既是我们进行组织设计的根本依据，也是检验组织设计成效的基本尺度。

2. 组织设计是在一定的环境下进行的活动。这里的“环境”既包括组织自身因素的状况，也包括组织外部制约因素的特点，就是说，组织设计是根据组织自身因素的状况和组织外部制约因素的特点开展的。

3. 从组织设计的结果来看，组织设计的结果是组织的结构与运行规则。一个组织实体的结构即组织结构。**组织结构又称组织职位结构、组织体系，它是一个组织实体内部设置的部门种类、层次和各部门间相互关系的总和。**组织实体的运行规则即组织实体运行中的程序、准则及部门间相互关系的制度。

4. 组织设计是为形成合理的组织结构与运行规则而由规划与安排等相关的一系列活动构成的过程。组织设计包含着众多的工作，这些众多的工作在时间上相互承继、在逻辑上相互制约，构成了一个完整、并且不断循环的过程。

二　组织设计的任务

组织设计的任务与组织设计的职能紧密相连。组织设计的职能是组织设计活动本身所固有的功能，其具体内容是形成组织结构与运行规则的方案。当然，这种组织结构与运行规则的方案可能是一种合理的方案，也可能是一种不合理的方案。考虑到进行组织设计的目的，我们可以将组织设计的任务确定为及时地、经济地形成合理的组织结构与运行规则的方案，为构建合理的组织结构提供蓝图。

通常，组织结构的设计方案形式表现为组织结构图和职位说明书。所谓组织结构系统图，又称组织树，它是以箭线、方框与文字等为元素、用以反映组织结构特征的树形图。典型的组织结构系统图如图 6—1 所示。

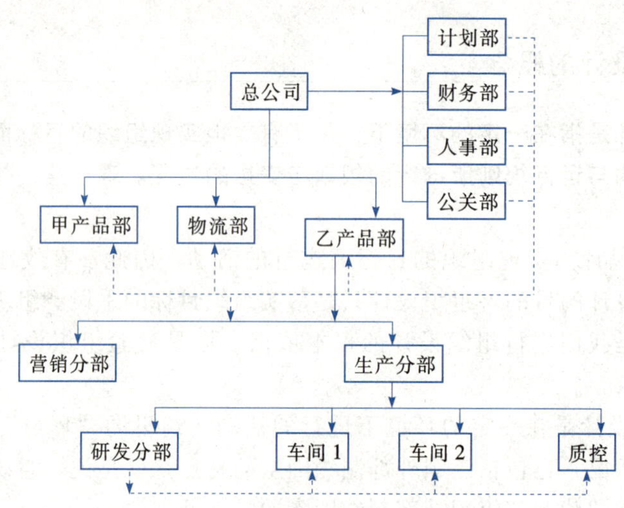

图 6—1　企业组织结构系统图

职务说明书是对组织中的某个职务的特征加以说明的组织设计文件，其主要内容包括职务的名称、职责、职权和此职位与其他职位的关系，以及与外界人员的关系。

三　组织设计的过程

为了完成组织设计的任务，组织设计必须根据其内在规律性有步骤地进行。**组织设计的过程就是从调查、分析一个组织实体的自身因素的状况和组织外部因素的特点开始直到形成完整的组织结构与运行规则的方案为止所经历的所有步骤。**这些步骤主要有：

（一）分析、确定影响组织设计的各种因素

通过对组织自身因素和组织外部因素的调查研究，确定出特定组织实体的各种因素状况，从而为进行组织设计提供依据。

（二）确定组织设计的方针、原则和选择组织结构的类型

组织结构包括许多不同的类型，每种类型的组织结构各自具有不同的特点，分别适合不同特点的实体组织的运作。因此，必须根据目标组织实体的各种因素状况，首先确定出进行组织设计的方针与原则，再根据组织设计的方针与原则确定出欲构建的组织结构类型。

（三）职能与职位分析

从保证组织总体业务流程最优化的角度出发，确定为实现组织目标所必须进行的管理工作的具体职能，并按其性质适当分类，形成组织运行的职位。

（四）确定部门设置

部门是按照一定的方法将组织中相关的职位加以组合，形成的易于管理的组织单元。确定部门设置包括从横向上确定出要设计出的部门种类和从纵向上出管理层次。通过部门划分可以将整个组织分为若干个小单位，使组织的各项活动落实到具体的承担机构上来。

（五）职权界定

根据组织目标的要求，明确规定各单位和部门及其负责人对管理工作应负的责任以及评价工作成绩的标准。同时，还要根据搞好管理工作的实际需要，授予各单位和部门及其负责人适当的权力。

（六）确定整合方式

确定整合方式即规定出组织中的横向部门间、纵向部门间的信息沟通和相互协调方面的途径和方法，从而把一个组织实体上下左右联结起来，形成一个能够协调运作、有效地实现组织目标的组织系统。

（七）规定组织运行规则

组织运行规则是指组织中的各部门在运用自身权力、履行职责过程中所必须遵循的规章制度，诸如办事程序和办事规则、检查和报告制度、管理部门和人员绩效考核制度、管理人员培训制度与奖励制度等。规定组织运行规则就是对这些规章制度的设计与确定工作。

（八）编制组织结构图与职位说明书

经过以上步骤，组织设计的初步方案即可形成。此时，即可根据清晰、完整和美观的要求编制出组织结构图与职位说明书。

（九）反馈和修正

由于对影响组织设计的因素分析不可能完全正确，组织设计的初始方案很难十分合理，即使原来合理的方案随着影响组织设计的因素改变也会成为不合

理的方案，所以，为了保证组织设计方案的合理性，必须将组织运行过程中的信息定期或不定期地加以反馈，根据出现的新情况、新问题对原有组织设计方案适时地进行修正，以使其不断完善。

第二节　组织设计的权变因素与原则

一　组织设计的权变因素

（一）组织外部环境的状况

系统论的基本原理告诉我们观点：组织是一个人造的开发系统，它与其外部环境间始终存在着相互制约的关系；而且组织只是其外部环境中的一个子系统，组织的外部环境是组织的母系统。因此，在组织与外部环境的关系上，尽管组织在一定程度上可以选择和改造环境，但外部环境的状况始终是组织的决定的因素。具体说来，在简单的稳定的环境下，为了提高效率，组织宜选择刚性的组织结构；而在复杂的变动的环境下，为了增强对外部环境的适应性，组织宜选择弹性的组织结构。

（二）组织自身因素的状况

1. 组织战略的影响。组织战略是指决定和影响组织活动性质及根本方向的总目标，以及实现这一总目标的路径和方法。显然，有效地实现组织战略与构建组织结构属于目的与手段的关系。其中，有效地实现组织战略是构建组织结构的目的；构建组织结构是有效地实现组织战略的手段。手段服务于目的，目的决定手段。所以，组织结构的构建应服从于组织战略的有效实现，组织战略的特点影响着组织结构的设计与构建。

组织战略至少会从两个方面影响着组织设计：不同的战略要求开展不同的业务活动，这会影响管理职位的设计。战略重点的改变，会引起组织的工作重点及各部门与职位在组织中重要程度的改变，因此要求对各管理职位及部门之间关系作相应的调整。

2. 组织技术的影响。技术是指把组织的资源转化为最终产品或服务的机械力和智力。任何组织都需要通过特定的技术将投入转换为产出，不同的组织因各自的产出特点不同，其技术特性也各不相同。技术特性不同的组织运作过程意味着包括的业务种类和业务间的关系互不相同，其组织结构内部设置的部门种类、层次和各部门间的相互关系也应不同。

3. 组织规模的影响。组织规模一般以雇员人数的多寡来衡量。规模大的组织，人数众多，内部分工也较细，为了便于对员工的监管，往往会设计较多的层级和部门，也会采用规章条文去规范员工的行为。此外，在规模大的组织里，决策众多，高层管理人员难以能处理全部决策，因而有下放权力的趋势。

4. 组织拥有人力资源的影响。组织结构中的全部职位最终都要靠组织拥有或控制的人力资源来承担，从一定意义上看，组织中的人力资源是构建组织结构的“建筑材料”。就像建筑结构的确立必须考虑建筑材料的技术支撑一样，组织结构的选择也必须考虑组织自身人力资源的状况。人力资源的状况会对组织结构中的部门设置和各部门间相互关系等方面产生重要的影响。

（三）组织结构形式的特点

组织结构本身的特点决定了其适用的场合。不同类型的组织结构具有不同的特点，其适用的场合也各不相同。因而组织结构本身的特点是影响组织结构类型选择的又一因素。

1. 描述组织结构基本特征的三个维度。由于组织结构主要包括一个组织实体内部的部门设置和各部门间的相互关系两个方面的内容，所以，一种组织结构的特征自然表现为该种组织结构的部门设置和各部门间的相互关系两个方面。如果再考虑到组织运行的特点，我们可以用组织结构的复杂性、集权化和正规化三个维度来描述一种组织结构的基本特征。

（1）组织结构的复杂性。这是说明一种组织结构的部门设置特征的一个维度，它是指组织内部的部门设置的种类、层级划分的状况和在地域上的集中程度。

（2）组织结构的集权化。这是说明一种组织结构的部门间权责配置特征的一个维度，它是指组织中决策制定权力的集中或者分散的程度。

（3）组织结构的正规化。这是说明一种组织结构的实际运行特征的一个维度，它是指一个组织依靠规则和程序引导员工行为的程度。

2. 组织结构的基本类型及其适用的条件。根据复杂性、集权化和正规化等方面的特点不同，组织结构分为机械式组织结构与有机式组织结构两种基本类型。

（1）机械式组织结构，即刚性—机械式组织结构，也称官僚行政组织。它是高度复杂化、高度正规化和高度集权化的一类组织结构。采用这种组织结构形式的组织，对任务进行高度的劳动分工和职能分工，形成较多的部门和层次；以客观的不受个人情感影响的方式挑选符合职务规范要求的合格的任职人员，并对分工以后的专业化工作进行集权严密的层次控制，同时制定出许多程序、规则和标准，整个组织就像一台高效率的机器一样。所以，它的运作效率较高，但对环境变化的适应性较差。当一个组织的规模相对较大，且外部环境相对稳定、以追求效率为主要运作目标时，宜采用这种组织结构形式。

（2）有机式组织结构，即柔性—有机式组织结构，也称适应性组织，它是低复杂性、低正规化和分权化的一类组织结构。 采用这种组织结构形式的组织，不设置固定的职位和职能界限严格确定的部门，员工围绕共同的任务开展工作，职责范围在相互作用中不断修正；纵向职权等级和程序规则较少，基层人员有权根据自己的技能和所掌握的信息决定应该采取的行为；成员之间直接的横向及斜向的沟通和协调，取代纵向沟通和层级控制而成为实现目标的主要手段，整个组织就像一个具有反映能力的有机体一样。所以，它具有较高的适应性和创新性。当一个组织的规模相对较小，且外部环境相对不稳定，以追求效益为主要运作目标时，适宜采用这种组织结构形式。

二 组织设计的原则

（一）组织设计的总原则

组织设计的总原则是指对组织设计中的各类矛盾的解决均有指导作用的一类原则。属于这类原则的主要有：

1. 目标至上的原则，又称目标有效性原则。即组织结构类型的选择与运行规则的确立必须有利于组织目标的有效实现。这是因为有效地实现组织的目标是进行组织设计的最终目的；组织设计只是有效地实现组织目标的手段。组织结构类型的选择与运行规则的确立必须服从于组织目标的有效实现。

2. 弹性原则。是指组织结构类型与运行规则的方案应随组织的业务有效运行的需要而改变。这是因为合理组织设计方案必须适应组织外部环境的状况、组织自身的状况和组织结构本身的特点等因素的要求，而组织的外部环境状况、组织自身的状况和组织结构本身的特点是经常发生变化的。

（二）部门设置的原则

部门设置的原则是指能够指导组织设计中的横向部门划分和纵向层级安排的一类原则。属于这类原则的主要有：

1. 分工适度的原则。是指一个组织机构中部门设置的数量必须适当。组织机构中部门设置的数量过少，既无法享受由专业化经营带来的效率提高的利益，也不利于不同部门内部的不同职位间的协调；部门设置的数量过多，既易出现因职责难于区分导致的“扯皮”现象，也增加了不同部门间的协调难度。

2. 人职结合的原则。即因事设职与因人设职相结合。所谓“因事设职”是指根据实现组织目标而应完成的工作需要来确定一个组织机构中宜设置的职位与部门。只有遵循“因事设职”的原则，才能避免出现“人浮于事”的现象，提高组织的劳动效率。所谓“因人设职”是指根据一个组织机构所能得到的人力资源状况（包括数量与素质）来确定一个组织机构中宜设置的职位与部门。遵循“因人设职”的原则，不仅是实现“人人有事做”、有效利用组织的人力资源的需要，更重要的是组织中各职位、部门的职责能够得以落实的需要。

3. 监督和执行分设的原则。是指一个组织机构中监督职位和执行职位必须分别设置。这是因为只有实行监督职位和执行职位分别设置，才能实现相互制衡，减少组织运行中的作弊机会；也才能避免检查人员“偏心”，真正发挥检查职务的作用。

4. 层幅适当的原则。是指一个组织机构必须合理确定管理幅度与管理层次。层幅适当的原则，又可称为有效管理幅度的原则。

（三）职权配置的原则

职权配置的原则是指能够指导组织设计中的职权划分矛盾解决的一类原则。属于这类原则的有：

1. 权责一致的原则。又称权责对称的原则，亦即职权和职责必须相等。因为权力是履行职责的必要条件，职责是权力发挥出为组织所需作用的必要约束，所以，职权和职责必须一致、相等。

2. 集权与分权相结合的原则。集权即组织高层对组织的全面领导，分权即组织的中下层拥有适度的自主权。集权与分权相结合的原则就是既要维护组织高层对组织的全面领导，又应使组织的中下层拥有适度的自主权。这是因为离开了集权，组织的中下层拥有绝对的自主权，一个统一的组织就无法存在；离开了分权，组织的中下层没有一点儿自主权，不仅不能发挥中下层的积极性，还会降低组织的灵活性和适应性，组织也就失去了生机。

3. 统一指挥的原则。即组织内的各级机构以及个人必须服从一个上级的命令和指挥。只有这样，才能保证命令和指挥的统一，避免多头领导和越级指挥的现象，使组织最高管理部门的决策得以贯彻执行。

第三节 组织结构的典型形式

机械式组织结构与有机式组织结构是组织结构的两种基本类型。由于不同的组织或同一组织在不同的时期所面临的组织外部环境的状况和组织自身的状况各不相同，因而组织结构的具体形式也不相同。最为典型的组织结构形式有以下五种。

一 直线制形式

（一）直线制形式的含义

直线制形式又称单线制，它是只建立上下级垂直部门的一种组织结构形式。其组织结构系统图如图 6—2 所示。图中，L_i 代表管理部门。

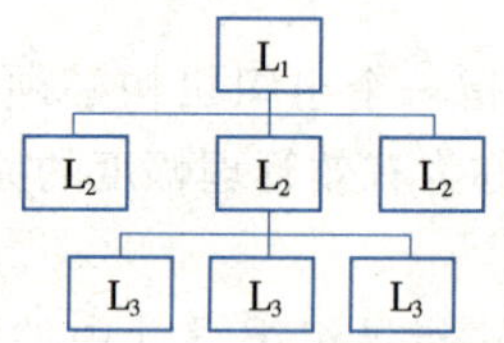

图 6—2 直线制组织结构图

（二）直线制形式的特点

直线制形式是最早使用也是最为简单的一种组织结构形式。采用这种组织结构形式的组织，不设专门的职能机构，组织结构中各种职位是按垂直系统直线排列的，各级主管人员对所属下级拥有一切职权，组织中每一个人只能向一个直接上级报告。其优点在于机构设置简单，权责清楚，指挥统一，联系简捷；缺点在于管理职能无分工，直线领导应具备全面的管理技能与知识，对管理者的要求高。所以，一旦组织规模扩大，管理工作复杂化，领导者势必因经验、精力不及而顾此失彼，难以进行有效的管理。

（三）直线制形式的适用

直线制组织结构形式较为适合于规模不大、管理工作比较简单的组织或者是现场的作业管理。

二 职能制形式

(一) 职能制形式的含义

职能制又称多线制，它是按管理职能专业化的要求建立不同的机构同时对下级进行管理的一种组织结构形式。其组织结构系统图如图 6—3 所示。图中，L_i 代表直线部门，F 表示职能部门。

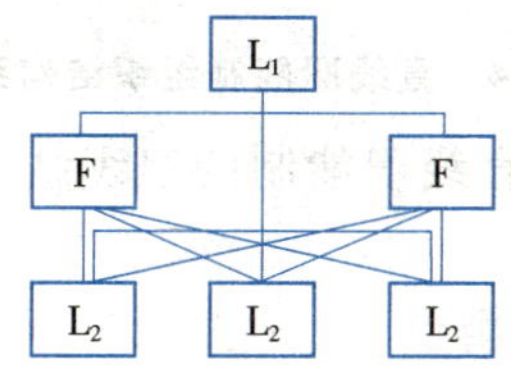

图 6—3 职能制形式组织结构图

(二) 职能制形式的特点

采用这种组织结构形式的组织，除直线主管外还相应地设立一些组织机构，分担某些职能管理的业务。这些职能机构有权在自己的业务范围内，向下级单位下达命令和指示，因此，下级直线主管除了接受上级直线主管的领导外，还必须接受上级各职能机构的领导和指示。其优点在于分工负责，管理工作简单化，同时可发挥专业人员的特长，使直线人员集中精力作好例外事项管理；缺点在于下属同时接受不同部门的指挥，存在多头领导现象。

(三) 职能制形式的适用

由于存在多头领导的弊端，所以这种组织结构只是理论上的一种设想，并没有在实践中得以普遍地推行。

三 直线职能制形式

(一) 直线职能制形式的含义

直线职能制又称直线参谋制，它是同时设置纵向的领导指挥机构和横向的参谋咨询机构的一种组织结构形式。其组织结构系统图如图 6—4 所示。

图中，实直线表示不同管理职位间的领导关系；箭头线表示不同管理职位

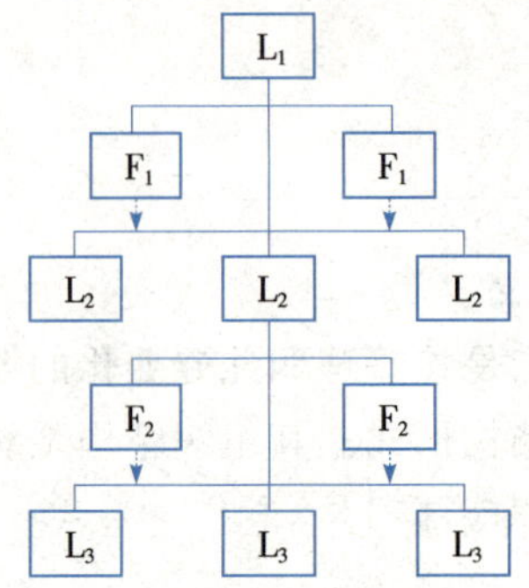

图 6—4　直线职能制组织结构系统图

间的参谋、咨询关系。由于直线职能制的组织结构图呈现 U 型，所以，又称 U 型组织结构。

(二) 直线职能制形式的特点

采用这种组织结构形式的组织，要设置两套系统：一套是按命令统一原则建立的直线指挥系统，另一套是按专业化原则建立的职能参谋系统。直线部门和人员在自己的职责范围内有决定权，对其所属下级的工作进行指挥和命令，并负全部责任；而职能部门和人员仅是直线主管的参谋，只能对下级机构提供建议和业务指导，没有指挥和命令的权力。其优点在于吸收了直线制和职能制的优点，并在一定程度上弥补了两者的缺点，且整个组织具有较高的稳定性；缺点在于需要设置两种性质的机构，当职能参谋部门和直线部门之间目标不一致时，容易产生矛盾，致使上层主管的协调工作增大。

(三) 直线职能制形式的适用情形

由直线职能制形式的优点与缺点所决定，这种组织结构形式较为适合于小、中型组织机构。

四　事业部制形式

(一) 事业部制形式的含义

事业部制形式，又称联邦制结构形式，它是由总部负责制定统一政策、各事业部负责运营的一种组织结构形式。其组织结构系统图如图 6—5 所示。由于事业部制的组织结构系统图呈现 M 型，所以，又称 M 型组织结构。

事业部制形式最早起源于美国的通用汽车公司。20 世纪 20 年代初，通用

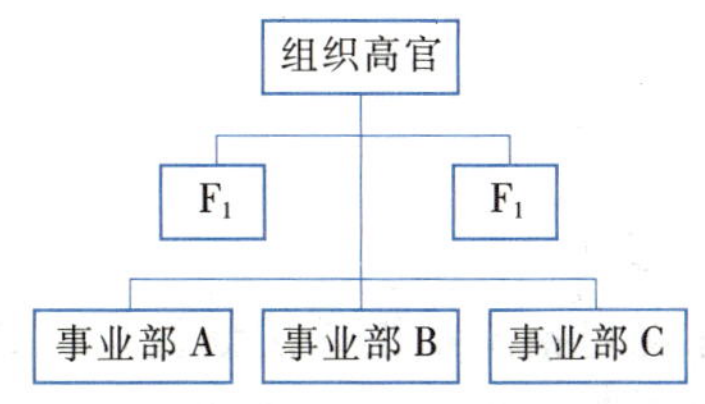

图 6—5　事业部制组织结构系统图

汽车公司合并收买了许多小公司，企业规模急剧扩大，产品种类和经营项目增多，而内部管理却十分混乱。当时担任通用汽车公司常务副总经理的 P. 斯隆参考杜邦化学公司的经验，以事业部制形式于 1924 年完成了对原有组织结构的改组，使通用汽车公司的整顿和发展获得了很大的成功，成为实行事业部制的典型，因而事业部制又称“斯隆模型”。

（二）事业部制形式的特点

采用这种组织结构形式的组织，按组织的产出将业务活动组合起来，成立事业部；按照“集中政策，分散经营”的原则处理纵向关系，高层领导集中力量研究和制定企业发展的各种经营战略和经营方针，而把最大限度的管理权限下放到各事业部，使他们能够依据企业的政策和制度，自主经营，充分发挥各自的积极性和主动性；在横向关系方面，各事业部均为利润中心，实行独立核算。

事业部制形式具有多方面优点：它可以使组织同时享受专业化经营提高效率的利益和综合经营分散风险的好处；既有利于最高领导层摆脱日常行政事务集中精力做好战略决策，又有利于发挥事业部的积极性，灵活自主地对市场出现的新情况迅速作出反应；事业部经理能经受高层管理者面临的各种考验，有利于为组织培养全面管理人才；各事业部之间可以有比较、有竞争，从而增强组织的活力。

事业部制形式的主要缺点在于：组织机构设置重叠，管理费用较高；各事业部自主经营、独立核算，考虑问题往往从本部门出发，忽视整个企业的利益，影响各事业部间的协作。

（三）事业部制形式的适用

由事业部制形式的优点与缺点所决定，这种组织结构形式较为适合于规模较大的一些公司，这些公司一般都是跨越多个产品领域，从事多样化经营的特大型企业组织。

五 矩阵制形式

（一）矩阵制形式的含义

钜阵制组织结构又称规划钜阵结构或规划目标结构，是一种按职能划分部门和按任务特点（产品或项目）划分小组相结合所产生的矩阵型组织结构形式。其组织结构系统图如图 6—6 所示。

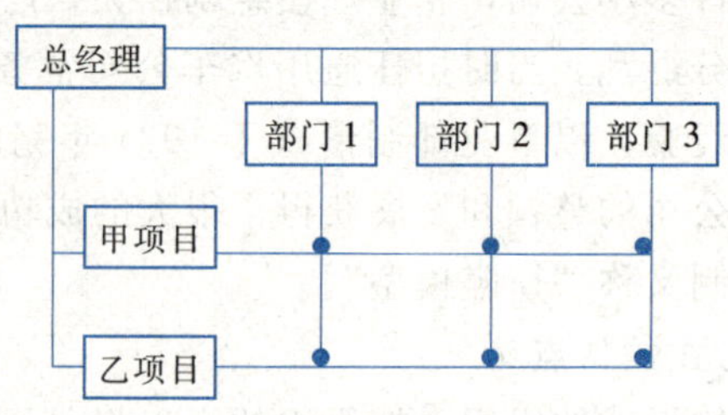

图 6—6 矩阵制组织结构系统图

（二）矩阵制形式的特点

采用这种组织结构形式的组织，既设置具有纵向报告关系的若干职能部门，又建立具有横向报告关系的若干产品部门，从而形成纵向和横向管理系统相结合的矩阵型构架；一个职工（或部门）有两位领导，在执行日常工作任务方面，接受原部门的垂直领导，而在执行具体任务方面，接受产品经理的领导。它具有的主要优点是：有利于加强各职能部门之间的协作配合；有利于顺利完成规划项目，提高了组织的适应性；有利于职能部门与产品部门相互制约，保证组织整体目标的实现。

矩阵制形式的主要缺点在于组织的稳定性较差。按产品或项目成立的组织，其成员经常变动，人事关系不稳定。同时，小组成员来自个职能部门，任务完成后仍要回去，容易产生临时性观念。另外，由于存在着双重领导，容易产生责任不清、多头指挥的混乱现象。为此，职能部门、产品部门和下级单位的人员之间，需要花费大量的时间进行沟通，致使频繁的碰头和解决冲突的会议过多。

（三）矩阵制形式适用的适用

由矩阵制制形式的优点与缺点所决定，这种组织结构形式较为适合于任务变化快、且需要集中多方面人员共同完成的一类组织。

应当说明的是，上述的五种组织结构形式，在一定意义上讲是对现实的众多的组织形态进行的理论抽象。现实的组织机构都是以其中的一种组织结构形式为基础，再结合面临的外部环境和组织自身的状况加以改造形成的特制的组织结构形式。

第四节 组织设计的主要内容

同一种类型的组织结构形式，因其内容上的具体安排不一致，其适合的组织机构也会不同。所以，在讨论了组织结构类型形式之后，为了最终确定组织设计方案，我们还必须进一步讨论组织设计中的主要内容的具体安排问题。

一 职位设计

（一）职位设计的任务

职位是组织机构中具有一定的目标、职责和权限、并能由组织成员承担的工作岗位。职位设计就是通过组织的工作分析，设定出为实现组织目标所需要的职位的活动。它的主要任务包括根据组织的性质、目标和战略，确定组织的总体任务和职能种类；进行职能分解、形成职位；明确各职位之间的关系。

（二）职位设计的要求

1. 职位具有明确的目标、职责和权限。首先，职位应具有明确的目标，这是一个职位得以存在的依据。其次，职位应具有明确的职责，即职位必须具有明确的任务，这是一个职位的目标得以实现的保证。最后，职位应具有明确权限，这是一个职位的职责得以履行的前提。

2. 职位广度和深度应适度。职位广度是指职位在横向上所包括的工作种类的多少；职位深度是指职位的工作内容在纵向上的充实与丰富程度。首先，职位广度应适度。职位广度过大，组织难以得到专业化分工的利益；职位广度过窄，工作就会变得枯燥、单调、乏味，从而使员工对工作不满，导致劳动效率和工作质量下降。其次，职位深度应适度。职位深度过低，使员工难以体会到工作内在意义和成就感，不利于调动其工作的积极性；职位深度过高，员工对工作开展完全可以自行其是，不同职位间的协调就难以实现。

二 职位组合

经过职位设计，一个组织机构内形成了不同的职位。若该组织机构的规模大到一定程度，这些不同职位间的联系与整合足以超过个人的协调能力。为此，有必要将这些职位按照一定的方法组合成一个更大的组织运行单元。将职位组合成一个更大的管理单元的有两种基本的方法，一种是横向组合，另一种是纵向组合。

（一）职位的横向组合

职位的横向组合，又称部门化，是指从横向上、按照一定的标准将组织机构中的数个职位组合成一个更大的组织运行单元的过程。部门化的结果即组织运行的更大单元就是通常所讲的“部门”。“部门”在不同组织机构中表现为不同的形式，企业组织中表现为分公司、部、处、科、室等形式；政府组织中表现为部、局、司、厅、处、科等形式。部门化通常使用的标准有职能、产品和地区三种。

1. 职能部门化。**职能部门化就是按照组织运行中的业务活动的相似性来划分部门的方法。**组织机构采用这种方法划分部门时，凡具有相似性的业务活动都被归为同一部门。判断业务活动相似性的根据有：业务活动的性质是否相近；从事业务活动的技能是否相同；业务活动的进行对同一目标是否具有紧密相关的作用。

职能部门化具有许多的优点，它遵循了分工和专业化原则，因而有利于充分发挥专业管理人员的技能，简化了管理人员训练工作；由于各部门执行的职能都是组织整体活动的一部分，有利于维护组织的统一性。

职能部门化也存在一些弊端。由于各部门执行的职能都是组织整体活动的一部分，所以不易分清各部门的活动对整个组织绩效的实际贡献，也不利于高级管理人才的培养；容易使各主管部门的专业人员产生“隧道视野”，即除了自身领域之外，其他什么也看不见，从而给各部门之间的横向协调带来一定的困难。

2. 产品部门化。**产品部门化是按照提供的产品的相似性来划分部门的方法。**组织机构采用这种方法划分部门时，把与同一产品运作相关的业务活动都被归为同一部门。

产品部门化具有许多的优点：这种按产品划分部门的方法一般能够发挥个人的技能和专长，发挥专用设备的效率，有利于部门内的协调。同时，它还使各部门的主管人员把注意力集中在产品上，这对产品的改进和发展是十分重要的。产品部门化也存在一些弊端。这种方法要求更多的人具有全面管理的能力，各产品部门的独立性比较强而整体性比较差，这就加重了主管部门在协调和控制方面的困难。

3. 地区部门化。**地区部门化是按照组织运行活动在地理位置上的集中性来划分部门的方法。**组织机构采用这种方法划分部门时，把组织在同一地区内的业务活动都被归为同一部门。这种部门化方法除了拥有有利于调动各个地区的积极性，从而使组织的运作能更好地适应不同地区的特殊的需求这一特点外，其他特点与产品部门化的特点基本相同。

4. 综合部门化。**综合部门化是同时按照两个以上的标准来划分部门的方法。**从上面的分析我们不难发现，任何一种部门化方法都存在各自的优点与缺点。作为一个现代组织机构不可能根据单一的标准来设计管理组织，而必须同时采用两个或两个以上的部门化方式，以建立起符合自身特点的部门结构。图6—7是同时采用三个标准来划分部门的方法的示意图。

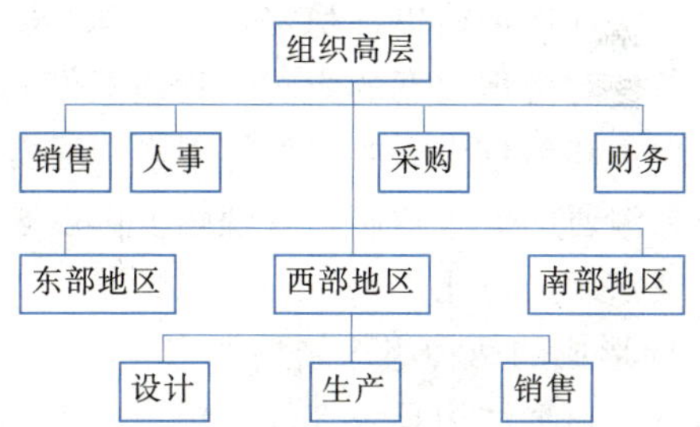

图 6—7 综合部门化的组织结构系统图

（二）职位的纵向组合

职位的纵向组合又称层级化，也就是将同一性质的部门再划分为若干个不同的管理层级的活动。层级化的结果是形成一个组织机构的不同的管理层次。

1. 影响管理层次的因素。

（1）组织机构规模的大小。其他条件一定时，组织机构的规模的大小与管理层次的多少呈正相关关系，即一个组织机构的规模越大，其管理层次就越多；反之，其管理层次就越少。

（2）管理幅度的大小。**管理幅度，也叫管理跨度或控制幅度，是一名管理者在一定条件下能够直接而有效管辖的下属人员的数目。**上级直接领导的下级人数多，称之为管理幅度大或跨度宽；反之，则称之为管理幅度小或跨度窄。

其他条件一定时，管理幅度的宽窄与管理层次的多少呈反相关关系，即一个组织机构的管理幅度越宽，其管理层次就越少；反之，其管理层次就越多。

2. 影响管理幅度的因素。管理者和被管理者的状况、组织机构承担任务的特性和管理工作的条件都会对管理幅度的大小产生影响。

(1) 管理者和被管理者的素质与能力对管理幅度的影响。管理者和被管理者的素质与能力与管理幅度成正比关系。具体说来，如果主管人员自身的工作能力很强，办事果断，决策迅速，则管理幅度在一般情况下可大一些；如果下属的工作能力很强，知识和经验都很丰富，技能水平也很高，不需要上级对其进行很多的业务指导，则主管人员的管理幅度可大一些。

(2) 管理的工作性质对管理幅度的影响。首先，管理的重要性与管理幅度成反比关系。对于高层领导来说，他们往往面对的是事关组织全局的复杂问题，他们直接领导的人数宜少而精。对于基层领导来说，他们主要是处理一些重复性或相似性的例行性日常工作，因此，直接领导的人数就可多些。其次，管理工作的复杂性与管理幅度亦成反比关系。若下属工作的相似性和稳定性、工作地点的集中性强，管理任务简单、稳定，则管理幅度可大些。

(3) 管理工作的条件对管理幅度的影响。管理工作的条件状况主要包括计划的完善性、助手的配备和信息沟通的效率等因素。通常，计划越完善、助手的配备水平越高、信息沟通的效率越高，管理幅度可以越大。因此，管理工作条件的完善程度与管理幅度成正比关系。

3. 由管理幅度不同形成的两种组织结构形态。

(1) 扁平结构形态。扁平结构是管理幅度较大，管理层次较少的组织结构形态。其优点是：信息传递速度快、失真少，有利于信息的沟通；有利于节约管理费用；便于高层领导了解基层情况；主管人员与下属能够结成较大的集体，有利于解决较复杂的问题。另外，主管人员乐于让下级享有更充分的职权，有利于激发其积极性，也有利于提高其管理能力。缺点是：管理者因为负荷重，精力分散，难以对下级进行深入具体的指导和进行充分有效的监控；管理者的直接下属众多，使管理者难以识别、选择和确定重要信息和事务。

(2) 锥形结构形态。锥形结构是管理幅度较小，管理层次较多的组织结构形态。其优点是：主管人员的管理幅度较小，能够有充分的时间和精力，有利于管理者对每个直接下属人员和机构进行有效的指导、监控；主管人员和人数较少的下属所组成的集体规模较小，易于保持团结，每个成员有更多的机会参与决策，也易于协调和取得一致，从而有利于组织的团队建设；另外，因层次多，各级主管职务相应较多，能为下属提供晋升机会，促其积极努力工作，提高自身素质。缺点是：需要配备较多的管理人员，管理费用大；管理层次繁多，信息的上传下达要经过多个层次，速度慢，并容易发生失真；管理层次多，管理幅度相应地较小，上司对下属控制太严，影响了下属人员积极性和创造性的发挥。

三　职权配置

（一）职权配置的含义与内容

职权配置，是指将组织机构运作的全部职权在组织机构中的各职位、各部门以及同一部门的不同层次间进行分配与确定的活动。职权配置与授权都是组织权力分配的途径，但两者又有区别。其中，职权配置在组织设计时，向各职位、各部门以及同一部门的不同管理层次分配权力；授权则是担任一定管理职务的领导者在实际工作中，将部分解决问题、处理新增业务的权力委任给某个或某些下属。所以，职权配置是组织设计中的一项主要内容；而授权则属于是领导者的一种领导艺术。根据配置的方向不同，组织的职权配置包括横向配置与纵向配置两个方面的内容。

（二）职权的横向配置

职权的横向配置，又称职权的横向化分，即组织机构的职权在组织机构中的同一层级的、不同部门之间进行的分配。

1. 职权横向分化的形态。组织职权经过横向化分，形成三种基本形态，即直线职权、参谋职权和职能职权。其中，直线职权即通常所说的指挥权，它是处于较高层级的管理职位对较低层级的管理职位所拥有的指挥和命令的权力，包括发布命令及执行决策等方面的权力；参谋职权，又称辅助性职权，它是处于某一层级的管理职位对其它的管理职位所拥有的服务和协助的权力，包括思考、筹划和建议的权力；职能职权是指直线主管把原本属于自己的某些权力授给其他部门或人员行使的权力。

2. 三种职权关系的处理。

（1）明确界定三种职权的性质与范围。三种职权关系处理不好导致的低效率组织活动，原因很多，但最主要的在于组织缺乏对三种职权的性质与范围进行清晰而又科学的界定。

（2）正确地发挥参谋的作用。作为直线主管，要向参谋人员或机构提供必要的信息条件，授予其必要的职能权力，主动听取其意见，但又不为其所左右；作为参谋人员或机构，要根据客观情况和自己的独立判断向直线主管提供有价值的方案或辅助管理。

(3) 谨慎地使用职能权力。组织中职能职权的存在，易导致多头领导，出现政令不一的现象，因此，必须谨慎地使用职能权力。

(三) 职权的纵向配置

职权的纵向配置，又称职权的纵向化分，即组织机构运作的职权在组织机构中的同一部门的不同层级之间进行的分配。

1. 职权纵向配置的基本模式。按照职权在组织机构中不同层级之间的分配状况不同，职权的纵向配置有集权制与分权制两种基本模式。

集权制是指管理权限较多地集中在组织最高管理层的职权配置模式。采用这种职权配置模式的优点在于有利于保证政策统一和执行效率，也有利于在全组织范围内合理地配置资源；缺点在于不利于发挥中、下级机构的积极性和管理人员的培养。

分权制是指管理权限较多地集中在组织中、下层的职权配置模式。采用这种职权配置模式的优点在于有利于发挥中、下级机构的积极性和管理人员的培养，增强组织的适应能力；缺点在于不利于在全组织范围内合理地配置资源。

2. 集权或分权程度的衡量。集权和分权是一个相对的概念。由于绝对的集权意味着组织中的全部权力集中在一个主管手中，没有任何中层管理机构和中间管理人员；而绝对的分权则意味着全部权力分散在各个部门，甚至是分散在各个操作者手中，此时，主管的职位显然是多余的，所以，现实组织的职权纵向配置总是一定程度的集权和一定程度的分权并存。如何衡量一个组织机构的集权或分权的程度呢?

一般说来，集权或分权的程度，常常根据各管理层次拥有的决策权的情况来衡量。拥有的决策权的情况包括决策的数目、决策的问题的范围与重要性和决策权的完整程度三个方面。若较低一级管理层次作出的决策数目较多，或事关重大，或涉及面较广，或决策权的完整程度高，就可认为分权程度较高；反之，则可认为集权程度较高。

3. 影响集权和分权程度的因素。

(1) 组织自身的特点。若组织的规模较大，或组织是由联合或合并而来，或组织的业务在空间分布较分散，或组织中拥有的主管人员的素质高、数量充足，或组织最高领导者崇尚分权，则该组织的分权程度较高。

（2）决策问题的特点。不同特点的决策问题，其影响与代价各不相同，其适宜的分权程度就有差别。

（3）集权制与分权制两种模式本身的特点。集权制与分权制各自具有不同的优点与缺点，自然也会影响组织的集权和分权程度。

四 管理规范设计

（一）组织管理规范的含义与特点

组织管理规范是对组织内的各个职位、部门和层次经常进行的、重复性的工作在目标、要求、程序和方法等方面所做的统一规定，其具体形式有管理条例、章程、制度、标准、办法等。它具有以下一些特点：

1. 规范性。作为人们行为准则的管理规范，在形式上本身就应当准确、统一；在内容上明确地告诉人们应当做什么，应当如何去做。

2. 强制性。管理规范对组织内各个职位、部门和层次的行为都要有严格的约束力，任何人不得违反。

3. 科学性。管理规范应建立在较为科学合理的基础之上，它反映了管理的科学、合理和成熟的一面。

4. 相对稳定性。管理规范一经批准，在一定的时期内就要保持稳定，不能朝令夕改，使人无所适从。

（二）管理规范设计的程序

1. 确定设计管理规范的目标和要求。通常由组织的高层领导根据组织内外环境的状况及自身的需要，提出建立某项管理规范的目标和要求。

2. 拟订管理规范草案。即由由组织的综合管理部门组织有关业务机构或聘请相公专家收集资料，调查研究，起草管理规范草案。

3. 审定管理规范方案。由分管的领导组织内外的专家或智囊团讨论和审核管理规范草案，并决定出方案的取舍。

4. 试行及修改。通过试行，进一步发现管理规范中的问题，为完善管理规范提供依据。

本章小结

1. 组织设计是为组织机构规划与安排组织结构与运行规则之方案的活动，其任务在于为构建合理的组织结构提供蓝图，即组织结构图和职位说明书。在整个组织管理中，组织设计居于基础的、关键的地位。

2. 为了较好地完成组织设计的任务，组织设计必须根据其内在规律性有步骤地进行。这些步骤包括分析、确定影响一个组织实体的组织设计的各种因素的特点，选择组织结构类型和进行组织设计的方针和原则，职能与职位分析，确定职位组合，职权界定，确定整合方式，规定组织运行规则，编制组织结构图，职位说明书以及反馈和修正。它们之间相互联系，形成了一个完整的组织设计过程。

3. 选择组织结构的类型，必须全面地考虑其影响因素并遵循科学的原则。组织外部环境状况和组织自身的状况是影响组织结构类型选择的必要性因素，组织结构本身的特点是影响组织结构类型选择的可能性因素。组织设计的应遵循原则包括组织设计的总原则、部门设置的原则和职权配置的原则三个方面。

4. 组织结构的形式很多。根据复杂性、集权化和正规化等方面的特点不同，组织结构的基本类型有机械式组织结构与有机式组织结构两种；最为典型的组织结构形式有直线制形式、职能制形式、直线职能制形式、事业部制形式和矩阵制形式五种。

5. 在选择了组织结构类型之后，要最终地确定出组织结构的形式，还需做好职位设计、职位组合、职权配置、管理规范设计和组织整合手段确定等具体工作。

金果子公司的组织结构设计

美国南部有一片土地肥沃、阳光明媚的地区。50年前，格雷夫在这里开办了一家家庭式农场企业——金果子公司。公司的经营包括范围包括黄橙和桃子两大类水果，具体业务主要有三个方面：种植和收获橙和桃、新品种开发与提高产量的研究和在全国各地的水果销售。

经过长期的发展，公司已初具规模。格雷夫十年前感到自己体衰，将公司的管理大权交给了儿子约翰逊。孙子卡尔前两年从农学院毕业后，回到农场担任了父亲的助手。约翰逊和卡尔对金果子公司的管理一直没有制定出什么正式的政策和规则，对工作程序和职务说明的规定也很有限。约翰逊相信，一旦人们对工作有了亲身了解后，他们就应当而且能够有效地开展工作。

不过，金果子公司目前规模已经发展得相当大了。约翰逊和儿子卡尔都感到有必要为公司建立起一种比较正规的组织结构。约翰逊请来了他年轻时的朋友，现在已成为一名享有一定知名度的管理咨询人员布莱顿来帮助他们。经过对公司的实际考察，布莱顿向约翰逊提供了两种组织结构形式，并指出了两种组织结构形式的优点与缺点。面对这两种组织结构形式，约翰逊不知道该选择哪一种了，因为布莱顿告诉他两种组织结构形式都有其优点与缺点。

问题：

1. 请画出布莱顿向约翰逊提供了两种组织结构形式的金果子公司的组织结构系统图。

2. 你认为，金果子公司在经营规模扩大到要求建立起正规化的组织结构时，宜选择哪种组织结构形式？为什么？

（本案例根据王凤彬、朱克强：《管理学教学案例精选》，119～121 页上的材料改编。）

【复习题】

1. 组织设计的根本任务和工作步骤有哪些？
2. 组织设计的权变因素与原则有哪些？
3. 机械式组织结构与有机式组织结构的含义与特点各是什么？
4. 比较直线制形式、职能制形式、直线职能制形式、事业部制形式和矩阵制形式的特点。
5. 比较职能部门化、产品部门化和地区部门化的特点。
6. 影响管理幅度的因素主要有哪些？
7. 如何处理直线职权、参谋职权和职能职权三种职权的关系？
8. 比较集权制与分权制模式的特点。

讨论及思考题

1. 在设计一个组织结构时，应考虑哪些因素，以什么为原则？
2. 既然矩阵制结构违反了统一指挥原则，为什么还流行呢？

第七章

组织构建中的人员配备

本章提示

- ◇ 人员配备的作用与过程
- ◇ 人员选拔计划的制定与实施
- ◇ 人员培训的目的与过程
- ◇ 人员考评的目的、考评系统和过程

本章引言

1999年，中国足坛发生了一件出乎球迷意料、令业内人士大跌眼镜的事：鲁能泰山足球队同时取得全国足球甲A联赛冠军和足协杯赛冠军，成为中国职业联赛以来第一个“双冠王”。泰山队的表现之所以让人吃惊，是因为在这之前，它除了取得过一次足协杯赛冠军外，联赛中最好的名次仅为第五名。业内人士分析，泰山队能取得这么好的成绩，最主要的原因在于它聘请了一位适合球队要求的主教练——南斯拉夫前国家队主教练桑特拉奇。正是在桑特拉奇的调教下，以前那支因“争冠无望、保级无忧”而缺乏激情的球队变成了目前这只善打敢拼、充满激情的球队，从而实现了球队的目标。桑特拉奇在泰山队的作用充分说明了一位称职的主教练对一个球队的成绩所具有的重要性。其实，为职位配备合格的人员对任何一个组织的存在与发展都是十分重要的。三国时期的军事家诸葛亮和当今的杰出企业家杰克·韦尔奇，各自对其组织的存在与发展所发挥的作用都说明了这一点。因此，组织在完成了组织设计之后，还必须解决好人员配备问题。本章在上章讨论的组织设计问题的基础上进一步来讨论组织结构构建中的管理人员配备问题。

第一节 人员配备的意义与过程

一 人员配备的意义

人员配备就是用合格的人员对于组织结构中的职位进行填充和不断填充的过程。这里的“填充”，指的是用合格的人员对于现有的职位空缺进行的安置；“不断填充”，或称为再填充，指的是为实现人与事的最佳结合而对组织内现有职位的人员进行的调整，包括提职、降职与调职等活动。广义上讲，人员配备是对组织中全体人员的配备，它既包括主管人员的配备，也包括非主管人员的配备。**组织结构构建中的人员配备仅指主管人员的配备，即对组织中的管理职位进行的填充和不断填充的活动。**

组织中的主管人员是那些对他人及其工作负责的管理人员。主管人员在整个管理过程中起着举足轻重的作用，他们既是组织中的“建筑师”，又是指挥者、集合者，同时还是执行者。因此，科学地进行主管人员配备，努力实现整个组织中的各职位人与事的最佳结合，具有多方面的重要作用。

（一）可以保证组织结构功能的有效发挥

组织结构是一种职位结构，职位是由具有一定技能、拥有一定资格的人员来占据的。组织的目标能否实现在很大程度上取决于占据这些职位的人员能否满足相应的职位要求。通过科学地配备人员，以合适的人员去占据组织结构中的各项职位，才能使各职位承担的职责得到充分履行，组织结构的功能才能得以发挥出来。

（二）可以为组织发展提供干部准备

组织是一个动态的系统，处在一个不断变化的社会经济环境中。组织的目标、活动的内容需要经常根据环境的变化作出适当的调整，由目标和活动决定的组织结构也会随之发生相应的变化。这种变化，不仅会有组织的部门和岗位种类上的改变，而且会有数量上的不断增加。所以，在为组织目前的职位配备人员时，通过考虑组织未来可能发生的变化，就可以为明天的组织发展准备好管理人员。

（三）有利于维护组织成员对组织的忠诚

对整个组织来说，人才流动虽然可能为其带来“输入新鲜血液”的好处，但其破坏性可能更大，人员不稳定，职工离职率高，特别是优秀人才的外流，往往使组织长期的培训费用付之东流，而且还可能破坏组织的人事发展计划，甚至影响组织在发展过程中的管理人员需要。通过合理的人员配备，使组织中每个人的知识和能力得到公正的评价、承认和使用，可以稳住人心，从而维护组织成员对本组织的忠诚。

二　人员配备的任务与过程

（一）人员配备的任务

人员配备的任务在于根据职位对任职人员的具体要求，为组织结构中的各个职位物色出最合适的人选，谋求人员与职位的最佳匹配。

（二）人员配备的过程

人员配备的任务是通过人员配备活动来完成的。所谓人员配备的过程就是由主管人员的“填充”和“不断填充”及其相关活动构成的统一体。它主要包括以下几个步骤：

1. 确定配备人员的要求。配备人员的要求是指拟配备人员的类型、数量和素质等方面应具备的条件，它是实施人员配备活动的依据，也是检验人员配备选拔活动效果的根本标准。因此，进行人员配备活动，必须首先准确地确定需要配备人员的要求。

2. 人员选拔。人员选拔即主管人员的“填充”，也就是根据配备人员的要求从应聘人员中挑选出称职的人员，并明确其职务和职称的活动。

3. 人员培训。人员培训是对即将任职的或在职的主管人员进行的教育、培养与训练活动。通过人员培训，可以使主管人员更加适合职位要求，从而更好地履行岗位职责。

4. 人员考评。人员考评是对任职主管人员的履行职责的实际状况进行的考核与评价活动。通过人员考评，可以了解和把握各个主管人员的实际状况，从而为人员培训与调整提供依据。

5. 人员调整。人员调整即“不断填充”，也就是对现有职位的人员所进行的提职、降职、调职、辞退等活动。通过持续的人员调整，有利于实现人与事的最佳结合。

三 人员配备的原则

为了实现人员与职位的最佳匹配，在人员配备过程中必须依循一定的原则。这些原则主要有：

（一）因职择人的原则

人员配备的目的在于为组织结构中的职位找到适合的人员，并使其担当一定的职务，从事与该职务相应的工作。要使工作能卓有成效地完成，就要求工作者具备相应的条件。因此，因职择人是人员配备的首要原则。

（二）量材适用的原则

不同的工作要求不同的人去进行，而不同的人也具有不同的能力，适宜从事不同的工作。从人的角度来考虑，只有根据每个人的特点来安排工作，才能使他们的潜能得到最充分的发挥，工作热情得到最大限度的激发。

（三）人事动态平衡的原则

处在动态环境中的组织是在不断发展的，工作中的人的能力和知识是在不断提高和丰富的，同时，组织对其成员素质的认识也是逐渐全面、完善的。因此，人与职的配合需要根据不断变化的情况进行不断的调整，实现人与工作的动态平衡。

第二节　人员选拔

一 人员选拔的意义

人员选拔就是根据拟配备人员的要求从应聘人员中挑选出称职的人员，并且聘用到相应的管理职位上去的活动。合理地进行人员选拔就是以一定的组织投入（通常包括人力、物力和财力等）及时地取得合乎管理职位要求的管理人才。根源于在组织中的特有地位，合理地进行主管人员选拔具有重要的作用。

（一）人员选拔是组织结构的功能得以有效发挥的前提

如第一节所述，只有通过合理的人员选拔，把合乎管理职位要求的人员遴选出来，组织得到了各个职位所需的管理人才，组织结构的功能才能得以有效地发挥。

（二）人员选拔的结果关系到组织其他资源的利用效率

一个组织所拥有的资源很多，诸如人力、物力、财力和信息等。但根据其是否具有能动性，组织所拥有的资源可分为人力资源和非人力资源两种类型。人力资源是具有能动性的资源，非人力资源是不具有能动性的资源，其作用的发挥必须靠人力资源的作用才能实现。所以，人力资源的状况直接决定了非人力资源的利用效率，人是组织最重要的资源。而在组织的人力资源中，主管人员的素质又是关键的资源。这是因为主管人员是那些对他人及其工作负责的组织人员，他们既是组织中的“建筑师”，又是指挥者，其素质高低不仅影响到自身的工作效率，还会影响到整个人力资源的工作效率。

（三）人员选拔的结果关系到人员配备其他环节的效益

由于人员选拔得到的管理人才是人员配备环节的开展的对象，所以，合理地进行人员选拔、取得合乎组织职位要求的管理人才，可以为人员培训与考评创造有利的条件。

二　人员选拔计划

所谓人员选拔计划是对未来期的人员选拔活动的各项内容所做的安排。由于人员选拔计划是实际人员选拔活动的依据，其合理程度直接关系到人员选拔活动的目标能否有效地实现，所以，要有效地实现人员选拔活动的目标，必须首先制定出合理的人员选拔计划。

人员选拔计划所包括的内容很多，诸如人员选拔的目标、途径、方法、费用、步骤、时间等方面。在这些方面中，人员选拔的费用、步骤、时间等的确定方法与其他计划问题的确定方法没有太大的区别，较为复杂的是人员选拔的目标和途径两个方面的安排。因此，我们这里主要来讨论一下这两个方面。

（一）人员选拔目标的确定

人员选拔的目标是指对选拔出的人员的类型、数量和条件等方面的具体要求。其中，人员类型是指需要的人员的种类，人员数量则是指每种类型的人员所需要的数目，人员的条件是指被选拔出的人员应具备的资质或资格。所以，人员选拔目标的确定也就是明确被选拔出的人员的种类、数目和资格等方面的具体要求的行为。

1. 拟选拔人员的种类、数量的安排。选拔人员的种类、数量的安排是通过对影响组织的主管人员的需要、供给的因素与供需平衡状况的分析来完成的。

(1) 影响组织主管人员需要的因素。影响组织主管人员需要的因素主要有三个：一是组织目前拥有的机构和职位；二是管理人员的流失率；三是组织发展的需要。

(2) 影响组织主管人员供给的因素。影响组织主管人员供给的因素有两个：一是组织目前拥有的人员状况，主要包括数量、种类和水平；二是组织目前进一步补充人员的供给渠道与可能性状况。

(3) 主管人员供需平衡状况。主管人员的供需平衡即将组织的各类主管人员的需要与供给加以比较、确定出两者的差额。此差额即是我们拟选拔的某类人员的数量。

2. 拟选拔人员资格的安排。虽然不同的职位对任职人员的具体要求不同，但作为管理人员，其应具备的条件或资格也具有共性。这些共性的条件或资质主要包括从事管理工作的欲望、必要的管理技能、良好的道德品质和健康的身体素质等四个方面。

从事管理工作的欲望。所谓从事管理工作的欲望，是指人们希望从事管理的主观要求。一个主管人员的工作成效与他是否具有强烈的管理愿望有着密切的关系。一个人只有抱着强烈的管理愿望，才能积极地去学习与管理实务有关的知识和技能，才能将其所有的才干都发挥出来，从而真正成为一个合格的主管人员。

必要的管理技能。一个合格的管理者都必须具备包括技术技能、人际技能和概念技能在内的各项管理技能等，尽管这些技能的相对重要性因职位在组织中的层次不同而有所差异，但这些技能是任何管理者都必须具备的。

良好的道德品质。管理人员能否有效地影响和激发他人的工作积极性，不仅取决于职权的大小，而且在很大程度上还取决于管理者个人影响力。形成个人影响力的因素就是管理者个人的道德品质修养，如思想品德、工作作风、生活作风、性格气质等。管理者只有克勤克俭、廉洁奉公、工作认真、生活正派、平易近人、言而有信，才能赢得下属的尊敬和信赖。

健康的身体素质。管理活动既是脑力劳动，又是体力劳动，而且劳动的强度很高。作为一名优秀的管理者，尤其是高层管理者只有具备健康的体魄和充沛的精力，才能适应工作的要求。

(二) 人员选拔途径的确定

人员选拔途径即组织实施人员选拔的渠道与方式。恰当的人员选拔途径有利于人员选拔目标的实现。要确定出恰当的人员选拔途径必须考虑两个因素：一是人员选拔目标的特点；二是人员选拔途径本身的特点。根据选拔的范围不同，人员选拔有组织内部提升和组织外部招聘两种途径。

1. 组织内部提升途径。组织内部提升途径即从组织内部培养、选拔、任用管理人员的来源。采用这种途径选拔的优点主要有：

(1) 有利于保证选聘工作的正确性。已经在组织中工作若干时间的候选人，组织对其了解程度必然要高于外聘者。候选人在组织中工作的经历越长，组织越有可能对其作全面深入的考查和评估，从而使选聘工作的正确程度得以越高。

(2) 有利于使被聘者迅速展开工作。管理人员能力的发挥要受到他们对组织文化、组织结构及其运行特点的了解。在内部成长提升上来的管理人员，由于熟悉组织中错综复杂的机构和人事关系，了解组织运行的特点，所以可以迅速地适应新的管理工作，工作起来要比外聘者显得心应手，从而能迅速打开局面。

(3) 有利于调动组织成员的积极性。组织内部提升途径给每个人带来希望。每个组织成员都知道，只要在工作中不断提高能力，就有可能被分配担任更重要的职位。职位提升的前提是有空缺的职位，空缺职位的产生又主要取决于组织的发展。因此，内部提升制度能更好地维持成员对组织的忠诚，使那些有发展潜力的员工能自觉地更积极地工作，促进组织的发展，从而为自己创造更多的职务提升的机会。

(4) 有利于吸引外部人才。内部提升制度表面上是排斥外部人才、不利于吸收外部优秀的管理人员。其实不然。真正有发展潜力的管理者知道，加入到这种组织中，担任管理职务的起点虽然比较低，有时甚至需要一切从头做起，但是凭借自己的知识和能力，可以花较少的时间便熟悉基层的业务，从而能迅速地提升到较高的管理层次。由于内部提升制度也为新来者提供了美好的发展前景，因此外部的人才会乐意应聘到这样的组织中工作。

(5) 选拔费用低。内部提升制涉及的面窄，可控制的因素多，手续简单，有利于降低选拔成本。

组织内部提升途径的可能带来的弊端主要表现为：

(1) 引起竞争同事的不满。在若干个内部候选人中提升一个管理人员，可能会使落选者产生不满情绪，从而不利于被提拔者展开工作。

(2) 易造成“近亲繁殖”的现象。从内部提升的管理人员往往喜欢模仿上级的管理方法。这虽然可使老一辈管理人员的优秀经验得到继承，但也有可能使不良作风得以蔓延，从而不利组织的管理创新。

(3) 备选对象的范围狭隘，易受管理人员供给不足的制约。

2. 组织外部招聘途径

组织外部招聘途径，即根据一定的标准和程序从组织外部的候选人中选拔出符合管理职位要求的管理人员的来源。采用这种途径选拔的优点主要有：

(1) 被聘人员具有“外来优势”。所谓**“外来优势”主要是指被聘者没有“历史包袱”，组织内部成员（部下）只知其目前的工作能力和实绩，而对其历史、特别是职业生涯中的失败记录知之甚少。**因此，如果他确有工作能力，那么便可迅速地打开局面。相反，如果从内部提升，部下可能对新上司在成长过程中的失败教训有着非常深刻的印象，从而可能影响后者大胆地工作。

(2) 外部招聘有利于平息和缓和内部竞争者之间的紧张关系。组织中空缺的管理职位可能有好几个内部竞争者希望得到。每个人都希望有晋升的机会。如果员工发现自己的同事，特别是原来与自己处于同一层次又具有同等能力的同事得到提升而自己落选时，就可能产生不满情绪，懈怠工作，不听管理，甚至拆台。从外部选聘可能使这些竞争者得到某种心理上的平衡，从而利于缓和他们之间的关系。

(3) 外部招聘能够为组织带来新鲜空气。来自外部的候选人可以为组织带来新鲜的管理方法与经验。他们没有太多的框框程序束缚，工作时可以放开手脚，从而给组织带来较多的创新机会。此外，由于他们新近加入组织，没有与上级或下属历史上的个人恩怨关系，从而在工作中可以很少顾忌复杂的人情网络。

采用这种途径选拔的可能带来的弊端主要有：

(1) 外聘干部的工作适应期长。外聘干部不熟悉组织的内部情况，同时也缺乏一定的人事基础，因此，需要较长一段时期的适应才能有效地开展工作。

(2) 不易准确地判断被聘者的管理才能。虽然选聘时可以通过一定的测试技术对一个人的能力进行评估，但一个人的工作能力是很难通过几次短暂的会晤、几次书面测试而得到正确反映的。

(3) 易造成对内部员工的打击。大多数员工都希望在组织中有不断发展的机会，都希望能够担任越来越重要的工作。如果组织经常从外部招聘管理人员，且形成制度和习惯，则会堵死内部人员的升迁之路，从而会挫伤他们的工作积极性，影响他们的士气。

三 人员选拔计划的实施

实施人员选拔计划即按照人员选拔计划方案的规定实际展开人员选拔活动的过程。一般来说，这一过程包括以下几个主要步骤：

(一) 公开招募

当组织中出现需要填补的管理职位时，即应根据职位所在的管理层次，建立相应的选聘机构。选聘机构要以相应的方式，通过适当的媒介，公布待聘职务的数量、性质以及对候选人的要求等信息，向组织内外公开招聘，鼓励那些自认为符合条件的候选人积极应聘。

(二) 粗选

应聘者的数量可能很多，选聘机构不可能对每一个人进行详细的研究和认识，否则所花费用过高。这时，需要进行初步筛选，淘汰那些不能达到这些方面基本要求的人。

(三) 对初选合格者进行知识和能力的考核

在粗选的基础上，要对余下的应聘者进行细致地考核和评价。考核和评价包括以下内容：

1. 智力与知识测验。其中，智力测验是目前流行的一种评估个人潜能的基本方法，它通过候选人对某些问题的回答，来测试他的记忆能力、观察能力和推理能力等；知识测验用于了解候选人是否掌握了与待聘职务有关的基本的技术知识和管理知识。

2. 竞聘演讲与答辩。候选人通过发表竞聘演讲，介绍自己任职后的计划，并就选聘工作人员或与会人员的提问进行答辩，可以进一步展示出自己的才华。

3. 案例分析与候选人实际能力考核。竞聘演讲使每个应聘者介绍了自己“准备干什么”，使其显示了自己“知道如何干”。但是，“知道干什么和如何干”与“实际干什么和会怎么干”不是一回事。因此，在竞聘演讲与答辩后，还需对每个应聘者的实际操作能力进行分析。测试和评估候选人分析问题和解决问题的能力，可以借助“情景模拟”或称“案例分析”的方法。这种方法是将候选人置于一个模拟的工作情景中，运用多种评价技术来观测考查他的工作能力和应变能力，以判断他是否符合某项工作的要求。

（四）民意测验

管理人员是通过别人的劳动来实现自己的目标的。管理的效果不仅取决于管理者自身的因素，还取决于被管理者接受的程度。所以，在选聘管理人员时，特别是在选聘组织中较高层次的管理人员时，还应征询所在部门、甚至是组织所有成员的意见，进行民意测验，以判断组织成员对他（他们）的接受程度。

（五）选定管理人员

在上述各项工作的基础上，利用加权的方法，算出每个候选人知识、智力和能力的综合得分，考虑到民意测验反映的受群众拥护的程度，并根据待聘职务的性质，选聘既有工作能力，又被同事和部属广泛接受的管理人员。

第三节 人员培训

一 人员培训的种类

人员培训是组织为了使管理人员适应所任职位的要求而对其进行的教育、培养与训练活动。组织中的管理人员培训的种类很多，我们可以从不同的角度对其分类。

（一）按培训的对象分类

根据培训的对象不同，管理人员培训可以分为在职的管理人员培训和即将任职的管理人员培训两种类型。其中，即将任职的管理人员培训又称职前教育，它是指组织为把管理人员介绍到组织、部门中去和向他们提供成为组织合格一员应具备的知识、技能和态度等所开展的一系列磨合诱导活动。借助管理人员的职前教育，组织可以使即将任职的管理人员减少焦虑感，消除不安情绪；增加归属感，尽快融入本组织。

（二）按培训的方式分类

根据培训的方式不同，管理人员培训可以分为在职培训和脱产培训两种类型。这两种培训类型特点不同，适合承担不同的培训任务。

1. 在职培训，即通过日常的管理工作实践来锻炼和培训管理人员的方式。与脱产培训方式相比，该方法具有简便易行、费用较为经济、培训内容与实际运作结合紧密的特点，因此，它较为适合对管理人员进行态度改变与技能培养的培训。在职培训方式的具体形式主要有管理职务轮换、委以助手职务和设置临时职务等形式。

(1) 管理职务轮换。即让管理人员依次分别担任同一层次不同职务或不同层次相应职务的培训形式。该方法能全面培养管理者的能力，开阔其眼界，促使其认识自身的优缺点，使管理者按其所长确定其合意的管理职位。这样不仅可以使管理者掌握组织的业务与管理全貌，而且可以培养他们的协作精神和系统观念，使他们明确系统的各部分在整体运行和发展中的作用，从而在解决具体问题时，能自觉地从系统的角度出发，处理好局部与整体的关系。

(2) 委以助手职务。即通过安排有培养前途的管理人员担任主管领导的助手，使其在较高层次上了解并通过授权参与各项高层管理工作的管理人员培训形式。组织通过设置助手职务不仅可以减轻主要负责人的负担，使之专心致力于重要问题的考虑和处理，而且还具有培训待提拔管理人员的好处。

(3) 安排临时职务。当组织中的某个主管由于出差、生病或度假等原因而使某个职务在一定时期内空缺时（当然组织也可有意识地安排这种空缺），则可考虑让受训者临时担任这项工作。安排临时性的代理工作具有与设立助理职务相类似的好处，可以使受培训者进一步体验高层管理工作，并在代理期内充分展示或迅速弥补他所缺乏的管理能力。

2. 脱产培训。即管理人员暂时脱离工作岗位，专门到有关的培训机构接受培训的方式。与在职培训方式相比，该方法具有系统性强，能较为全面地接受管理理论和管理方法等特点，因此，它较为适合对管理人员进行管理知识更新和补充的培训。其具体形式包括开办短期培训班、知识讲座，举办专题研讨会，管理人员定期脱产轮训，到高等院校接受正规教育等方式。

二　人员培训的目的与作用

(一) 人员培训的目的

人员培训的基本目的在于“使人适事”，即通过培训，使管理人员在各方面能够适应所任职位的要求。根据侧重点，这一目的又可分为以下四个具体目的。

1. 传递信息。通过培训，使管理人员了解本组织在一定时期内的服务或产品以及环境状况，熟悉本组织业务运作的特点。

2. 改变态度。通过管理人员培训，使他们逐步了解组织文化，接受组织的价值观念，按照组织中普遍的行动准则来从事管理工作，与组织同化。

3. 更新知识。通过培训，使管理人员及时补充和更新他们的科学、文化与技术知识。

4. 发展能力。通过培训，使管理人员提高自身在决策、用人、激励、沟通、创新等方面的管理能力。

（二）人员培训的作用

1. 可以增强组织的运作效率。一个组织的运作效率既取决于该组织的组织结构的合理化程度，更取决于该组织结构中的管理人员的素质。在一个组织的组织结构一定时，该组织结构中的管理人员的素质越高，则该组织的运作效率就越高。通过管理人员培训，提高了其素质，可以为提高组织运作的效率创造条件。

2. 为组织的发展准备后备军。由于组织的发展或由于某种自然与非自然的原因，组织的管理队伍需要不断地更新和补充。而管理人员作为一种特殊的人才，其自然成长是一个相对漫长的、渐进的过程，定期地、有计划地对管理人员进行培训，是促进管理人员迅速成长的有效途径。

3. 可以促进组织管理队伍的稳定。通过管理人员的培训，组织可以辨识出每个组织成员的发展潜力，并使那些在培训中表现突出的管理人员在培训后有更多的机会被提拔担任更重要的工作。这样，培训为每个人的发展和职务晋升提供了美好的前景，使每个人的未来在一定的程度上有了保障，增强了管理人员在职业方面的安全感。因此，它有利于维持管理人员对组织的忠诚，能够促进管理队伍的稳定性。

三 人员培训的过程

一个完整的人员培训过程一般应包括以下环节：

（一）制定人员培训计划

所谓人员培训计划是对未来期的管理人员培训活动的各项内容所做的安排。由于培训计划是实际管理人员培训活动的依据，其合理程度直接关系到管理人员培训活动的目的能否有效地实现，所以，要有效地实现管理人员培训的目的，必须首先制定出合理的人员选拔计划。

人员培训计划所包括的内容很多，诸如培训对象、培训目标与内容、评价标准、培训师资、培训种类与方法、费用、步骤、时间等方面。在这些方面的安排中，以培训内容的确定最为关键。由于管理人员培训的基本目的在于使管理人员在各方面能够适应所任职位的要求，所以，所任职位对管理人员的要求与管理人员实际状况的差异即构成管理人员培训的内容。培训的具体内容应根据职位对管理人员的要求与管理人员实际状况来确定。

（二）人员培训准备

准备工作包括的主要内容与要求为：

1. 培训材料。培训材料应准备完全，印刷要求整齐、清晰。在材料的编排上，尽可能考虑到趣味性，深入浅出，易懂易记。

2. 培训设备。培训设备要根据培训材料和具体的培训课程内容而定。例如采用示范培训方式则必须备有视听设备才能进行等。

3. 培训师资。培训师资是培训内容的直接指导者。其水平与能力将直接影响培训工作的质量。组织培训师资可以是组织的培训主管、培训讲师及组织中富有经验的人员。

（三）实施人员培训

在做好了人员培训准备工作的基础上，根据人员培训计划方案的要求实际开展人员培训活动。

（四）人员培训效果评价

管理人员培训效果评价即对培训产生的效果进行的考核、分析与总结。通过管理人员培训效果评价，既可以明确本次管理人员培训的效果，又可以据以指导下一次的管理人员培训活动。

人员培训活动经过以上四个环节后即完成了一个完整的循环。被培训者经过一个完整的循环在素质上得到了提高。接着，再进入第二个循环。这样不断循环，可以促使管理人员经常在各方面适应所任职位的要求。

第四节 人员考评

一 人员考评的目的和作用

（一）人员考评的目的

人员考评是对管理人员所任职位的职责履行情况进行的考核和评价活动。从属于组织存在与发展的现实要求和长远利益，管理人员的职责履行情况的考评既应当包括对管理人员已经取得的业绩的考评，也应当包括对管理人员素质和能力的考评，它是根据管理人员对组织已经作出的贡献和可能作出的贡献而作出的综合评定。所以，人员考评的基本目的在于及时取得管理人员履行职责的绩效和能力的真实而全面的信息。

（二）人员考评的作用

1. 有利于作好管理人员选拔。通过管理人员考评，组织一方面对以前的人员选拔的结果进行了总结，另一方面也为进一步做好今后的管理人员选拔工作提供了必要的准备。

2. 为管理职位调整提供依据。起初选拔的人员并不一定与管理职位的要求相一致。有些管理人员在选拔时所表现的出色能力在管理实践中并未能得到充分证实。相反，另一些管理人员在工作过程中素质和能力不断得到提高，表现出强烈的担任更重要工作的欲望，并试图努力证明自已是有能力负起更大责任的。管理人员考评可以为组织制定包括降职、提升或维持现状等内容的管理职位调整计划提供依据。

3. 为人员的培训提供依据。管理人员的社会阶层、文化背景、过去经历决定了他们在具备一定优秀素质的同时，也存在着某些方面的素质缺陷。这些素质缺陷影响了他们管理技能的提高，对他们现在的工作效率或未来的提升机会构成了不同程度的障碍。这些缺陷往往是由于缺少学习和训练的机会而形成的，因此可以通过组织的培训来消除或改善。通过考评，组织可以了解每个管理人员的优势、局限、内在潜力，从因为制定出针对管理队伍实际特点的培训规划提供依据。

4. 为合理确定并适当调整管理者的报酬提供依据。报酬的高低应根据贡献的大小来确定。只有通过客观公正的考评，组织才能确切地了解、估价各管理人员的实际贡献，使报酬的确定有较为客观的依据。

5. 有利于促进组织内部的沟通。制度化的管理人员考评，可以使员工明确组织对自己工作和能力的要求，从而了解努力的方向；可以使上级更加关心下属的工作和问题，从而更关注他们的成长；可以使上下级经常对某些问题加以讨论，从而促进理解的一致性。这些由考评而带来的沟通的增加，必然会促进人们对组织目标与任务的理解，融洽组织成员、特别是管理人员之间的关系，从而有利于组织活动的协调进行。

二　人员考评系统

组织的管理人员考评是由管理人员考评系统来承担的，因此，要实现管理人员考评的目的、发挥其应有的作用，就必须建立和完善管理人员考评系统。所谓管理人员考评系统就是由与管理人员考评相关的各种因素构成的统一体。

(一) 管理人员考评系统的构成

一个完善管理人员考评系统一般应包括考评者、考评基准和考评时间三项内容。

1. 考评者。考评者即组织与参与管理人员考评活动的人员、部门。考评者的基本要求有以下三个方面。首先，评价者应该有足够长的时间和足够多的机会观察管理人员的工作情况。其次，考评者有能力将观察结果转化为有用的评价信息，并且能够使可能出现的考核偏差最小化。最后，考评者有动力提供真实的管理人员评价结果。不管选择谁作为考评者，如果评价结果的质量与评价者的奖励能够结合在一起，那么评价者都会更有动力去作出精确和客观的评价。

根据以上要求，可以作为考评者的除了被考评对象自己外，还可以有上级、关系和下属等三类人员、部门。其中，由上级人员来考评，主要是考核和评价下属的理解能力和组织执行能力；关系部门的考评主要是评估当事人的协作精神；下属的评价则着重于管理者的领导能力和影响能力。

2. 考评基准。考评基准即用于衡量管理人员职责履行的绩效和能力的尺度或标准。通常，这种基准有以下三种类型：

(1) 以管理者个人的品质特征为基准。这是最传统的也是使用最多的一种考评基准。典型的做法是列出 10 到 15 项个人品质特征，如分析问题的能力、与人相处的能力、判断力、主动性、勤奋与否、业务知识、完成任务的能力以及产出和成本方面的指标等。在这些基准的基础上，将被考评者划分为优秀、一般、不合格等各种等级。由于这种考评的基准常常是模糊不清的，考评者很难确切把握，被考评者也不清楚自己被考评的究竟是哪些品质。这种考评制度的效果很难令人满意。

（2）以可考核的目标为基准。在组织总体目标及相应计划清晰明确并协调一致的情况下，以管理人员能否明智地设定各自的具体目标、能否正确地规划到达目标的途径以及是否能够最终实现这些目标作为考核的依据，是一种最合理的办法。根据可考核的目标对管理人员进行考评的特殊的优点是实用性强、考评结论较客观。

（3）以管理的基本原理和原则为基准。这是著名管理学家孔茨等人提出一种基准。该方法认为，评价管理人员是否合格的最适当的标准就是管理的基本原理。具体说来，这种方法首先要将管理职能进行分类，然后针对每一个职能提出一系列问题。所提问题要力求反映每一个管理领域中的最重要的管理原理或原则，并力求具体。在考评时，根据各项活动的完成情况对管理人员进行评级。一般而言，一个符合管理者标准的合格的管理人员，在设定和完成目标方面也应当是卓越的。当然，这种方法也具有局限性，主要表现为它比较概括，有时还离不开主观判断，存在着一定程度的主观性。

从以上介绍可以看出，三种类型的考评基准各有优缺点。组织应根据管理人员考评目的的要求，建立起以某种考评基准为主、其他考评基准为辅的综合考评基准。

3. 考评时间。考评时间即何时进行考评和间隔多长时间（考评周期）进行考评的规定。组织必须合理地规定考评时间。若考评时间过长，因为评价者很难记住管理者在长时间中的表现，容易发生“错觉归类”，即人们往往忘记他们观察过的事物的细节，而是根据脑海中已经存在的心理类别，重新建立他们认为是真实的细节的心理现象。相反，若考评时间过短，不仅会增加不必要考评成本，而且还可能因为考评时间过短，被考评的管理人员的真实状况未来得及充分地展示而得出错误的考评结论。所以，应考虑管理人员真实状况的充分展示所需的时间、考评目的和考评成本的因素来合理的确定考评时间。

（二）合理的管理人员考评系统的要求

作为一个合理的管理人员考评系统应具备下列要求：

1. 一致性。指考评指标必须与组织的目标相一致。因为考评指标是被考评人员的“指挥棒”，如果期望被考评人员的行为与素质符合实现组织目标的要求，就必须使考评指标必须与组织的目标相一致。

2. 完整性。指考评指标必须能够全面反映被考评人员的行为与绩效的情况。缺乏完整性的指标只能反映被考评者的活动及其影响的局部。绩效指标缺乏完整性也会使组织成员“愚弄”系统，采取那些更有利改进局部指标的行动而不是追求组织整体指标的最优。

3. 可控性。指考评指标应尽量是被考评人员的努力可以影响的指标。如果考评指标受到“外部”因素的影响较大，人们的努力就会被这些不可控的力量所压倒，进而失去了努力工作的信心。

三 人员考评的过程

为了发挥管理人员考评系统的功能，管理人员考评的必须依据科学、严密的过程来进行。一般来讲，管理人员考评的过程应包括以下步骤：

1. 建立合理的管理人员考评系统。

2. 设计管理人员考评方案。设计管理人员考评方案主要有确定考评内容、考评方法和选择考评者等工作。其中，考评内容通常以考核表的形式来表现，并依据考评基准和特定的管理职位要求来确定。

3. 实施管理人员考评方案，即根据管理人员考评方案的规定实际开展管理人员考评活动。

4. 分析考评结果，辨识误差。为了得到正确的考评结果，首先要分析考评表的可靠性，剔除那些明显不符合要求的随意乱填的表格。

5. 传达考评结果。考评结果应及时反馈给有关当事人。反馈的形式可以是上级主管与被考评对象的直接单独面谈，也可以用书面形式通知。有效的方法应把这两种结合起来使用：主管与被考评对象会晤之前，已让后者了解考评的结论，知道组织对自己能力的评价和贡献的承认程度，以及组织所认为的自己的缺陷，从而要求改进的方向，以使得被考评者有时间认真考虑这些结论。如果认为考评有不公正或不全面，则可在认真准备后，在会面时有充分申辩或补充的机会。

6. 根据考评结论，建立组织的人才档案。有规律地定期考评管理干部，可以使组织了解管理干部的成长过程和特点，可以使组织建立起人才档案，可以帮助组织根据不同的标准将管理人员分类管理，比如根据每个人的发展潜力分成目前即可提升的，经过适当培训后便可提升的，基本胜任工作、但有缺陷需要改善的，基本不符合要求、需要更换的等等。从而为组织制定人事政策，组织管理人员的培训提供依据。

本章小结

1. 人员配备就是用合格的人员对于组织结构中的职位进行填充和不断填充的过程，其任务在于根据职位对任职人员的具体要求，为组织结构中的各个职位物色出最合适的人选，谋求人员与职位的最佳匹配。要完成人员配备的任务，必须按照因职择人、量材适用和人事动态平衡的人员配备原则，依次做好确定需要配备人员的要求、人员选拔、人员培训、人员考评和人员调整工作。

2. 人员选拔就是根据配备人员的要求从应聘人员中挑选出称职的人员，并且聘用到相应的管理职位上去的活动。通过人员选拔，组织得到了各个职位所需的管理人才。组织的人员选拔是通过人员选拔计划的制定和实施完成的。

3. 通过管理人员培训，组织可以促进管理人员达到“使人适事”状态。为此，组织应科学地安排管理人员培训的过程，这一过程一般包括制定管理人员培训计划、培训准备、实施培训、培训效果评价等环节。

4. 通过人员考评，组织可以了解管理人员职责履行情况，从而为管理职位调整和人员培训提供依据。一般来讲，管理人员考评的过程包括建立合理的人员考评系统、设计人员考评方案、实施人员考评方案、分析考评结果，辨识误差、传达考评结果和建立组织的人才档案等步骤。

片区主管人员的选拔

苏珊是美国西部一家连锁店企业——冯氏超级市场的南方地区分部经理，手下有5位片区主管人员向她汇报工作，而每个片区主管人员分别监管8～12家商店的营业。具体来说，片区主管职位的职责包括：确保达到公司订立的服务和产品质量的标准；监管商店经理的工作并评价其绩效；提供片区的月份、季度和年度收入和成本预估；为总部或下属商店经理提出节约开支建议；协调进货；与供应商协商广告宣传合作方案以及参与同工会的谈判。

在苏珊的5位片区主管人员中，最能干的一位是查克。4年前，冯氏从阿尔法·贝塔商业中心将查克聘过来，那时他是个商店经理。任片区主管以来，他管辖的片区一直超过其他4个片区的绩效。

在一个春季的早上，苏珊正在查看送来的早晨工作报告，内部通信联络系统传来了她秘书的声音："苏珊女士，你看过今天晨报的商务版了吗？"苏珊应答："没有，什么事啊？""噢，报上说查克已经接受了安途公司亚利桑那地区经理的职位。"苏珊马上站起来去看有关的这篇文章。事实确实如此，查克真的已经接受了安途公司亚利桑那地区经理的职位。苏珊顿时着急了，该到哪儿去找这样一位能干的顶替者呢？

问题：

1. 你认为片区主管应该具备那些条件？
2. 你建议苏珊采用哪一种招聘渠道？为什么？

【复习题】

1. 简述人员配备的过程。
2. 人员配备的原则有哪些？
3. 怎样确定人员选拔的目标？
4. 管理人员培训的目的与作用是什么？
5. 管理人员考评的目的和作用是什么？
6. 比较人员选拔的内部提升和外部招聘两种途径的优缺点。
7. 管理人员考评系统的构成与要求有哪些？

讨论及思考题

1. 管理人员的流动对组织会产生何种影响？
2. 人员选拔中，"德"与"才"哪个更为重要？

第八章

组织文化

本章提示

◇ 组织文化的理论基础
◇ 组织文化的概念与特征
◇ 组织文化建设
◇ 跨文化组织管理

本章引言

在松下公司，有两种特点鲜明的训练：一是基本技能的训练，二是更基本的一种，是按照松下公司的价值观进行训练。这种价值在一个人的整个生涯中，从学徒时期就开始反复灌输直到退休，对新雇佣的人，要连续进行灌输。工作小组内的成员至少每隔一个月就要求在小组内做一次10分钟的报告，介绍本公司的价值观，以及它与社会的关系。

任何一个组织都有体现自身价值和特色的文化，优秀的组织文化对组织的生存与发展有着强大的推动作用。本章主要研究有关组织文化的基本理论以及如何建设优秀的组织文化、跨文化组织管理等问题。

第一节 组织文化的理论基础

一 组织文化理论的兴起

管理理论的发展，经历了一个漫长而曲折的过程，形成了众多的理论和流派。进入 20 世纪 80 年代后，在管理的“理论丛林”中，又出现了组织文化理论，给现代管理理论带来了新的生机与活力。

据研究，最早论及组织文化理论的是美国管理学家切斯特·巴纳德。早在 1938 年，巴纳德在论及经理的职能时认为：一位领导者的作用只不过是利用组织的社会力量来塑造一定的价值观，并加以引导；总经理们所起的真正作用，是把企业的价值观管理好；要确定组织的价值观与目标，更多地依靠经理们的身教而不是言教，要想使目标切实有效，必须使其为一切同心协力作出贡献的人们所接受。10 年后，菲利普·塞尔兹尼发表了相同的理论。他认为，一个企业家应该擅长别人很少具备的能力，即“突出能力”，他还提出了“组织性格”的新概念。在他看来，只要指导“价值观输入组织”，会使组织产生一种“独特性”。

但由于种种原因，在当时组织理论并未引起人们的重视。只是进入 20 世纪 70 年代 80 年代初，组织文化理论才受到理论界和实业界的广泛注意，成为管理学界与实业界的一个重要论题。

从 20 世纪 70 年代开始，美国经济受到西欧、尤其是日本的严重挑战。日本在资源严重缺乏的情况下创造的经济增长奇迹，引起了许多美国学者的研究兴趣，到 20 世纪 70 年代后期形成了美日比较管理研究热潮。随着这种研究的日趋深入，“文化力”较之于“经济力”，愈来愈受到人们的广泛重视，对它的研究最终发展成为一种新的管理理论——组织文化论。

二 组织文化的概念与特征

（一）组织文化的概念

关于组织文化（Organizational Culture）的概念，国内外学者众说纷纭。

对组织文化的研究，大都以企业组织为典型，因此它与企业文化在许多场合是一致的，是在同一意义下被使用的。

特雷斯·E·迪尔（T. E. Deal）和阿伦·A·肯尼迪（A. A. Kennedy）合著的《企业文化》一书虽然没有明确地给企业文化下定义，但从全书的内容不难看出作者们的理解：企业文化是由五个因素组成的系统，其中，价值观、英雄人物、习俗、仪式和文化网络，是它的四个必要的因素，而企业环境则是“形成企业文化惟一的而且又是最大的影响因素”。

《Z 理论》一书的作者威廉·大内（W. Ouchi），也许是较为明确、集中而完整地给出组织文化概念的第一人。他说：“一个公司的文化由其传统和风气所构成。此外，文化还包含一个公司的价值观，如进取性、守势、灵活性——即确定活动、意见和行动模式的价值观。经理们从雇员们的事例中提炼出这种模式，并把它传达给后代的工人。”

我们认为，组织文化是组织成员的共同价值观体系，它使组织独具特色，与其他组织相区别。最新研究成果显示，以下七个方面的特征综合起来构成了组织文化的本质。

1. 创新与冒险。组织鼓励员工进行创新和冒险的程度。

2. 注重细节。组织期望员工做事缜密，善于分析和注意细节的程度。

3. 结果导向。组织的管理层在多大程度上将注意力集中在结果上，而不是强调实现这些结果的手段和过程。

4. 人际导向。组织的管理层在多大程度上考虑组织内部的决策结果对组织成员的影响。

5. 团队导向。组织在活动时围绕团队而非个人进行组织的程度。

6. 进取心。组织成员具备进取心、竞争意识而非贪图安逸的程度。

7. 稳定性。与成长相比，组织活动更重视维持现状的程度。

（二）组织文化的特征

组织文化本质上属于“软文化”管理的范畴，是组织的自我意识所构成的精神文化体系。组织文化是整个社会文化的重要组成部分，既具有社会文化和民族文化的共同属性，也具有自己的不同特点。它的基本特征包括以下四个方面：

1. 组织文化的核心是组织价值观。任何一个组织总是要把自己认为最有价值的对象作为本组织追求的最高目标、最高理想或最高宗旨，一旦这种最高目标和基本信念成为统一本组织成员行为的共同价值观，就会构成组织内部强烈的凝聚力和整合力，成为统领组织共同遵守的行动指南。因此，组织价值观制约和支配着组织的宗旨、信念、行为规范和追求目的。在这个意义上说，组织价值观是组织文化的核心。

2. 组织文化的中心是以人为主体的人本文化。人是整个组织中最宝贵的资源与财富，也是组织活动的中心和主旋律，组织只有充分重视人的价值，最大限度地尊重人、关心人、依靠人、理解人、凝聚人、培养人和造就人，充分调动人的积极性，发挥人的主观能动性，努力提高组织全体成员的社会责任感和使命感，使组织和成员成为真正的命运共同体和利益共同体，这样才能不断增强组织的内在活力和实现组织的既定目的。

3. 组织文化的管理方式是以柔性管理为主。组织文化是以一种文化的形式出现的现代管理方式，也就是说，它通过柔性的而非刚性的文化引导，建立起组织内部合作、友爱、奋进的文化环境，以及协调和谐的心理认同，逐渐地内化为组织成员的主体文化，使组织的共同目标转化为成员的自觉行为，使群体产生最大的协同合力。事实证明，这种由柔性管理所产生的协同力比组织的刚性管理制度有着更为强烈的控制力和持久力。

4. 组织文化的重要任务是增强群体凝聚力。组织中的成员来自五湖四海，不同的风俗习惯、文化传统、工作态度、行为方式，目的愿望等都会导致成员间的摩擦、排斥、对立、冲突甚至对抗，这就往往不利于组织目标的顺利实现。而组织文化通过建立共同的价值观和寻求观念的共同点，不断强化组织成员间的合作、信任与团结，使之产生亲近感、信任感和归属感，实现文化的认同和融合，在达成共识的基础上，使组织具有一种巨大的向心力和凝聚力，这样才能有利于组织共同行动的齐心协力和整齐划一。

三 组织文化的构成与分类

（一）组织文化的构成

组织文化一般由价值观念、组织观念、规章制度、职业道德、组织情感等要素组成。

1. 价值观念。价值观念是组织对其内、外部环境的总的评价和总的看法。它是经营的哲学思想，是组织文化的最基本内容，是组织发展的驱动力。它常表现为组织目标和组织方向，使员工产生共同的价值取向和行为取向。

2. 组织观念。组织观念或企业精神，是组织文化的核心。它是组织成员在组织活动过程中逐步形成的对组织生活和活动过程的看法。它是组织的灵魂，是联系组织成员的纽带。

3. 规章制度。合理的规章制度可以协调领导和组织成员之间的关系以及组织内外部之间的关系，调动全体员工的积极性和创造性；不合理的规章制度会限制组织活动的正常运转，造成混乱，影响组织的效率。

4. 职业道德。职业道德就是组织成员在其活动中履行职责时，形成的行为规范和原则的总和。它通过各种形式的教育和社会舆论的力量，使人们具有善和恶、荣誉和耻辱、正义和非正义等观念，并逐渐形成一定的习惯和传统，以指导和控制自己的行为。职业道德要求组织成员对组织承担一定的责任和义务，使得个人道德标准往往要迁就组织的需要。道德作为社会完善和个人完善的动力，推动人们改善自己的生活，改善人们的感情、意图、动机和理想，规划着人们的行为规范。这对于增强组织的凝聚力具有巨大的作用。

5. 组织情感。组织情感是组织成员对组织态度的一种体验。它表现为好恶、爱憎以及由此产生的亲、疏感等。组织情感的产生是日积月累的知识与经验的积淀。如果组织成员在情感上把组织当成自己的家，将组织的事当成自己的事去办，那就会极大地提高组织的绩效。

（二）组织文化的分类

最常见分类方法是按照组织的风险程度和信息反馈的特点将组织文化分为以下几种类型：

1. 挑战型组织文化。也称强悍型组织文化。对于这种类型的组织来说，任何工作都富有挑战。组织面临较大的风险，组织成员具有风险偏好意识，决策果断，不拖泥带水。组织成员的信念是：做任何事情都追求成功，不允许失败。这种类型的组织文化适合于建筑公司、医院、娱乐设施以及警察部门，这类组织工作的特点是迅速取胜而不是持久，某一行动往往决定着组织的兴衰成败，这种组织工作的信息反馈很快。具有这类组织文化的组织往往韧性较差，决策容易失误，组织内部的协调难度也较大。

2. 柔性组织文化。即工作、娱乐并重型组织文化。对于这种类型的组织来说，对待任何工作的信条是：回避风险，随机应变，善于根据组织环境的变化来调整组织内的群体意识。在组织内，不提倡作有勇无谋的冒险家，坚信组织目标的实现必须齐心协力，因此，在这类组织中更重视群体凝聚力的培养，用群体凝聚力去协调各成员的行为。但这类组织一般容易满足于现状。这类组织文化适合于任何风险较小、信息反馈迅速的组织。这种文化的主要价值观集中在顾客及其需求方面。

3. 赌注型组织文化。该类型组织文化的主要特征是，组织需承担较大的风险，却因为工作屡受挫折而得不到迅速的信息反馈。如自然资源的勘探部门、高科技研究与开发部门。这类组织的一个共同特征是需要大量的投入，而将投入转化为产出的过程需要相当长的时间，如石油勘探部门，在投入大量资金后，却需很多年的时间去开发、试验，才能知道是否会得到石油资源。因此，对于这类组织来说，高度的容忍力和耐心、坚忍不拔的毅力是组织文化中必需的要素。在这类组织中，正确决策是决定组织命运和未来的至关重要的因素。因为这类组织常常将组织的未来孤注一掷，要么成功，要么失败。

4. 过程型组织文化。这类组织文化适用于任何风险程度低而组织工作信息反馈慢的部门。在这类组织中，强调组织的信念是：认认真真地做好手头的工作。因此，人们最关心的是某项工作的具体操作程序。人们追求技术上的完美，工作态度认真，强调工作秩序井然。这类组织在处理管理问题时容易思路狭窄，内部协调比较困难。

四 组织文化的机能与作用

(一) 组织文化的机能

1. 作为共同的思维和行为方式的机能。当企业处在一种不确定的状况时，明确的经营思想将作为人们决策和实际行为的指导发挥作用。此时，由经营思想体现出的企业共同的价值观就成为职工思维和行为的基本规范，引导企业成员朝着同一个目标努力，并为人们开拓新局面提供思考的线索。

2. 作为消除企业内部矛盾与冲突的调节器的机能。由于组织文化给了人们以共同的价值观和思维、行为方式，因而它将促进企业形成凝聚力和一体感，消除内部的矛盾和冲突；另一方面，由组织文化形成的柔性管理，把企业的管理控制深入到了职工思想深处，与单纯由规章制度和组织体制所实行的约束相比，它是一种柔性的潜移默化的约束。

3. 作为支持职工满足自我实现之愿望的机能。经营思想明确指出企业在社会中的作用、社会责任、企业的目标等，使企业员工理解自己工作的意义，在总目标一致的情况下，找到了满足自我实现愿望的途径，因此促进了人们的自觉行动。此时人们的动力不是来自纪律制度的约束和奖励的诱惑，而是来自对理想目标的自发追求。

4. 作为组织对外形象的机能。成熟的组织文化决定组织的外部形象，是组织区别于其他组织的重要标志。

(二) 组织文化的作用

1. 导向作用。组织文化的导向作用与组织文化的排异性是相联系的，能将全体员工的思想行为统一到组织发展的目标上来，不仅对组织个体的心理、性格、兴趣、行为起到潜移默化的作用，而且对组织整体的价值取向和行为起导向作用。

2. 约束作用。即成文的约定俗成的规章制度、人际伦理关系等，对每个员工的思想和行为都起着约束作用。这种约束一般不是硬约束，而是一种软约束，一种由内心心理约束而起作用的对行为的自我管制。

3. 整合作用。当代管理理论一般是从不同侧面研究组织运行的规律，而组织文化则是综合 整体、全方位地研究组织，并力图阐明组织内部子系统之间的内在联系。这是组织文化较之企业管理理论的优势所在。也正因为如此，企业文化的这种作用成为企业管理的新发展。

4. 激励作用。组织文化的核心是价值观。它的作用，首先就在于它能使组织成员的价值观同企业组织的价值观统一起来，形成共同的价值观，较大限度地激励组织成员为企业的生存和发展而奋斗。

5. 凝聚作用。组织文化是一种无形的"黏合剂"，它微妙地把人的感情紧紧地联结在一起。企业文化也像"磁铁"，它具有无形的吸引力。由于组织文化注重人的价值，所以，特别重视培养人的感情，通过人的感情把组织的每个成员联结起来。其感情建立的基础是尊重、理解和信任，其感情建立的手段是通过正式的和非正式的途径，建立起领导和员工、员工和员工之间信任、和谐的关系。这种关系的建立，能使职工感到组织"大家庭"的温暖，增强为组织的生存和发展作贡献的责任意识。

第二节 组织文化建设

组织文化具有普适性，不仅适用于资本主义企业，也适用于社会主义企业。这是已经被实践证明了的客观事实，也是组织文化学能够作为一门学科来建立的基础。企业文化的普遍性，决定了我们可以概括出企业组织文化建设中的一般情形。但是，组织文化又有特殊性。社会制度不同，其组织文化自然会打上不同制度的烙印；民族不同，组织文化的特点也就相异；行业特点不同，组织文化的类型也就不同。

一　组织文化建设的发展

中国组织文化是中国传统文化的继承、扬弃和发展。任何优秀的文化都有强大的稳定性和流传性。

（一）中国传统文化的演变和发展

中国是具有几千年文明史的古老国家，它的文化传统可以追溯到两千多年前的春秋战国时期，这个时期孕育并产生了许多伟大思想家和理论学说，这些学说经过长期的相互斗争和补充，自汉代以来，形成了以儒家学说为主体的，儒家与道家相互补充的一条主线。这条主线在以往漫长的历史过程中，对中国人民的行为起着主导作用。

1840 年的鸦片战争，外国列强用洋枪和大炮，轰开了中国的大门，外国文化随着资本主义的侵略进入中国，一定程度上冲击和影响了中国的历史文化传统。

新中国成立以来，以马克思主义学说为指导的中国共产党，继承和发扬了中国文化传统的精华方面，努力建设中国的社会主义的文化传统。特别是改革开放以来，我国对经济、文化进行全面改革，大力发展商品经济。在这样的社会大变动时期，新旧传统相互冲突、扬弃、补充，中外文化相互撞击、吸收，使得影响人们行为的文化传统和行为准则发生剧烈变动，变得更多元化了。

（二）现代企业组织文化的产生

现代企业组织文化的形成，受到一系列条件和因素的限制。首先，是传统文化因素的影响，民族传统文化是企业组织文化植根的土壤，是企业组织文化的源头，在同质的民族文化影响下，不同的企业组织文化具有极大的相似性。其次，企业组织文化的形成和发展必须具备相当的技术条件和管理基础，企业文化的产生是对现代科学管理的补充和协调，但并不可能代替硬件管理。再次，企业文化的产生与发展有赖于社会经济生活民主化和政治生活民主化，它必须保证企业职工个性的充分发展。最后，企业家素质和职工素质也是影响企业文化产生的重要因素。

（三）现代企业组织文化的发展

企业组织文化在企业的发展过程中不断发生变化，许多新的制约企业发展的文化观念都被纳入企业文化的轨道，许多成功企业的企业文化管理活动，从内部走向外部，越来越注重从企业形象、企业信誉、公共关系等方面来努力倡导和塑造自己优秀的企业文化，从而构成现代企业文化发展的新趋势。

1. 努力追求企业的整体形象。所谓企业形象，是指各界公众对企业的整体评价。良好的企业整体形象是一种无形的却又是十分宝贵的“资源和财富”。它包括两个方面：从外部看，企业的标志、注册商标、产品设计、装潢和广告，以及企业提供的产品与服务等，所有这些构成人们对企业的形象；从内部看，是企业使全体职工在日常工作中产生共同的价值观念和行为准则。

2. 越来越注重企业信誉。企业信誉是企业在公众心目中的权威性、信赖感和影响力。信誉至上是现代企业经营的第一准则，企业信誉是企业在市场竞争中求生存图发展的重要条件和手段。企业信誉包括产品质量信誉、经营作风信誉和企业服务信誉。

3. 充分有效地利用公共关系。对于企业来说，公共关系是一个企业为了提高自己在公众心目中的知名度和美誉度，争取方方面面的配合和支持而采取的一系列协调沟通行为。随着商品经济的迅速发展，各种交往和协作关系日益纷繁复杂，迫切需要运用科学的公共关系来协调往来，处理矛盾，争取各界公众的信任、理解和支持。提高企业的经济效益与社会效益。

4. 企业文化趋向个性化。从过去一部分企业进行的企业文化活动来看，一个突出的问题是缺少个性，过于单一抽象。随着改革开放和商品经济的发展，各个企业的个性化特征明显地表现出来，企业之间在经营目标、管理状态、职工队伍素质、企业的传统等多方面出现一定差别。因此，在这一基础上产生并能动地作用于企业的企业文化，必然会带有自己的个性。现代企业文化形成、发展的实践表明，只有真实反映企业个性特色的企业文化，才能成为企业生存的基础、发展的动力，才能对企业的每一位职工产生强烈的感召和激励作用。所以，个性化是现代企业文化发展的一个新趋势、新潮流。

二 组织文化建设的途径

现代企业组织文化建设的目标主要有两方面：一是造就员工良好的精神价值观。员工的精神价值观是关系企业成败兴衰的一个根本性问题，一个国家、民族要有自己的精神支柱，一个企业也必须有一个基本信念和经营宗旨，借以动员、维系、激励内部广大员工，充分调动他们的劳动积极性、主动性和创造性；二是培养企业内部和谐融洽的环境气氛，开展企业内部管理和公关工作，必须创造最佳的人事环境，造就家庭式气氛，使每一个员工感到在工作上有劲头，在感情上有依靠，在事业上有奔头。

(一) 企业组织文化建设的方法

如何建设现代企业组织文化呢？从处理好以下关系中，可以探索出一些建设企业文化的方法：

1. 从处理好企业的自然求索与社会交往的关系中寻求。在企业管理中，物的索取是基本的，因为企业是生产、经营商品的单位。商品的实体是物，企业生产不出产品来，或者生产出来的产品社会不欢迎，就会失去存在的价值。企业文化当然要在商品生产中，在物的自然索取中建立。但是，自然索取是发生在人的交往中的。产品不会自然诞生，也不可能依靠单个人的力量诞生，而是依靠人与人结成的关系，通过生产经营活动凝结而成的。企业文化也必须在搞好商品生产、在处理好人际交往关系中建立。

2. 从处理好西方文化与中国文化关系中寻求。人类文明是无疆界的，但作为文化却存在着社会差异、地域差异。美国管理学家德鲁克说，管理愈是能运用一个社会的传统价值观和信念，它就愈能取得成就。日本企业取得成功，原因很多，其中很重要的一条，是融合西方文化、东方文化于自身。建设中国企业文化当然要结合中国传统，结合国情、民情、地理、历史、人文、伦理来建设。中国有几千年文明史，有几十年社会主义革命与建设的历史，有自己的优秀文化传统，这些都应该成为建设我国企业文化的内容。对待外国文化，要加以区分：凡属科学的就要吸收；对于腐朽的，就必须坚决摒弃。就是在吸收有益内容时，也不能简单照搬，要以我为主、博采众长、融合提炼、自成一家。

3. 从处理好古代文化、现实文化关系中寻求。我们现在从事的是社会主义现代化建设。企业文化，当然要在现实实践中塑造，形成具有时代特色的价值观。但是，也不能片面理解，认为搞现代化就可忘掉、抛却祖国传统的优秀文化，把祖国文化、祖国历史说得一无是处。文化具有继承性、绵延性。其实，一些现代科学观点也是由历史优秀文化精华积淀而成的。割断历史是不对的，我国五千年文化历史中蕴藏着丰富的优秀文化能量，有待发掘、发扬、继承。当然，传统文化中确实存在糟柏部分，如封建等级观念等，必须坚决予以抛弃。我们应该继承历史中优秀文化部分，提炼现实中有益的文化观念。

4. 要从改革、开放、搞活中寻求。改革、开放、搞活是现代化建设的需要。建设企业文化当然离不开这个大前提。要改革束缚生产力发展的那些陈腐观念，树立变革思想；开放，就要从开放中引进外部文化中对我有益的部分，包括国外先进思想与经验，外地、外单位的先进思想与经验；搞活，就是要从所有权、经营权适当分离的观点出发，以搞活企业、发展生产、提高效益为目的，在社会主义商品经济思想指导下建立价值观，如效益观点、经营观点等。当然，在建立商品经济观点中，对于那些有可能附带产生的消极现象，如见利忘义，只顾个人、小团体利益等，必须坚决抵制。

搞好企业文化建设还需注意以下几个问题：

(1) 不搞形式主义。如只搞厂徽、厂旗、厂服等，而忽视基层文化的建设、企业精神的培育。

(2) 避免简单化。如不作深入调查研究，不用心尽力去塑造符合自身特点的企业文化，简单地模仿其他公司、其他企业的厂训为自己厂训，或简单地任意地选取一句豪言壮语作为自己厂训等。只有建设具有鲜明特点的、有深厚基础的企业文化，才最有生命力。

(3) 不搞凝固化。企业价值观、规章制度、行为追求趋向等，要根据宏观环境及企业内部条件的变化作相应变化，有机地调整好企业文化各个层次的内部关系。

(4) 不搞一阵风。企业不能只满足于文化实施纲领、厂风厂训等的确立，而不付诸实施。

(二) 培植企业组织文化的一般过程

培植企业文化，建设企业文化，各个单位有不同的做法和步骤，但也存在着共同点。大体要经历三个阶段：一是单位领导层明确意义、制定规划阶段；二是动员群众总结经验、归纳提炼阶段；三是典型引导、宣传推广和实践阶段。

第一阶段，主要是提高领导干部的认识，统一干部层的思想。这是整个工作能否顺利进行的关键。通过学习研究和座谈，讨论国内外有关组织文化的材料和其他单位的先进经验，着重解决对企业组织文化的概念、作用和树立核心价值观的必要性等的认识问题。在干部统一思想的基础上，制定在企业内树立和发扬企业优良文化和共同价值观的规划，并同时注意与企业其他工作的紧密结合。

第二阶段，在企业干部思想统一的基础上，按照计划有步骤地推向全体员工。采取领导动员、经验介绍、知识竞赛等多种形式深入发动群众。经验证明，组织全体员工进行企业优良文化及其价值观的大讨论效果较佳。广大员工参与讨论和提出建议，不仅增强了参与意识和当家作主的积极性，而且使企业文化的形成有了丰富的养料和源泉，它的推广发扬也有了广泛的群众基础。在群众提建议、提方案的基础上，也可组织几次理论讨论会。企业领导概括提炼，最终形成符合企业实际、具有本企业鲜明个性、既包含优良传统又反映时代特点和发展趋势的企业文化和价值观，并形成相应的制度、规范、文件、口号。

第三阶段，将从群众的建议中提炼出来的企业文化，再反作用于实际。它将使优良的企业文化在群众中深深扎根，并发挥凝聚作用。在本阶段要做好以下工作：

（1）继续广泛深入地宣传，将已经条理化的企业文化编写成材料，通过广播、橱窗等宣传方式使其深入人心。

（2）树立体现企业价值观的典型和英雄人物使之直观化、形象化。

（3）建立和修订有关制度，不断强化企业文化。凡是符合企业价值观的东西都应得到肯定、支持和强化；凡是不符合企业价值观的东西都应遭到否定、反对和惩罚。

上述三个阶段，是遵循从实践中来再回到实践中去的认识路线的。经验证明：组织文化所以能成功地被塑造，关键在于领导者始终如一的倡导和身体力行。领导者本身的模范行为是一种无声的号召。同时，企业领导者要善于观察形势的发展，使组织文化不断适应时代的要求。

第三节 跨文化组织管理

一 跨文化问题

（一）跨文化问题的产生

跨文化是指不同文化的交织和混合，其涵盖面是全方位的，既涉及跨国界的不同文化交遇时的状态和现象，又涵盖了同一国度不同民族文化交遇时的状态和现象。一般来说，我们所研究的跨文化是指跨国界的文化。

随着中国的改革开放，中国独特的投资环境，使外国投资者在对华投资的同时，也将异国文化和外资化管理模式带入中国，使中外文化处于必然的跨文化之中。

当两种或多种文化交遇时，各国不同的政治体制、不同的经济发展现状和不同的文化的总和所引起的文化偏差和排斥被称为跨文化问题。跨文化问题的特点是：(1) 跨文化问题必须在两种或多种文化交遇时，才会产生；(2) 跨文化问题必须有文化参照方。当人们以主国文化为准绳对客国文化进行要求时，跨文化问题便暴露出来。文化作用的结果使主、客国文化特质中相容的部分相互吸收和融合，不相容的部分产生相斥和碰撞，跨文化问题由此产生了。

(二) 文化差异的表现

跨文化和多元文化是国际企业有别于一般企业的基本特征，是国际企业进行跨国经营、对外直接投资的环境与条件。正是这一特征，决定了国际企业的管理有别于一般企业（国内企业）的管理，它必须充分考虑文化差异和多元文化的存在形式，以及它们对国际企业的作用和影响。

1. 不同国家往往有着不同的法律制度和规定。国际企业必须在东道国既定的法律构架下，才能从事生产经营活动，才能通过法律途径解决各种商业纠纷。就法律体系而言，有的国家采用普通法系，重视习惯和判例，有的国家采用大陆法系，遵循法律条文，也有的国家采用所谓神权法律系统，如伊斯兰教国家以古兰经为执法依据。即使在同一法律系统下，各国商法的具体内容和意义也有不同。显然，法律体系直接影响着国际企业的行为规范。

2. 不同国家往往有着不同的商业习俗。商业习俗作为一国文化的一部分，是在相当长的时期内形成的、为大家所共同接受和遵守的从事商务活动的习惯和风俗。商业习俗虽不像法律规定那样，一旦违反即遭到追究，但若在商务活动中违反了它，便会造成交流失误和误解，给双方造成不快和遗憾，甚至直接导致商务活动的失败。例如，到中东去的客商会碰到这样的情况，在你约见客人与其谈话期间会有人闯入你的办公室，对此你不必大惊小怪，因为这是一种古老的阿拉伯习俗，希望能“共同听政”。而英国人则把这种随意打扰客人的做法视为非礼和没有教养，即使其公务活动结束之后也如此。

3. 不同国家往往有着不同的管理文化。怎样管理企业，怎样对待顾客，如何与同事、上级、下级相处，管理的目标、原则、程序是什么，不同的文化有不同的回答，有不同的准则。这些，都使得国际企业面对着许多不确定性的因素，使国际企业环境变得更具有挑战性。比一国的政治、经济、技术环境更难以把握、认识。

二 跨文化管理的特征

随着全球化经济步伐的不断加快，跨文化问题日益突出，为了使企业达到良好的经营业绩，必须解决好跨文化问题，建立一种理想的、融合文化特点的新型跨文化管理模式。以在华的外资企业为例，这些企业的跨文化管理，既不同于投资国家的企业管理，更不同于我国国有企业的管理，跨文化管理有其自身的特征。

（一）管理主体与客体异国化

企业管理主体是资方，其代表为外商投资者、经营决策和管理者。被管理的客体或管理对象则为主体所辖的人力资源，包括投资方的外籍经营管理者，但主要是劳方全部员工。鉴于资方管理主体是外籍人员，劳方客体全部为中国雇员，呈现出人力资源管理主体与客体在国籍上的异化。

（二）主体文化的民族化

一国文化亦即该国民族文化。人的思想感情、社会准则、行为方式无不受到其民族文化传统的制约。在跨文化管理中，往往是以管理主体的文化为主，因此，投资者对其企业文化的开发管理必然带有鲜明的本土文化特色。美国文化推崇个人主义和个人价值，员工是“契约人”，企业在管理上实行自由雇佣制。日本则不同，它是家族主义的，企业员工是“家族人”，企业实行的是终身雇佣制。在华外资企业的跨文化管理，不可避免地带有投资国的文化烙印。

（三）管理模式的多样性

在华外资企业跨文化管理的具体模式的多样性，首先源于来华投资者的多国性，其次源于多国性所决定的多民族性。因为外籍投资者进行的跨文化管理，是以其民族文化为主导的，管理中带有本国本民族的文化特色。所以多国投资必然呈现出多种民族文化特色的企业跨文化管理方式。

（四）管理的先进性

来华投资者主要来自发达国家或准发达国家。这些国家市场经济发达，经济发展水平高，实行现代化管理。他们不仅带来了先进的科学知识、现代信息、新材料、新工艺、新技术，而且带来了先进的现代化管理知识和技能，特别是现代化企业管理理论与实践技能的引进，必然使在华外资企业的跨文化管理具有先进性、现代性。

（五）不断的发展性

任何事物并非开始即完美无缺，随着人们认识的提高和深化，使文化由低向高逐步完善和发展。在华投资企业的跨文化管理更是我国新时期的一个崭新的事物，不可避免地会经历由低级向高级的逐步递进，从最初的克隆化管理方式，到经过中外文化协调的中级管理方式，到在华外资企业的跨文化管理有了很大飞跃。但是，这种中级管理方式的局限性不断地呼唤着外资企业的跨文化管理的更高级形式的出台，因此在华外资企业的跨文化管理必将进一步发展和完善。

三 跨文化管理的模式

在华外资企业的跨文化管理共有三个阶段，这三个阶段是呈阶梯状逐层递进、不断发展的，它们分别是：跨文化管理的初级形式——克隆管理模式；中级形式——文化互渗管理；高级形式——文化融合管理。

（一）克隆管理模式——跨文化管理的初级模式

在华外资企业成立初始阶段，由于在管理手段上完全克隆了其母体企业的模式，故而称之为克隆管理模式。克隆管理的实施者是外籍决策者和管理者，接受方是企业的中国和外国籍员工。这个阶段，在华外资企业人力资源的配置是标准的外籍化配置。

1. 克隆管理是跨文化管理的初期必经阶段，是该阶段不得已而为之的一种管理方式，这是因为：

(1) 对中国文化的陌生感。由于中西方政治、经济和社会制度的差异，以及由于历史原因造成的长久的对外封闭，使得外国投资者不熟悉中国国情，不了解中国国民，不知道应该实施何种管理模式，只好在投资初期的跨文化管理中，照搬其母体企业现成的规范化的管理模式。

(2) 对中国市场缺乏信心。来华投资的外国企业都是看中了中国的巨大的市场潜力，但由于对投资环境缺乏了解和对中国政治、体制和文化的陌生，外方投资者初期对中国的投资大都是试探性的，未做长远规划，不可能一开始就投入大量的人力、物力去构建适合中外文化的跨文化管理模式，所以，克隆管理自然成为一种省力和现实的模式。

(3) 对中国的人力资源缺乏信任。外资企业建立初期，中国本土人力资源的技术能力和管理能力均不能胜任纷杂的外资企业管理，他们对外资母体企业文化、目标政策不熟悉，所以外资企业对中国人力资源的管理能力缺乏了解和信任。

2. 克隆管理模式的特征为：

(1) 外籍化。即全盘外籍式管理，所有管理者均由外资企业母国选派。外资企业将其在国外成熟市场上形成的管理机制移植到在华企业中。

(2) 现代化。克隆管理模式极具西方现代化、规范化管理的风范和意识，更具时代感。

(3) 规范化。建立行为规范是企业文化的一部分，为加强员工对企业的认同感和责任心，外资企业非常注重对员工的培训，以及对员工职业道德和职业行为的培养。

(4) 严格化。管理是严格的，企业设立监督机制以加强管理，并制定了严格的工作规章制度和作息时间，员工打卡上下班，企业对员工有严格的着装规定和工作要求等。

(5) 高刺激。外资企业无论是在物质方面还是在精神方面都给员工以强烈刺激，他们通过职务分析来确定企业内部的工资制度，管理者注重个人表现，不论资排辈，有名目繁多的奖励制度。

(6) 高效率。企业打破平均主义，反对大锅饭，提倡高效率工作，每位员工的工作日程都安排得非常满。

(7) 高竞争。企业内部的竞争非常激烈，这种竞争不仅是业务人员之间的竞争，而且是管理人员之间的竞争。另外，各部门、各班组、各子公司之间的竞争更为激烈。

(8) 稳定性低。在华外资企业在克隆管理时期，实行外方招聘、双向选择制度，招聘、解聘、频繁选择和转换公司成为外企员工的家常便饭，外资企业在华投资初期，没有为职工建立医疗保险、福利保险和住房公积金等制度，企业没有人事权和招工指标，稳定性低。

克隆管理中存在的跨文化问题，使人们越来越认识到了它的局限性，以及文化差异的严重性，必须对这种模式进行调整，以适应发展的需要。

(二) 文化互渗管理模式——跨文化管理的中级形式

文化的相通性使相异文化的互渗有其必然性，也使跨文化的管理由克隆管理到互渗管理的递进成为可能。

1. 文化互渗的必然性：

(1) 不同文化是对立统一、互相作用的。相异文化决定了文化之间的矛盾性，但人类的共性和人类群体间的必然交往又决定了不同文化的共同性和互通性。这种文化特质决定了相异文化在对立之中发生交流和互渗是客观必然的。

(2) 文化互渗是相异文化相遇过程中，文化分子之间互相碰撞和摩擦引起的不同文化体系的变化。文化分子互渗互动的结果，造成它们在同文化体系中混杂移动、附着、粘连甚至归依至另外的文化体系中。文化互渗是文化碰撞的必然结果，是在潜移默化中形成的。

(3) 文化相斥使企业意识到必须通过文化整合去协调跨文化问题。文化整合实质是依据文化特质有意识地进行的文化互渗，它加速文化互渗的过程。管理模式这个冰冷、无意识的硬件透过人力资源的软件进行着有思维、有意识的渗透。各国文化在“人”这个载体中不知不觉地由初级阶段向缓慢渗透阶段靠近。

2. 文化互渗管理模式的特征：

(1) 投资国和东道国文化特点的互渗。跨文化的中级管理模式的形成是从中外文化特点的互渗开始的。劳资双方经过自然和有意识的文化交流、渗透和整合，逐渐认可和接受对方文化，完成了文化从形似到神似、从物质到精神的文化接近。

(2) 完成了人力资源配置从外籍化到本土化的转换。在华外资企业在互渗阶段进行了三次人力资源配置调整，目的在于协调和缓解跨文化问题，缓解克隆管理模式带来的劳资矛盾，力图实现在华外资企业管理的本主化。

(3) 中外企业管理形式的结合。在华外资企业在此阶段借鉴了中西方管理模式的精华，以西方的“法治”结合中国的“人治”，对跨文化状态下的人力资源进行了跨文化的管理整合。

3. 与克隆管理相比，文化互渗管理在形式和内容上有了不小的发展，但它的稚嫩和局限性也尽显无疑。

(1) 文化互渗在此阶段只达到量变而未上升到质变。相异文化的碰撞依旧是必然的，跨文化问题依旧存在。

(2) 员工全盘西化倾向令人担忧。在华外资企业在经过文化互渗后，不少雇员对西方思想不加区分，精华和糟柏全盘接受。

(3) 给我国带来一定的政治和经济损害。不少外方管理者在了解中国之后，利用中国文化的落后面为企业牟利。有些外资企业很快学会了逃税和避税手段，也学会了靠行贿去打通渠道，利用关系赢得合同。

外资企业本土化的初步实现大大缓解了跨文化问题，但资方却对本土化前景忧心忡忡，因为本土化会使子公司与母国企业文化的距离拉大，母国企业的经营管理政策不能全面在子公司得到贯彻，子公司管理者与母国企业的高层交流困难。

（三）文化融合管理模式——跨文化的高级阶段

文化融合管理是一种理想化的跨文化管理高级阶段。互渗管理模式的局限性和弊端不断呼唤着跨文化高级形式的出现。因此，构建企业管理的高级形式——文化融合的管理模式势在必行，只有这样，才能使中外文化从互渗进一步达到融合。在融合过程中，吸收各国文化精华，创建一种融合中外文化特点和劳资双方共同利益的新型文化。

文化融合管理模式的特征为：

1. 人力资源配置布局的国际化。这是一种理想的外资企业人力资源布局。企业聘用在华管理者时，应打破国界，打破母、子公司的界限，打破母体企业和海外业务的界限，只以企业为一体，以管理者对本土文化和异国文化的熟悉度、对异国文化的适应力、接受力和管理能力为基准来进行招聘。

2. 东西合璧的跨文化管理人才。在华投资企业人力资源的国际化配置设计，对文化融合管理模式中的人力资源有了深层次的要求，他们应该是东西合璧的，是融合东西方文化精华的新型管理人才和员工。

3. 中外文化的形神兼备。人力资源文化融合管理模式是中外文化的形神兼备，从物质到精神的真正融合，是对跨国文化精华的汲取和发扬。

4. 劳资双方共同接受。这种模式是通过进行文化整合而创建的、融合文化精华的新文化和新型人力资源的管理模式。它保护劳资双方的共同利益，以被双方接受。

以上三种跨文化管理模式，在不同的历史时期都有其存在的必然性，但是随着时间的推移与社会的发展，跨文化管理模式必将从初级阶段逐渐向高级阶段演变，这是时代的需要，也是世界发展的趋势。

本章小结

1. 组织文化理论的兴起，给现代管理理论带来了新的生机与活力。组织文化是组织成员的共同价值观体系，它使组织独具特色，与其他组织相区别；其核心是组织价值观，中心是以人为主体的人本文化，以柔性管理为主，其重要任务是增强群体凝聚力。

2. 组织文化的可分为挑战型、柔性型、赌注型、过程型组织文化；其作用包括导向、激励、整合、约束与凝聚等。现代组织文化建设的目标主要是造就员工良好的精神价值观，培养企业内部和谐融洽的环境气氛。通过各种方法和途径构建组织文化。

3. 随着我国改革开放与世界经济的一体化，针对日益突出的跨国企业经营中遇到的跨文化管理问题，在我国当今改革开放的大环境下的现实意义。

锦江模式——锦江集团宾馆文化的标志

上海锦江集团成立于 1984 年，是我国第三产业中组建最早、规模最大，以饭店业为主体，以旅游、交通、金融、房地产、商贸为骨干的综合性的涉外企业集团之一。几年来，锦江集团实现了与国际旅游先进水准接轨的目标，为了走出一条有中国特色的饭店管理道路。

1. 全方位的服务——“锦江模式”的核心

一个服务性的企业赢得市场、取得效益，是多种因素共同作用的结果，但其核心在于能长年累月、坚持不懈地为中外客人提供全方位的优质服务。全方位的服务是“锦江”的服务特色。提取行李、陪同进房、介绍设施、送上茶水毛巾、了解生活爱好、引领进入餐厅、转告餐厅和厨房有关客人的口味特点、离店前的诚恳征求意见直至最后送别……这点点滴滴，看似简单琐碎，没有高深的学问，然而要做得完美无缺，决非易事。可是，锦江人做到了。

一位客人扔掉了一件旧衣服，服务员从上到下检查一遍，摸出了一个金锁片还给客人；一位客人在赴宴会前 10 分钟，猛然想起自己的外衣还未烫好，于是连忙打铃唤来服务员。没想到服务员微笑着说，我了解到您今晚有个宴会，在您休息时，我已请您的随员取出这套外衣，现已烫好放回原处了。

2. 规范化的管理——“锦江模式”的基础

锦江集团从成立之日起，就准备着参与国际竞争，发展跨省市、跨国界的经营。在全市、全国乃至全球管理的大跨度中，如何保持稳定的服务质量，是

"锦江"管理面临的难题。以规范化的管理为基础的"锦江模式"的形成，为解决这一难题创造了条件。

"锦江"的管理规范是国际先进饭店管理经验和自身传统的结合。它用文字统一规定了饭店各工种、各岗位的操作规程、作业标准和职业要求。这种要求，是建立在不断提高职工文化技术素养的基础之上的。"锦江"通过年年、月月从不间断的岗位培训、岗位考核，打破了各饭店自成习惯的纯经验型的做法，逐步形成了统一而又鲜明的锦江风格。这种风格，一方面是全集团统一的服务规范，另一方面是各个饭店别具一格的服务特色。

3. 继承、借鉴、创新——"锦江模式"的特色

饭店是文化型的企业，建筑风格、饮食菜肴是文化，职工的仪容仪表、精神风貌也是文化。开放，把"锦江"推向了国际舞台，中西两种不同的文化在"锦江"这个特定的环境中不可避免地发生了碰撞。如何继承中国饭店的优秀文化传统，借鉴吸收西方文化中精华，是"锦江"在开放中遇到的又一课题。"锦江"的党政领导在继承、借鉴、创新中，发挥"锦江"传统文化的优势，探索出一条有中国特色的饭店管理的道路。

问题：

1. 锦江集团在建设"锦江模式"的企业文化过程中，有哪些值得学习和借鉴的经验，是否还存在不足？

2. 如何在当今的中国现代企业中，建立并培养适合于组织发展的企业文化？

【复习题】

1. 为什么企业要重视企业文化建设？
2. 如何对组织文化进行评价？
3. 如何进行企业文化建设？培植企业文化一般要经过哪三个阶段？
4. 跨文化问题的产生根源是什么？

讨论及思考题

1. 结合实际谈谈在当前我国企业建设新型组织文化的必要性。
2. 你如何认识跨文化管理？你认为在我国的一些跨国企业如何建设跨文化？

第九章

组织变革与发展

本章提示

◇ 组织变革与发展的意义
◇ 组织生命周期理论
◇ 组织变革的方式和内容
◇ 组织变革的步骤
◇ 组织变革阻力的克服
◇ 组织发展的趋势

本章引言

威廉·派新特受命担任年亏损 1.35 亿美元的吉奥公司的最高首脑，12 个月内他对公司进行了彻底的变革：他裁减了 1/3 以上的员工，为留下来的员工设立了具有激励作用的利润分成和股票奖励计划；他从人力资源和采购等职能部门中拨出 2 700 万美元，将许多以前是由吉奥公司内部完成的工作外包给供应商；他取消了大多数经理的私人办公室，以使他们和工人更接近；他关闭了 8 个工厂中的 3 个，降低了 25%的 PVC 生产能力；他对存留的工厂进行了重组，给员工更大的自主权。1994 年，吉奥公司作为一家独立公司成立的头一年中，销售额就达 10 亿美元，利润 3 180 万美元。

近一个世纪以来，随着科技进步、信息技术的发展、市场竞争的激化和人类文明程度的提高，社会环境变化迅速，各类组织机构规模日益庞大，其活动也越来越复杂。为了适应环境的变化，为了组织的生存，为了更有效地利用资源、最大限度地实现组织目标，组织必须不断地进行变革。变革与发展已成为当今社会各种组织发展战略的重要组成部分。

第一节　组织变革与发展的动因

一　组织变革与发展的意义

（一）组织变革和组织发展的概念

组织变革是指组织管理人员主动对组织的原有状态进行改变，以适应外部环境变化，更好地实现组织目标的活动。这种变革包括组织的各个方面，如组织行为、组织结构、组织制度、组织成员和组织文化等。组织是一个由多因素组成的有机体，和其他有机体一样，经历着产生、成长、成熟和衰退的过程，它不断地和周围的环境进行物质、人员、信息的交流。一旦组织的内部因素或所处的外界环境发生变化，组织的某些方面不能适应这种变化，甚至影响到组织的生存，组织就必须进行变革，从而推动自身不断地发展。

组织发展是指以变革的方式改进组织行为、提高组织效率的过程。组织发展与组织变革是既相互区别，又紧密联系的两个概念。组织发展要通过组织变革来实现，变革是手段，发展是目的。组织的效率一般取决于组织的管理体系和组织结构、组织的技术水平和工作安排体系、组织成员的态度、行为、价值观等。组织发展就是对这些因素进行的一系列变革，其中改变人的因素、发展人的潜能和特性是组织发展的本质。

组织发展通过一系列具体方法，调动全体员工的积极性，从而促进和支持组织的变革。组织发展是一个连续不断的动态过程，组织领导者不能期望运用某种方法能在一定时间内解决所有问题，而是需要经历一个由低级到高级的较长的动态过程；它从整个组织系统出发，需要综合运用多科知识。组织发展主要是调整领导与员工之间、员工之间、部门之间的关系，力图创造信任、协作、理解的工作氛围；它一般采用有计划的再教育手段实现自己的目的，通过有目的地改变人的态度，影响人的行为，不断创新规范，推动组织的发展。

（二）组织变革与发展的意义

1. 通过组织变革与发展，不断提高组织适应环境的能力。能适应环境是组织生存的前提。内外环境变化了，组织也必然要随之变化。但组织的变化是以对环境变化的正确认识为基础的。如果组织的领导者仅仅看到了自身的不适应，急功近利进行变革，可能得利于一时，但无助于提高组织的真正适应能力。组织变革要通过建立健全组织运行机制，改造组织结构和流程，来增加组织对环境的适应性和适应环境的灵活性。

2. 通过组织变革与发展，进一步提高组织的工作效率。通过有计划的、长期的、系统的发展改进，能使组织形成一整套适应内外环境条件变化的活动方式。通过变革，不断更新组织的知识、技能、结构、行为和心智模式，以获得更高的效率，并通过绩效提高，使组织不断发展壮大。

3. 通过组织变革与发展，实现有方向的领导。组织的主管和高级领导人，通过组织变革可以实现有方向的领导，使组织保持生机与活力。

4. 通过组织变革与发展，不断提升核心竞争力。通过组织变革可以推陈出新，扬长补短，使组织能够紧跟时代步伐，与社会的脉搏合拍。

5. 通过组织变革与发展，使组织永葆生机与活力。适时地、恰当地进行组织变革与发展，可以使组织永葆生机与活力。

二 组织生命周期理论

（一）组织成长过程的五个阶段

从管理学的角度看，与任何机体一样，组织也有其生命周期。按照学者格林纳（Greiner）的观点，可以将一个组织的成长过程分为五个阶段，即创立阶段、聚合阶段、规范化阶段、成熟阶段、成熟后阶段，每一个阶段后期都将会面临某种危机和管理问题，均需采取一定的管理策略化解这些危机，才能达到组织不断成长的目的。

1. 组织创立阶段。该阶段组织规模小，反应灵活，人员心齐，工作关系简单，组织的大小事情均由创设者直接决策指挥。创设者一般业务很熟，能力很强，但不太重视管理，因此，组织的生存与成长完全取决于创业者的魅力即素质和创造力。然而，随着组织的壮大，管理对象越来越复杂，创业者常常感觉到难以驾驭整个组织。到了创业后期会出现领导危机，并直接导致组织的成长危机。

2. 组织聚合阶段。该阶段组织人员迅速增多，组织规模不断壮大并具有很强的凝聚力，组织获得了成功业绩。在这个过程中，或者是创业者不断得到磨炼，已具有丰富的管理经验和领导才能，或者是启用更有管理才能的领导者接手管理。为了适应组织不断扩大的新形势，组织有计划地吸收若干有经验的专门管理人才，主持组织中各个层次的管理工作。在这个阶段，创立者基本上仍以集权方式指挥控制中下层的管理者，严格控制着组织的各个部分，因而，组织的成长主要依靠高级主管的集权和命令。到了本阶段的后期，中下层的管理人员由于长期无决策权和自主权，会产生不满情绪，出现所谓的自主性危机。

3. 组织规范化阶段。该阶段进入组织的中年期，此时组织已有相当的规模，基本形成了稳定格局。为了使组织继续成长，必须采取分权式的组织结构，容许各级管理者拥有较大的决策权，换句话说，组织的最高管理层必须向下授权。但是，随着各种决策权、自治权的下放，各个部门常常会出现各自为政、仅考虑本单位利益的现象，组织又出现了控制性危机。

4. 组织成熟阶段。组织走过前面三个阶段之后，经过逐渐完善组织制度而趋于成熟。为了防止控制性危机，组织将许多原属于中层和基层的管理决策权重新收归到最高决策层，出现了重新集权的趋势。然而，由于下授的权力难以完全收回，不可能恢复到第二阶段的命令式管理，只有采取其他组织方式予以弥补。如建立管理信息系统、成立协调委员会等，加强各个部门之间的协调与配合，制定新的规章制度和工作程序，这样，既加强了高层管理层对整个组织的控制和监督，又充分发挥了中下层的能动作用。因此在该阶段，组织的成长更多地依赖于组织各部门上下左右的协调。然而，该阶段后期，随着职能部门的增多、关系的复杂化，以及各种规章制度的制定，在某种程度上降低了组织的运行效率和灵活性，这样便产生了僵化和官僚危机。

5. 组织成熟后阶段。该阶段组织已处于中年后期并逐渐进入老年期，因而具有很大的不确定性。通过组织的变革与创新，组织可能重新再获得发展，也可能趋向更成熟、更稳定，也可能由于环境的变化而走向衰退。为了使组织继续保持成熟、稳定，并避免出现危机，人员和各个部门的相互合作尤其重要。在可能的条件下，要努力进行组织变革，更新组织成员观念，开拓新领域。

（二）组织成长过程的危机

任何事物的发展都不会是一帆风顺的，组织的成长也是如此。组织成长过程中的不同阶段面临着不同的危机：

1. 成长危机。组织成长的第一个阶段是因为创新而成长，这时候靠的是领导者或合伙人的领导魅力。随之其后因为组织的人员不断增加，如果是企业的话，必然是产量和市场不断成长，这时候需要一个具有知识与业务的管理人才来领导，此时出现组织的第二层次变革，即所谓的缺乏领导危机。

2. 自主性危机。通过强有力的集权管理后，组织会进一步成长，但当职能和工作业务范围逐渐复杂后，这种指导式的管理模式无法让基层应付随时出现的危险，因此必须展开第三层次变革，通过授权以应付缺乏自主的危机。

3. 控制性危机。当权力下放到某种程度，组织内部会产生竞争，并因竞争产生组织的资源利用效率低下的问题，同时组织结构也因工作业务的扩大出现部门、行业和区域重叠的混乱状况，这时需要进行第四层次变革，即开展协调。组织在总部设立总管理部门，集中处理重大决策，以应付缺乏控制的危机。

4. 硬化危机。当组织规模继续扩大，管理更加复杂化，带有部分集权形式的战略规划部门也无法全面掌握各种不同文化、不同服务和职能的需求以及不同国家的政策法规的变化。决策活动常常因为决策系统的庞大和官僚、决策过程太长、决策仅依据报表及文件等原因，导致效率低下。因此，组织又面临第五层次的变革，即以联邦分权的形式，通过合作来克服繁琐公事的危机。

三 组织变革与发展的动因

在经济全球化和信息技术日益发展的今天，由于组织面对的是一个动态的、变化不定的环境，为了组织的生存和发展，必须使其设法适应这样的环境。从这个意义上讲，不仅老化的组织需要变革，实际上，处于每一个成长阶段的组织都需要考虑变革与发展的问题。组织变革与发展的主要动因大致可划分为两大类：一类是外部环境的影响，一类是内部条件的变化。一般来说，组织由于受外界环境的压力与影响而发生的变化，总是比较明显和剧烈的；而组织由于内部条件的变化而引起的变革，往往是比较缓和的、个别的和局部的，甚至有时是不易觉察的。在组织发展之前，往往会有一些先兆，如发生重大决策的失误，工作效率下降，绩效不佳，沟通信息不畅，面对竞争对手束手无策，不满或怨恨情绪日增等。

（一）组织变革与发展的外部动因

如果以系统的观点看，任何组织都是一个开放系统，它通过与其所在的环境不断地进行物质、能量、信息的交换而生存与发展。因此，组织外部环境的发展变化是组织变革的重要动因。组织变革与发展的社会外部动因是相当广泛而复杂的，有社会、科技、经济、政治、法律甚至国际方面的趋势性变化。任何外部环境的变化，都或多或少对组织发生影响，这种影响聚集到一定程度，就会引起组织的变化。

1. 科学技术进步的影响。知识经济的社会，是科学技术最活跃的时代，科技的发展日新月异，新产品、新工艺、新技术、新方法层出不穷，对组织的固有运行机制构成了强有力的挑战。科学技术的发展，带来了生产方式和生活方式的变化，从而引起组织运行的变化。例如，由于计算机控制取代了直接监督，使管理者的控制跨度更为广泛，组织结构也更扁平；复杂的信息技术和便利的交通也使组织的活动更为迅速。

2. 宏观社会经济环境变化的影响。政治环境、经济环境和文化环境的变化，国家经济政策、宏观管理的调整等，都会引起组织内部深层次的调整和变革，甚至严重改变组织的方向。例如：我国改革开放以来，从计划经济一步步转向市场经济，每一次重大的转变，都引起组织的管理方式和运行方式的转变。这几年是我国社会变革最活跃的时期，同时也是组织发展最活跃的时期。

3. 环境资源变化的影响。组织发展所依赖的环境资源对组织具有重要的支持作用，如原材料、资金、能源、人力资源、专利使用权等。组织必须能克服对环境资源的过度依赖，同时要及时根据资源的变化顺势变革组织。

4. 竞争观念和市场变化的影响。基于全球化的市场竞争将会越来越激烈，竞争的方式也将会多种多样，组织若想适应未来竞争的要求，就必须在竞争观念上顺势调整，争得主动，才能在竞争中立于不败之地。对于企业来说，市场的走向和变化是引起组织发展变化最直接、最重要的原因。市场是企业赖以生存的基础，企业必须依据市场的变化而变化。企业为了保持生存，获得收入，必须要适应市场及其变化。如果企业不能对市场的变化及时、适度地作出反应，则必然会发生危机。

5. 国际环境变化和突发性事件的影响。我们同处在全球化经济一体化的时代，一个国家、一个地区的经济冲击，像巴西的经济危机、东南亚的金融危机，都会影响全球许多国家，所产生的后果是非常严重的。许多企业组织不得不大量解雇员工，被迫进行变革。由于国际经济、贸易联系的日益紧密，国际性的变化也成为引致企业组织变化的一个重要因素。如国经济全球化趋势、贸易壁垒的消除，新的国际环保呼声等，都会对组织产生影响。再如我国加入世界贸易组织后，对国内市场和企业产生重大影响，大多数企业都积极应对，调整自己的组织和行为。

总之，外部环境的变化，一方面给组织发展带来了威胁，打乱了组织的平衡；另一方面则为组织发展提供了新的机会与挑战，促使组织去建立新的平衡。无论是威胁还是机遇，都要求组织顺势应变、适时发展。如果外部环境发生根本性的变化，而组织本身只是一味求稳怕乱、墨守成规，那么组织必然面临着威胁甚至危机。

（二）组织变革与发展的内部动因

组织变革与发展的内部动因主要是指组织中人员的思想和行为的变化、组织运行和成长中的矛盾。组织发展的内部动因，往往是促成组织变化的最直接、最具决定性的原因。因为外因通过内因而起作用，无论多么重要的外部因素，如果不能引起组织内部的共鸣，则很难对组织发展产生影响。组织发展的内部动因很多，主要有以下几个方面。

1. 组织规模变化的要求。有些组织由于资源的不断积累，组织成长壮大起来，原有的组织结构和模式不再能够满足组织的要求。对于兴旺发达的企业来说，这种情况比较常见。对于一些合并、联营的企业来说，也应在组织上作出相应的调整。对于组织规模正在产生明显变化的企业来讲，如果不及时进行组织发展，则很可能危及企业的效率和继续前进。

2. 组织本身任务或性质变化的要求。对于组织本身的任务或性质发生明显变化的组织来说，也要求在组织上有所发展变化。例如一些事业单位转向企业化经营，大学和科研院所面向经济建设，国有企业股份制改造等。

3. 技术条件变化的要求。在现代高科技时代，组织使用的生产技术、管理手段和控制工具不断更新换代，从而对组织变化提出了要求。例如：过去企业促销时，销售队伍庞大，销售人员满天飞，某小城市曾采取过万人促供销的策略；但在现在通信技术完备、电话电信方便、信息中心逐渐增多、电子商务得到快速发展的情况下，销售组织就应当相应地进行改进。

4. 克服组织低效率的要求。组织长期一贯运行，极可能会出现机构重叠、权责不明、人浮于事、目标分歧等现象，组织只有及时变革才能进一步制止组织效率的下降。

5. 保障信息畅通和快速反应的要求。随着外部不确定性因素的增多，组织决策对信息的依赖性增强。为了提高决策的效率，必须通过变革，保障信息渠道的畅通；通过变革，对决策过程中的各个环节进行梳理，以保证决策信息的真实、完整和及时。

6. 提高整体管理水平的要求。组织整体管理水平的高低是竞争力的重要体现。组织在成长的每一个阶段都会出现新的发展矛盾，为了达到新的战略目标，组织必须在人员素质、技术水平、价值观念、人际关系等各个方面都作出进一步的改善和提高。

7. 组织成员自身因素变化的要求。组织成长的过程也是一个不断吐故纳新的过程。当组织成员在年龄、性别、知识等方面的比例结构发生重大变化时，也会对组织发展提出一些客观要求。组织成员心理上的变化，也是影响组织发展的重要原因之一。管理心理学家华登认为，组织内部环境的变化，很大程度上表现为组织成员的心理变化。如工作人员对工作的态度，对分配奖惩制度的认识，对归属感、上进心、自尊心的要求等，都是组织发展应当予于重视的。

四 组织发展与稳定的关系

我们经常会发现，组织变革总是处于两难的境地。变革总是有有利的一面，也有不利的一面。对待变革也总是有一部分成员持积极的态度，一部分成员持消极以至于反对的态度。一方面组织希望促成变革以保持竞争力，采纳有效果和有效率的方法，并保持与环境的和谐。而另一方面，组织又常常抵抗变革，因为它们希望保持稳定和可预见性。所以组织变革的关键是实现既达到组织发展的目标又不干扰正常的组织运行。

为解决组织发展变化的这种两难问题，我们就要对组织变革加以管理和控制，采取一些计划性、预见性的措施。这就是说，组织的发展变化过程能在某种程度上加以管理，有计划的组织变革是可能的。实现组织变革的计划程度越高，则变革的不确定性与不稳定性也就越低。

通常说，组织总是处于发展变化之中，并不是指组织时时都在变化。组织的变化是经常的，但又处于相对稳定之中。组织总是在变化与稳定的相互作用中运行的，只有当不变革的损失超过稳定的收益时，组织变革才会发生。组织无时不在寻求稳定，又无时不在积聚着变革与发展的因素。

第二节 组织变革

一 组织变革的目标

（一）使组织更具环境适应性

环境因素具有不可控性，任何组织都不能阻止或控制环境的变化。组织要想在动荡的环境中生存并得以发展，就必须顺势变革自己的任务目标、组织结构、决策程序、人员配备、管理制度等，只有如此，组织才能有效地把握各种机会，识别并应对各种威胁，使组织更具环境适应性。

（二）使管理者更具环境适应性

一个组织中，管理者是决策的制定者和组织资源的分配人。在组织变革中，管理者必须要能清醒地认识到自己是否具备足够的决策、组织和领导能力来应对未来的挑战。因此，管理者一方面需要调整过去的领导风格和决策程序，使组织更具灵活性，另一方面要能根据环境的变化要求，重构层级之间、工作团队之间的各种关系，使组织变革的实施更具针对性和可操作性。

（三）使员工更具环境适应性

组织变革的最直接感受就是组织的员工。组织若不能使员工充分认识到变革的积极性，改变员工对变革的观念、态度、行为方式等，就可能无法使组织变革措施得到员工的认同、支持和贯彻执行。但是，改变员工的固有观念、态度和行为是非常困难的。组织要使员工更具环境适应性，就必须不断地进行再教育和再培训，决策中要更多地重视员工的参与和授权，要根据环境的变化改造和更新整个组织文化。

二 组织变革的方式和内容

（一）按照工作对象的不同，组织变革的方式主要分为以机构设置为中心的变革、以任务和职能为中心的变革和以人为中心的变革

1. 以机构设置为中心的变革。即通过改变组织结构形态、信息沟通渠道和方式、管理规章制度、成员的工作环境等途径实现组织变革。在这种变革过

程中，员工的态度和行为方式是随着以上几方面的改变而加以调整的，并且这种调整是渐进的，有时是不情愿的。组织的变革常常会遭受来自员工态度和行为方面的阻力。以组织机构设置为中心的变革是人们采用较多的变革方式，其优点是操作比较容易、效果比较明显。

2. 以任务和职能为中心的变革。组织面对的外部大环境改变了，组织的任务也就随之发生变化，组织的职能也要变化。此时，组织变革就是明确新任务、突出新任务，根据新任务调整职能、转变职能和明确新职能。

3. 以人为中心的变革。即通过改变员工的态度、价值观念、需求层次和种类、行为方式等途径实现组织变革。这种方式的变革，要求组织的管理者针对员工的不同特点和所处的不同状态，有目标、有计划、有步骤地进行深入细致的教育、引导、示范和培训，改变他们看问题的角度与方式、对工作和人生的态度，激发他们的工作热情，引导其需求的偏好和兴趣，提高他们的岗位技能，鼓励他们大胆创新，提高工作效率。因此，这种变革一般需要较长的时间，并对组织的管理者具有极高的素质要求，其效果迟缓但具有持久性，与前两种组织变革方式相比有更大的难度。

对于一个具体组织而言，应视其具体情况来选择变革方式，其组织变革常常是上面三种方式交替与混合的过程。在这个过程中，选好变革的突破口至关重要，只有将这些变革方式很好地结合起来使用，循序渐进，才能收到良好的效果。

（二）按照变革的程度与速度不同，组织变革可分为激进式变革、渐进式变革和系统发展式变革

1. 激进式变革。就是彻底打破原状，抛弃旧的一套，断然采取新的组织管理办法。如更换原有组织主要领导人，大范围调整人员，重新划分部门和职权等。这种方式一般是在组织发生危机或外界环境重大突变时采用。

2. 渐进式变革。即在原有的框框内作些小改革，如规章制度的修订，局部的人事变动，某些部门权责的调整或职责的明晰等。此种方式是最常采用、随处可见的。

3. 系统发展式变革。这是由主管人员先设想出一个最佳化的方案，让有关人员共同研究，分析修改，定出变革的模型，然后对照现状，找出矛盾和差距，再据此找出解决问题的具体措施，最终要求在达到组织最佳化、高效化的同时，也达到个人成长的最佳化。这是一种有计划、有远见的组织发展方式。

在以上三种变革方式中，系统发展方式是最有效的。逐步演变方式不易触及组织的根本性问题，而收效不大，费时较长。激进方式要彻底打破现状，会产生较大阻力和破坏性。而系统发展方式既不是小改小革、逐步演变、仅满足于小幅度、小范围的调整，也不是打破一切、采取革命措施、强制人接受的一种深刻变化。系统发展方案能把领导和职工的聪明才智组织起来，有系统地研究问题和制定变革方案，在理解与支持的基础上，朝着预定目标前进。

（三）按变革的侧重点不同，组织变革可分为战略性变革、结构性变革和流程性变革

1. 战略性变革。是指组织对其长期发展战略或使命所做的变革。如果组织决定进行业务收缩，就必须考虑剥离非关联业务；如果组织决定进行战略扩张，就必须考虑购并的对象和方式，以及组织文化重构等问题。

2. 结构性变革。是指组织需要根据环境的变化适时对组织的结构进行变革，并重新在组织中进行权力和责任的分配，使组织变得更为柔性灵活、易于合作。

3. 流程性变革。是指组织紧密围绕其关键目标和核心能力，充分应用现代信息技术对业务流程进行重新构造。这种变革会对组织结构、组织文化、用户服务、质量、成本等各个方面产生重大的改变。

三 组织变革的步骤

（一）确定变革问题

一个组织是否需要进行变革以及所要变革的内容，必须结合组织的实际情况予以考虑。如果组织需要变革，在日常的管理实践和反馈的信息中就会显露出不适应的征兆，如：组织决策效率低或经常作出错误的决策；组织内部沟通渠道阻塞，信息传递不灵或失真；组织机能失效；组织缺乏创新等。这些现象表明，组织的现状已不尽人意，如不进行及时地变革，组织的发展将受到严重的影响。因此，组织有必要对出现的问题进行认真的分析，找出引发问题的主要原因，以确定变革的方向。

（二）诊断组织状态

根据组织的表现和运行现状，依据组织的生命周期理论和现实情况，认真寻找组织在运行和发展过程中存在的问题。要特别注意组织外部的政治环境、

社会环境、经济环境所发生的新变化和发展趋势，同时也要重视组织内部日常活动的一些反馈信息，全方位的诊断组织的目标、组织结构、信息沟通渠道和方式、组织对环境变化的适应状况、组织的运行状态、资源配置情况、员工的士气与情绪等方面存在的问题。将这些问题按其属性进行分类，按其重要性和急迫性进行排序，从中挑选出若干相对重要的、对组织全局影响较大的问题，逐个认真分析、研究，找出产生这些问题的根源和解决这些问题需要改变的因素，并初步确定出组织变革的具体目标。

（三）选择变革重点

在对组织状态作出诊断后，要根据确定的组织变革目标，结合组织的实际情况，确定变革的突破口和重点。如果组织的结构存在重大缺陷，可选择以机构设置为中心的变革方式。如果组织结构本身没有太大问题，而任务和组织整体职能方面存在重大缺陷，可选择以职能和任务转变为中心的变革方式。如果组织中的人员结构存在重大缺陷，可选择以人为中心的变革方式。也可以将这三种方式有机结合，循序渐进地推进组织变革。

（四）分析限制因素

为了使组织变革获得成功，还应该认真分析变革的限制因素，即组织变革有哪些制约环节、需要具备什么条件。变革的限制因素，对不同时期、不同组织将会有较大的差异。

首先，上级主管部门是否支持、组织内部是否具备变革的基础条件是两个必须考虑的限制因素。因为变革将会打破被变革组织的结构体系，实际上它是资源和利益的重新分配与组合。变革的动作大、影响面宽，在变革的过程中会出现许多预想不到的问题和负面影响，风险性很大，如果没有上级主管部门的支持和认可是很难成功的。组织内部所具备的变革基础条件包括的方面较多、较复杂，不论采取哪一种变革方式，群众的支持都是必需的。

其次，要分析组织是否能够承受变革的成本和代价，是否能够承受变革所需要的成本、变革引起的暂时不稳定而出现的损失等。

再次，还要分析、选择组织实施变革的时机。组织变革应选在组织内部相对稳定和对组织运营影响较小的时机进行。变革的周期不宜太长，但也尽量避免操之过急、突击完成，要循序渐进，讲求实际效果，在条件允许的情况下，要尽量把变革引起的阵痛减至最小。

（五）制定变革方案

组织变革方案包括变革的目标、组织存在的严重问题和根源、变革的方式、变革的步骤和完成这些步骤的详细时间表等内容。变革目标要具体、明确；现存的问题及其根源、分析要透彻；改革方式的选择要适合组织的具体情况；变革的步骤要明确，特别是要列出相应的配套措施、管理制度、岗位职责和实施的时间表；最后还应该有变革的验收标准和程序。可以在总方案下制定若干子计划或实施细则，便于实施和操作。方案的制定要理由充足、考虑周密、广泛征求各方面意见，并进行反复论证和修改，尽可能多地得到员工的理解与支持。

（六）全面实施变革

变革方案制定之后，就要选择时机实施组织变革方案。变革会增加一些事件的不确定性，也会触动某些人的既得利益，不可避免地受到阻碍。从某种意义上讲，实施组织变革的过程也就是破除变革阻力、化阻力为动力的过程。因此，要依据变革方案，从变革的突破口开始，逐步进入组织的变革实施过程。在变革计划的实施过程中，如发现变革方案计划和实际情况有较大出入，可对其作出相应的调整，以保证变革的顺利进行。

（七）评估和信息反馈

这是组织变革的最后一个阶段，也是一项善后工作。组织变革是一个包括众多复杂变量的转换过程，再好的改革计划也不能保证完全取得理想的效果。变革结束后，管理者必须对改革的结果进行总结和评价，及时反馈新的信息。评估过程主要包括确定评价标准、衡量变革成效、纠正偏差等三个方面的工作。其实，评估的过程同时也是一个信息反馈的过程。评估结果如何，对下一轮组织变革具有十分重要的影响。组织变革过程总是周而复始、不断循环的，每一次评估既是对上次成果的衡量评价，又为下一次变革总结经验，提供参考。

四 组织变革阻力的克服

（一）变革的阻力

组织变革是一种对现有状况进行改变的努力，任何变革都会遇到来自各种变革对象的阻力和反抗。实际上，组织变革的过程也就是破除变革阻力、化阻力为动力的过程。变革阻力主要来自个人、团体和社会三个方面。

1. 个人阻力。

(1) 个人惯性。人类是有习惯的动物，为了应付各种复杂情况，人们往往依赖于习惯和模式化的反应。变革要求成员调整不合理的或落后的知识结构，更新过去的管理观念，调整已经习惯了的工作方式等。这种改变，意味着原有的平衡系统被打破。如果你面对变革时，以惯常方式作出反应，则可能会成为阻力源。

（2）安全心理。变革通常是用模糊和不确定性代替已知的东西，这意味着要承担一定的风险。对未来不确定性的担忧、对失败风险的惧怕、对绩效差距拉大的恐慌以及对公平竞争环境的担忧，使员工产生不安全感，从而可能造成人们心理上的倾斜，产生心理上的变革阻力。例如，我国政府机构的人员分流和企业的冗员裁减，许多人都会感到自己的工作受到威胁，特别是年龄偏高的人和妇女压力更大。

（3）经济利益。变革从一定意义上讲是利益的调整，如机构的撤并、管理层级的扁平等都会使组织成员可能失去原有的地位、权力和利益。变革也会导致员工担心自己不能适应新的工作岗位和新的工作规范，尤其是当报酬和生产率息息相关时，工作任务或工作规范的改变会引起经济收入的下降，导致人们抵制变革。

2. 组织阻力。组织阻力主要来自组织内部的组织结构、群体的惯性、原有权力关系的势力、专业知识更新的压力、人际关系的影响等。组织结构变革可能会打破过去固有的管理层级和职能机构，并采取新的措施对责权利重新作出调整和安排，这就必然要触及某些团体的利益和权力。如果变革与这些团体的目标不一致，团体就会采取抵制和不合作的态度，以维持原状。组织变革意味着组织固有的关系结构的改变，组织成员之间的关系也随之需要调整。在这种新的关系结构未被确立之前，一旦发生利益冲突，组织成员之间很难磨合一致，特别是将在变革中处于相对不利地位的成员，就会对变革的目标和结果产生怀疑和动摇，必然会对组织的变革产生抵触情。

3. 社会阻力。组织变革的社会阻力主要来自非正式组织。人们在生活、工作中会形成多样的非正式组织，建立起非正式人际关系，这些非正式人际关系对于满足员工的需要有很大作用。当组织进行变革时，特别是当进行结构和人员调整时，可能会改变对这些非正式组织中某些人的权力、地位甚至利益，必然遭到其他成员的抵制。非正式团体的存在使得这种新旧关系的调整需要有一个较长过程。社会阻力有时也来自社会相关团体和利益相关者，如政府主管理部门、投资者等。

（二）克服变革阻力的途径

1. 增加透明度，达成共识。对于组织目前所处的运行环境、所面临的困难与机遇等，要坦诚公布，使组织上下达成共识，增强变革的紧迫感，扩大对变革的支持力量，为组织变革建立起广泛而牢固的群众基础。这是保证组织变革得以顺利进行的首要条件。

2. 相互尊敬，增进信任。有的变革者总认为人们都会抗拒变革，个个都因循守旧，因此，他们总想通过强制手段，或利益诱导，或巧妙的设计安排，来把人们引入其无法了解的变革中，这反映了变革对组织成员的不尊敬、不信任，无形中会增加许多阻力。实际上，几乎每个人都急切地希望生活环境中发生某种类型的变革。只要对变革的力量合理地加以因势利导，及时相互沟通与尊重，变革的阻力就会减小。

3. 加强培训，提高适应性。要通过自上而下的培训教育，使大家学习新知识，接受新观念，掌握新技术，学会用新的观点和方法来看待和处理新形势下的各种新问题，从而增强对组织变革的适应力和心理承受能力，增进他们对组织变革的理性认识，使他们自觉地成为改革的主力军。要使人们清醒地认识到，虽然每种变革都会影响到某些人的特权、地位或职权，但如果不实施变革，停滞下来，那将会威胁到整个组织的生存和发展。

4. 启用人才，排除阻力。要大胆启用那些富有开拓创新精神、锐意进取、目光远大且年富力强的优秀中青年人才，把他们充实到组织的重要领导岗位，为顺利地实施变革提供组织保障。

5. 注意策略，相机而动。变革要选好时机，把握好分寸，循序渐进，配套进行。变革是革命，但不等于蛮干，要特别注意策略和艺术，成功的变革不仅可以增进组织的效率，维持组织的成长，同时也可以提高成员的工作士气，满足成员的合理欲望。

组织变革是大势所趋，不以人的意志为转移。要正确看待阻力，有时阻力可能成为一种使变革保持稳定、安全的因素。如果一项变革导致强烈的反对意见，会促使变革推动者更加慎重地审核变革方案，更仔细地考察它的准确性和可行性。阻力提醒人们从事情的反面观察变革，使其更加完备，少出错误。

第三节　组织发展趋势

一　扁平化

组织结构的扁平化是指组织通过精简管理层次、再造工作流程、增加授权、扩大管理跨度等措施减少组织层次的过程。其目的是提高组织的运作效率，增加组织的灵活性与适应性。

前面介绍的关于组织的直线型结构、职能型结构、直线职能型结构、事业型结构等都是传统的金字塔式的层次结构。这些结构主要依靠高层主管的权威和由上向下的垂直指挥链来运作，曾经发挥了极大的作用，给许多组织带来了成功。然而，随着时间的推移，组织庞大的机体、繁多的层次结构，严重影响了组织的活力和竞争力，主要表现在：内部的官僚作风严重，信息沟通缓慢，对环境变化的反应迟钝，压抑成员的工作积极性和创造力，人员成本消耗过大等。大型组织普遍认识到，要改变被动局面，精简机构，减少结构的中间层次，从根本上改变金字塔式的框架结构，是组织改革的必由之路，这便是组织结构的扁平化。信息技术的飞速发展，也为组织结构扁平化提供了必要的条件。通过信息网络，快速信息传递速度，直接控制运营组织，结构的许多中间层次的作用被大大削弱，将其去掉成为可能。显然，组织结构扁平化后，必然会增加管理层的管理跨度和关系协调的工作量。为了使组织适应这种新的变化，高级管理层必须向下级授予更多的决策权和自治权，而对基层人员的素质也提出了更高的要求，管理工作不仅要有主动性，而且要有创新性。

二　柔性化

柔性的概念最初起源于柔性制造系统，指的是制造过程的可变性、可调整性，描述的是生产系统对环境变化的适应能力。所谓**组织的柔性化，是指组织的各个部门、各个人员都是可以根据组织内外环境的变化而进行灵活调整和变动的。**组织的结构应当保持一定的柔性以减小组织变革所造成的冲击和震荡。在知识经济时代，外部环境变化大大快于工业经济时代的变化速度，企业组织的战略调整和组织结构的调整必须及时，应运而生的柔性组织结构使得组织结构的运作带有柔性的特征。

三 团队化

团队是由工作专业技能互补的成员组合而成的群体。团队的所有成员致力于共同的宗旨、目标，承担共同的责任，完成共同的任务。团队建设是 90 年代流行的组织建设的工作手段和建设内容。团队建设的核心在于培养团队精神，强化整体利益，提供成员平等参与的机会，突出相互合作。团队使组织的灵活性大大增强，对外界环境的反应能力和应变能力大大提高。团队是自觉形成的，是为完成共同的任务，建立在自觉的信息共享、横向协调基础上的。在团队中，没有拥有制度化权力的管理者，只有组织者；在团队中，人员不是专业化的，而是多面手，具有多重技能，分工的界线不像传统的分工那么明确，相互协作是最重要的特征，有了一定的团队精神，团队组织才可能有效地运作。

四 人本化

要使组织获得高效率，组织内的每个成员都应该相互信任，对组织目标持充分合作的态度。而在实现目标的过程中，组织内各成员的创造性和参与性应得到尊重，从而使其在成就感的驱动下，对企业组织的各项工作显示出足够的主动性、积极性和创造性，谋求实现人的全面、自由地发展。因此，更多的分权和授权会像发展技术潜力一样，快速地发展人的潜力，因为任何组织的能力都是个人能力的总和，最大化每个人的价值就是最大化组织的价值。

五 组织再造

从管理学的角度看，在现阶段的组织再造，是指重新设计和整合工作程序，建立能够充分体现个人价值的团体式的组织，并不断扩大这种组织，直到整个组织都按照这种新的原则构建起来，最终形成新型组织的创新过程。

组织再造的目的是试图创造一个使人们可以平等参与的工作环境，在这种环境中不是以等级制和职务的高低为标准，而是以工作业绩作为惟一标准，来划分人们对经济、社会和自我实现的需要的满足程度。因此，在这种环境中，人们不必耗费精力去竞争职位和权势，而只需以个人的专业知识、文化背景、独特思维方式去参与、创造，以实现其“文化人”的价值。

工作程序的重新设计是组织再造的出发点。要将过去分工制度下由部门顺序完成的工作整合起来，调整旧的组织结构，以压缩工作程序的时间成本，组织中的人员要变专才为通才，做到熟悉自己的工作，了解别人的工作，使组织结构、工作程序、人员素质、规章制度等各个方面发生根本的变化，以快速满足社会新的需求。

六 学习型组织

在组织变化趋势方面，目前最具代表性的是学习型组织。**学习型组织是指营造整个组织的学习气氛而建立起来的一种符合人性的、有机的、扁平化的组织。**这种组织的主要特点是，通过组织成员持续的学习，来获取新知识、新技能，以促使组织的可持续发展。

学习型组织概念的产生有其深刻的社会原因。进入 20 世纪 70 年代，世界范围内的竞争日益激烈，可谓优胜劣汰、适者生存，组织要想长期生存必须具有可持续发展的能力。这种能力产生的最有效方法就是加强新知识的获取，培养组织员工的创新能力。

西方学者在提出学习型组织概念的同时，也对这种组织的特征给出了详细的描述。这种组织的第一个特征，是有一个大家都向往的、经过努力可实现的、具有号召性和凝聚力的远景蓝图；第二个特征，是组织由多个发奋学习、努力创新的团体构成；第三个特征，是组织的扁平化，即组织有很少的中间结构，最高管理层与基层部门的联系密切，并将尽可能多的决策权下放到基层；第四个特征，是为了实现组织的远景蓝图，领导者除了完成传统的设计工作外，重点是把握组织发展的理念和方向，并以公仆和指导者的身份参与自组织、自学习的过程，并实施组织要素的整合。

显然，员工的知识获取除了自学以外，还可以采用在职培训和脱产学习等方式来实现。学习型组织特别强调员工的在职学习和交流，因为这可以紧密结合一线的实际问题进行演练和培训，使员工能尽快适应工作的新要求、形势的新变化和新发展。

学习型组织的建立需要进行所谓的五项内功要求，即自我超越、改进心智模式、规划共同的远景蓝图、团体学习、系统思考。

本章小结

1. 组织变革与组织发展是两个既有区别又密切联系的概念，变革是手段，发展是目的。

2. 像任何机体一样，组织也有其生命周期。一个组织的成长过程分为五个阶段，即创立阶段、聚合阶段、规范化阶段、成熟阶段、成熟后阶段。每一个阶段后期都将会面临某种危机和管理问题，均需组织变革或采取一定的管理策略化解这些危机，才能达到组织不断成长的目的。

3. 组织变革与发展受内外因素的影响，内因是变革的动力，外因是变革的条件。

4. 组织应视其具体情况来选择变革方式和内容。按照工作对象的不同主要分为以机构设置为中心的变革、以任务和职能为中心的变革和以人为中心的变革；按照变革的程度与速度不同可分为激进式变革、渐进式变革和系统发展式变革；按变革的侧重点不同可分为战略性变革、结构性变革和流程性变革。

5. 组织变革过程是一个周而复始、不断循环的过程。

6. 从某种意义上讲，组织变革的过程也就是破除变革阻力、化阻力为动力的过程。

7. 随着经济全球化，科技进步和信息技术的飞速发展，当今组织呈现出扁平化、柔性化、团队化、人本化、组织再造、学习型组织等新的发展趋势。

美国炼铝公司的重大变革

在匹兹堡市区最近的一个夏日里，美国炼铝公司（Aluminum Co. of America）的首席执行官保罗·奥尼尔（Paul O'Neil）公布了这个原料“巨人”的宏伟规划。该规划将要对这个横跨22个国家并拥有63 000多名员工的公司进行一次全面彻底的革新。

奥尼尔提出了一个新结构，它集中于美国炼铝公司的主顾和业务单位：

“不是匹兹堡，不是为它们服务的副总经理们，也不是董事长，而是业务单位。”公司集中所有的资源为了这个目标，并联系和支持着公司的22个业务单位。

与变革有关的不仅仅是公司结构一个因素。通过引进公司的新战略，奥尼尔向众人皆知的持续改进的变革观点提出挑战。他声称，这个方法对那些已经成为市场领导者的公司或许奏效，但是，“如果你落后于世界领先水平，这是个糟糕的方法；如果你远远落后于世界水平，这可能是一个灾难性的方法。”

对美国炼铝公司来说，它们似乎是个落伍者。奥尼尔认为公司需要作出迅速的巨大改进，而不是缓慢的渐进变革。奥尼尔对员工提出的挑战是两年内要消除公司和世界先进水平之间差距的80%。

“等到外部事件来迫使组织进行变革，这是最佳的反应式管理办法，但也是最胆小的管理做法。”他告诉员工，领导并不是“那种组织绩效一团糟以至于股东强烈要求改革现状的强迫变革者”。

问题：

1. 你认为奥尼尔实施变革的方法如何？
2. 奥尼尔是否认为连续不断的改进不适合动荡不定的时代？
3. 你是否同意奥尼尔关于领导的观点？说明你的理由。

【复习题】

1. 说明组织变革和组织发展的关系。
2. 组织变革的动因有哪些？
3. 组织变革一般采取哪些方式？
4. 组织变革的步骤是什么？
5. 组织发展的趋势主要表现在哪些方面？

讨论及思考题

1. 为什么说，从一定意义上讲，组织变革的过程也就是破除变革阻力、化阻力为动力的过程？试分析组织变革经常会遇到哪些阻力，以及如何克服这些阻力。

2. 试描述一种“符合人性的、有机的、扁平化的组织”。

第十章

领　导

本章提示

◇ 领导的含义与功能
◇ 领导的影响力
◇ 人性假设理论及其相对应的领导方式
◇ 领导特征理论
◇ 领导行为理论
◇ 领导权变理论

本章引言

柳传志是一个创业的传奇。他领导联想由11个人20万元资金的小公司用14年时间成长为中国最大的计算机公司。柳传志的成功除了他个人的能力外，主要得益于拥有一大批像杨元庆、郭为这样高素质的追随者。柳传志的能耐在于始终有办法让下属相信，跟着柳传志干联想一定能成功。这个"信"字很重要。"信"了，才会一呼百应，团结进取；"信"了，才会百折不挠，勇往直前；"信"了，才会令行禁止，服从大局。柳传志争取追随者靠的是立意高远、身先士卒、培养和起用能人。振臂一呼，应者云集的领导能力决不是一个领导职位就能赋予的，没有追随者的领导剩下的只是职权威慑的空壳。是追随者成就了领导者，领导的过程就是争取追随者的过程。

第一节　领导职能的构成

一　领导职能的界定

孔茨认为："领导是一种影响力，它是影响人们心甘情愿地和满怀热情地为实现群体目标努力的艺术或过程。"他还认为："领导是一种影响过程，即领导者和被领导者个人的作用和特定的环境相互作用的动态过程。"《中国企业管理百科全书》把领导定义为："率领和引导任何组织在一定条件下实现一定目标的行为过程。"

我们认为，从管理学意义上来讲，领导的定义可概括为：**领导是指领导者依靠影响力，指挥、带领、引导和鼓励被领导者或追随者，实现组织目标的活动和艺术。**其基本含义包括以下几个方面：

1. 领导包含领导者和被领导者两个方面。领导者是指能够影响他人并拥有管理的制度权力、承担领导职责、实施领导过程的人。领导是领导者与被领导者的一种关系，如果没有被领导者，领导者将变成光杆司令，其领导关系也就不复存在。在领导过程中，下属都甘愿或屈从于领导者而接受领导者的指导。

2. 领导是一种活动，是引导人们的行为过程，是领导者带领、引导和鼓舞部下去完成工作、实现目标的过程。

3. 领导的基础是领导者的影响力。领导者拥有影响被领导者的能力或力量，它们既包括由组织赋予的职位权力，也包括领导者个人所具有的影响力。一个领导者如果一味地行使职权而忽视社会和情绪因素的作用力，就会使被领导者产生逃避和反抗行为。当一个领导者的职位权威不足以说服下属从事适当的活动时，领导是无效的。

4. 领导的目的是为了实现组织的目标。不能为了领导而领导，不能为了体现领导的权威而领导。领导的根本目的在于影响下属为实现组织的目标而努力。

二 领导的影响力

所谓**影响力是指一个人在与他人的交往中，影响和改变他人的心理和行为的能力。**领导者对个人和组织的影响力来自两方面：一是职位权力（又称为制度权力）影响力，二是非职位权力（又称为个人权力）影响力。

（一）职位权力影响力

职位权力是指由于领导者在组织结构中所处的位置，上级或组织制度所赋予的权力，具有很强的职位特性。这种权力与领导者的职位相对应，退位后相应的权力便会消失，如法定权、惩罚权、奖赏权都属于职位权力。这种影响力一般仅仅属于社会各层结构中占有管理者角色地位的人，只有在某些特殊情况下，非掌权者才能具有这种影响力。这种权力与特定的个人没有必然的联系，它只同职务相联系。权力是管理者实施领导行为的基本条件，没有这种权力，管理者就难以有效地影响下属，实施真正的领导。

1. 职位权力影响力的构成。职位权力影响力包括法定权、强制权和奖赏权，它由组织正式授予领导者，并受组织规章的保护。

(1) **法定权。是由组织机构正式授予领导者在组织中的职位所引起的、指挥他人并促使他人服从的权力。**组织正式授予领导者一定的职位，从而使领导者占据权势地位和支配地位，使其有权力对下属发号施令。法定权力是领导者职权大小的标志，是领导者的地位或在权力阶层中的角色所赋予的，是其他各种权力运用的基础。

法定权具有四个突出的特点：一是具有层次性。职权的大小是由职位的高低决定的，职位高的权力大，职位低的权力小。二是具有固定性。法定权是由法律或有关政策规章相对固定下来的，有职就有权，失职就失权。三是自主性。当领导者的某一法定权被确定下来后，领导者也就相应地取得了在职权范围内相对独立用权的条件。四是单向性。法定权具有极强的线性约束力，只能指派职权范围内的下属。

(2) **强制权，又叫惩罚权。是领导者在具有法定权的基础上，强行要求下级执行的一种现实的用权行为，是和惩罚相联系的迫使他人服从的力量。**服从是强制权的前提；法律、纪律、规章是强制权的保障；处分、惩罚是强制权的手段。如果领导者不善于运用这种权力，就会使被领导者的服从意向减弱，从而降低领导效能。在某些情况下，领导是依赖于强制的权力与权威施加影响的，对于一些心怀不满的下属来说，他们不会心悦诚服地服从领导者的指示，这时领导者就要运用惩罚权迫使其服从。这种权力的基础是下属的惧怕。这种权力对那些认识到不服从命令就会受到惩罚或承担其他不良后果的下属的影响力是最大的。

(3) **奖赏权。是一种建立在良好希冀心理之上的权力，在下属完成一定的任务时给予相应的奖励，以鼓励下属的积极性。**奖赏属于正刺激，是领导者为了肯定和鼓励某一行为，而借助物质或精神的方式，以达到使被刺激者得到心理、精神以及物质等方面的满足，从而激发出前进性行为的最大动力。依照交换原则，领导者通过提供心理或经济上的奖酬来换取下属的遵从。

2. 影响权力影响力的主要因素。

(1) 传统的观念。几千年的社会生活，使人们对领导者形成了这样一种心理观念，即认为领导者不同于普通人，他们或者有权，或者有才干，总之是比普通人要强，由此产生了对领导者的服从感。由于这种传统观念从小就影响着每一个人的思想，从而增强了领导者言行的影响力。

(2) 职位因素。由于领导者凭借组织所授予的指挥他人开展具体活动的权力，可以左右被领导者的行为、处境，甚至前途、命运，从而使被领导者对领导者产生敬畏感。领导者的职位越高，权力越大，下属对他的敬畏感越甚，领导者的影响力也越大。

(3) 资历因素。一个人的资历与经历是历史性的东西，它反映了一个人过去的情况。一般而言，人们对资历较深的领导者，心目中比较尊敬，因此其言行也容易在人们的心灵中占据一定的位置。

权力影响力是通过正式的渠道发挥作用的。当领导者担任管理职务时，由传统心理、职位、资历构成的权力的影响力会随之产生，当领导者失去管理职位时，这种影响力将大大削弱甚至消失。这种权力之所以被大家所接受，是因为大家了解这种权力是实现组织共同目标所必需的。

(二) 非权力影响力

非权力影响力是指由于领导者的个人经历、地位、人格特殊品质和才能而产生的影响力，它可以使下属心甘情愿的、自觉的跟随领导者。这种权力对下属的影响比职位权力更具有持久性。非权力影响力不是外界附加的，它产生于个人的自身因素，与职位没有关系。

1. 非权力影响力的构成。非权力影响力包括专长权、感召权。

(1) **专长权。是指领导者具有各种专门的知识和特殊的技能或学识渊博而**

获得同事及下属的尊重和佩服，从而在各项工作中显示出的在学术上或专长上的一言九鼎的影响力。领导者如果涉猎广泛，通今博古，学识渊博，特别是拥有组织活动所必备的专业技能，必然使被领导者对其产生一种钦佩力，这种信服力、信任力、钦佩力综合起来，共同构成领导者的专长权。这种影响力的影响基础通常是狭窄的，仅仅被限定在专长范围之内。

（2）**感召权。是指由于领导者优良的领导作风、思想水平、品德修养，而在组织成员中树立的德高望重的影响力。**这种影响力是建立在下属对领导者承认的基础之上的，由领导者本身的素质，诸如品格、知识、才能、毅力和气质所决定的，它通常与具有超凡魅力或名声卓著的领导者相联系。这种影响力对人们的作用是通过潜移默化而变成被领导者内驱力来实现的，因赢得了被领导者发自内心的信任支持和尊重，对被领导者的影响和激励作用不仅很大，而且持续的时间也较长。

2. 构成非权力影响力的主要因素。

（1）品格。主要包括领导者的道德、品行、人格等。优良的品格会给领导者带来巨大的影响力。因为品格是一个人的本质表现，好的品格能使人产生敬爱感，并能吸引人，使人模仿。下属常常希望自己能像领导者一样。

（2）才能。领导者的才干是决定其影响力大小的主要影响因素之一。才干通过实践来体现，主要反映在工作成果上。一个有才干的领导者，会给事业带来成功，从而使人们对他产生敬佩感，吸引人们自觉地接受其影响。

（3）知识。一个人的才干是与知识紧密联系在一起的。知识水平的高低主要表现为对自身和客观世界认识的程度。知识本身就是一种力量。知识丰富的领导者，容易取得人们的信任，并由此产生信赖感和依赖感。

（4）感情。感情是人的一种心理现象，它是人们对客观事物好恶倾向的内在反映。人与人之间建立了良好的感情关系，便能产生亲切感；相互的吸引力越大，彼此的影响力也越大。因此，如果一个领导者平时待人和蔼可亲，关心体贴下属，与群众的关系融洽，那么他的影响力就往往较大。

由品格、才干、知识、感情因素构成的非权力影响力，是由领导者自身的素质与行为造就的。在领导者从事管理工作时，它能增强领导者的影响力。在不担任管理职务时，这些因素仍对人们产生较大的影响。由于这种影响力来源于下属服从的意愿，有时会比权力显得更有力量。

（三）领导影响力运用效果的影响因素

领导者在影响力运用过程中，必须认真研究影响力运用效果。重点考虑以下几个主要因素：

1. 领导者职权与个人素质的结合程度。一般情况下，如果领导者个人素质、个人专长与所处职位能有机结合，则权力运用效果最佳；如果领导者个人专长及个人素质与所处职权不能相得益彰，则权力运用效果很不理想。在现实生活中，领导者可以通过个人素质和个人专长来强化职权运用，获得更好的效果。

2. 组织系统结构优化的程度。组织系统从某种意义上说，就是一定层次领导者的上级或下级。组织系统结构优化程度如何，肯定影响到领导者权力运用的效果。因此，一个精明的成功的领导者总是十分注意选配下属及不断优化组织系统结构，以确保权力运用的效果。

3. 社会心理。社会心理对领导者权力运用的效果有重要的影响，特别是在社会改革和发展中，由于社会地位及其他因素的改变，很容易在社会上形成一定的逆反心理，在某种程度上削弱和损害领导者权力的运用。因此，领导者必须正视社会心理，善于利用社会心理，提高权力运用的效果。

4. 授权、分工和权限。是否有明确的授权、分工与权限，是影响权力运用效果的非常关键的因素。

三　领导者的类型

（一）按制度权力的集中与分散程度划分

1. 集权式领导者。所谓集权式领导者，就是指把管理的制度权力相对牢固地进行控制的领导者。由于管理的制度权力是由多种权力的细则构成的，如奖励权、强制权和收益的再分配权等，这就意味着对被领导者或下属而言，受控制的力度较大。在整个组织内部，资源的流动及其效率主要取决于集权领导者对管理制度的理解和运用，同时，个人专长权和影响权是他行使上述制度权力成功与否的重要基础。这种领导者把权力的获取和利用看成是自我的人生价值。这种领导者的优势在于，通过完全的行政命令，管理的组织成本在其他条件不变的情况下，要低于在组织边界以外的交易成本。这对于组织在发展初期和组织面临复杂突变的变量时，是有益处的。但是，长期将下属视为某种可控制的工具则不利于他们职业生涯的良性发展。

2. 民主式领导者。与集权式领导者形成鲜明对比的，是民主式领导者。这种领导者的特征是向被领导者授权，鼓励下属的参与，并且主要依赖于其个人专长权和影响权影响下属。从管理学角度看，意味着这样的领导者通过对管理制度权力的分解，进一步通过激励下属的需要，去实现组织的目标。不过，由于这种权力的分散性使得组织内部资源的流动速度减缓，因为权力的分散性一般导致决策速度降低，进而增大了组织内部的资源配置成本。但是，这种领导者对组织带来的好处也十分明显。通过激励下属的需要，组织发展所需的知识，尤其是意会性或隐性知识，能够充分地积累和进化，员工的能力结构也会得到长足提高。因此，相对于集权式领导者这种领导者更能为组织培育 21 世纪越来越需要的智力资本。

（二）按领导工作的侧重点不同划分

1. 事务型领导者。事务型领导者通过明确角色和任务要求而指导或激励下属向着既定的目标活动，并且尽量考虑和满足下属的社会需要，通过协作活动提高下属的生产率水平。他们对组织的管理职能推崇备至，对勤奋、谦和而且公正地把事情理顺、工作有条不紊地进行引以为豪。这种领导者重视非人格的绩效内容，如计划、日程和预算对组织有使命感，并且严格遵守组织的规范和价值观。

2. 变革型领导者。变革型领导者鼓励下属为了组织的利益而超越自身利益，并能对下属产生深远而且不同寻常的影响。他们关怀每一个下属的日常生活和发展需要；他们帮助下属用新观念看待老问题从而改变了下属对问题的看法；他们能够激励、唤醒和鼓舞下属为达到群体目标而付出更大的努力。

3. 战略型领导者。战略型领导者的特征是用战略性思维进行决策。战略型领导者是将领导的权力与全面调动组织的内外资源相结合，实现组织长远目标，把组织的价值活动进行动态调整，在市场竞争中站稳脚跟的同时，积极竞争未来抢占未来商机领域的制高点。战略型领导者认为组织的资源由有形资源、无形资源和有目的地整合资源的能力构成。管理人力资本的能力是战略型领导者最重要的技能。战略型领导者行为的有效性，取决于他们愿意进行坦荡、鼓舞人心但却是务实的决策。他们强调同行、上级和员工对于决策价值的反馈信息，讲究面对面的沟通方式。战略型领导者一般是指组织的高层管理人员，尤其是首席行政长官（CEO）。其他战略型领导者还包括企业的董事会成员、高层管理团队和各事业部门的总经理。

第二节 人性假设理论与领导方式

一 人性假设及相应的理论

典型的领导理论和实践中的领导模式，是建立在对人性假设理论基础之上的。一个合格的领导者要想对下级实施正确的领导，必须正确地认识和对待下级。所有的领导者都必须回答一个共同的问题：人性的本质是什么？对人的认识决定了其领导方法与行为。

(一) 经济人

经济人假设，认为人主要是为经济利益而生存的。古典经济学家亚当·斯密最早提出了这一假设，指出人主要追求的是经济上的目标，企业家是追求最大利润的经济人，工人是追求高工资的经济人，因而可通过经济刺激促使人们努力工作。社会心理学家麦格雷戈（D. M. McGregor）在1960年出版的《企业的人性方面》一书中将经济人假设归纳为X理论：

1. 人生来就厌恶工作，只要有可能就逃避工作。
2. 人生来就习惯于明哲保身，反对变革，把安全看得高于一切。
3. 人缺乏理性，容易受外界和他人的影响，并作出一些不适宜的举动。
4. 人生来就以自我为中心，无组织的需要，所以对大多数人必须使用强迫、惩罚的办法，驱使他们工作，方可达到组织目标。

基于上述假设，管理者必须采取“命令与统一”、“权威与服从”的管理方式，把被管理者看成像物件一样，忽视人的自身特征和精神需要，只满足他们的生理需要和安全需要，把金钱作为主要的激励手段，把惩罚作为有效的管理方式，采用软硬兼施的管理办法。

传统的管理理论和方式之所以对人的管理不当，其根本原因是对人的看法不正确，把人当做消极因素对待，对人的本性做了偏面的假设，

(二) 自我实现人

自我实现人假设，体现在美国心理学家马斯洛所提出的需要层次论以及麦格雷格所提出的“Y理论”中，其要点是：

1. 人生来并不一定厌恶工作，要求工作是人的本能，在适当的条件下，

人们能够承担责任，而且多数人愿意对工作负责任，并有创造才能和主动精神。

2. 人的需要有从低到高的各种层次，其最终目的是达到自我实现的需要，并寻求工作本身的意义。

3. 人们能够自我激励和自我控制，实现自治和独立，发展自己的能力和技术力，以求在工作上有所成就。

4. 人所追求的需要与组织的需要并不矛盾，并非对组织的目标产生消极和抵触态度，在适当条件下，个人会自动地调整自己的目标，使之与组织的目标相一致。

这种理论要求管理者重视人的自身特点，把责任最大限度地交给下属，相信他们能自觉地完成任务。外部控制、操作、说服、奖罚，不是促使人们努力工作的惟一办法，应该采用启发、诱导、信任的方式对待每一位工作人员。Y理论强调人的主观因素，注意发挥人的主观能动作用，适应于工业化社会经济发展的需要。这一理论在西方很流行，在管理中的应用也很广泛。

（三）社会人

社会人假设，认为人不只是为经济利益而生存，而且有社会方面的需求。这是人际关系理论的倡导者梅奥等人依据霍桑实验的材料提出来的。一些行为科学家认为，古典经济学和古典管理学派只把人看成经济人并不正确。工作条件和工资报酬等并不是影响劳动生产率的第一位原因。人不单纯为了追求经济利益，而且还有社会方面、心理方面的需求，即追求人与人之间的友情、安全感、归属感和受人尊重等。人是独特的社会动物，只有把自己完全投入集体之中才能实现彻底的“自由”。马斯洛的需要层次论、赫兹伯格的双因素理论以及梅奥的人际关系理论都是建立在这一假设之上的。归纳起来主要包括以下几点：

1. 交往的需要是人们行为的主要动机，也是人与人的关系形成整体感的主要因素。

2. 工业革命所带来的专业分工和机械化的结果，使劳动本身失去了许多内在的含义，传送带、流水线以及简单机械的动作使人失去了工作的动力，因此只能从工作的社会意义上寻求安慰。

3. 工人之间的影响力比管理部门所采取的管理措施和奖励具有更大的作用。

4. 管理人员应当满足职工的归属、交往和友谊的需要，工人的效率随着管理人员满足他们社会需要的程度的增加而提高。

根据这一理论，管理人员不能只把目光局限在完成任务上，而应当注意对人的关心、体贴、爱护和尊重，建立相互了解、团结融洽的人际关系和友好的感情；在进行奖励时，应当注意集体奖励，而不能单纯采取个人奖励；管理人员的角色应从计划、组织、指引、监督变为上下级的中间人，应当经常了解工人的感情并听取他们的意见和呼声。

美国的一些企业曾提倡劳资结合，利润分享。除了建立劳资联合委员会、发动群众提建议外，还将超额的利润按原工资比例分配给职工，以谋取良好的人际关系。

（四）复杂人

薛恩等人认为，经济人假设、社会人假设以及自我实现人假设各有自己的时代性，并适合于某些人和某种场合。但是，人有着复杂的动机，不能简单地进行归类；而且，也不宜把所有的人都归为同一类型。因此，他们提出复杂人假设。复杂人假设体现着一种权变思想，其基本点为：

1. 人的需要是多种多样的，而且会根据不同的时期、不同的生活条件和环境而改变。

2. 人在同一个时间内会有多种需要和动机，这些需要和动机相互作用、相互结合，形成了一种错综复杂的动机模式。

3. 人在组织中生活可以产生新的需要和动机。在人生活的某一特定阶段和时期，其动机是由内部的需要和外部环境相互作用而形成的。

4. 一个人在不同的组织或同一组织的不同部门工作时会形成不同的动机。一个人在正式组织中郁郁寡欢，而在非正式组织中有可能非常活跃。

5. 一个人是否感到满足或是否表现出献身精神，取决于自身的动机及他与组织的关系。

6. 人的需要和能力是有差异的，对于不同的管理方式反应是不一样的，没有一套适合任何情况、任何人的普遍的管理方法。

根据这种假设，对不同的人和不同的情况应采取不同的管理方式。因此，一个成功的管理者必须是个好的诊断师，他必须对不同的人具有敏感的洞察力，针对各人不同的特点，对症下药。

二 领导方式

领导方式即怎样领导的问题，大体上有三种基本类型，即集权式领导、分权式领导和权变式领导。在管理实践中，不同的领导者倾向于某种领导行为方式，往往是由他们对人性的不同认识所决定的，领导者对人性的假设和判断在很大程度上决定着领导者的行为方式。

(一) 集权（专权）式领导

所谓**集权型领导方式是指领导者把管理的制度权力相对牢固地进行控制，个人决定一切，命令下属执行。**这种领导者要求下属绝对服从，并认为决策是自己一个人的事。持有经济人、性恶论认识的领导者认为，在管理工作中必须对员工采用强制、惩罚、解雇等手段来迫使他们工作，对员工应当严格监督和控制，在管理行为上应当实行高度控制和集中管理，在领导方式上采用集权的领导方式。

(二) 分权（民主）式领导

所谓**分权（民主）型领导是指领导者向被领导者授权，鼓励下属参与，发动下属讨论，共同商量，集思广益，然后决策，要求上下融洽，合作一致地工作。**持有社会人、自我实现人和性善论等观点的领导者，认为在管理工作中必须实行以人为中心的、宽容的、放权的管理原则，把个人目标和组织目标很好地结合起来，为人的智慧和能力的发挥创造有利的条件，在领导方式上往往采用分权型的领导方式。

(三) 权变式领导

集权和分权都是相对的。在现实中，没有一种领导方式对所有的情况都是有效的，没有一成不变的、普遍适用的“最好的”领导方式和方法，领导者做什么、怎样做完全取决于当时的既定情况。**权变的领导方式就是不同的领导者根据特定的环境、任务及下属，采取不同的集分权方式。**持有复杂人和人性可塑论观点的领导者认为，在管理工作中必须采用灵活变通的管理手段和方法。在领导方式上采用权变的领导方式，即领导方式不是一成不变的，要依据领导者、被领导者和环境等因素来确定与之相适宜的领导方式。

第三节 典型的领导理论

在管理学领域中，现有的领导理论，大致归纳为三种比较典型的理论，即特性理论、行为理论和权变理论。

一 特性理论

特性理论主要是通过研究领导者的各种个性特征，来预测具有怎样性格特征的人才能成为有效的领导者。早期提出这种理论的学者认为，领导者所具有的特性是天生的，是由遗传决定的。显然，这种认识是不全面的。实际上，领导者的特性和品质是在实践中逐渐形成的，可以通过教育和培训而造就。当然，不同的环境，对合格领导者提出的标准是不同的。对于领导者应当具有哪些特性，不同的研究者得到的结论并不相同。但特性理论并非没有用处，一些研究表明，个人品质与领导有效性之间确实存在着某种相互联系。另外，特性理论系统地分析了领导者所应具有的能力、品德和为人处事的方式，向领导者提出了要求和希望，这对组织选择、培养和考核领导者是有帮助的。

二 行为理论

行为理论主要研究领导者的行为及其对下属的影响，以期寻求最佳的领导行为。也就是要回答一个领导人是怎样领导他的群体的。行为理论中最有影响力的是连续统一体理论、管理系统理论、领导行为的四分图、管理方格理论等。

（一）连续统一体理论

基于民主与独裁两个极端领导方式，坦南鲍姆（R. Tannenbaum）与施密特（W. H. Schmidt）提出了领导连续统一体理论。他们假设了两个极端，一个极端是独裁的领导方式，认为权力来自职位；另一个极端是民主的领导方式，认为权力来自群体的授予和承认，这是两个极端领导方式。从一个极端到另一个极端或从独裁到民主，从左到右，领导方式的民主程度逐渐提高，领导者运用权力逐渐减少，下属的自由度逐渐加大。

坦南鲍姆和施密特认为，很难说哪种领导方式是正确的，领导者应当根据具体情况，考虑各种因素选择某种领导方式。在这个意义上，连续统一也是一种情景理论。

（二）管理系统理论

行为科学家李柯特（R. Likert）通过借鉴领导方式连续统一体理论，以数百个组织机构为对象，研究出这一理论。他认为，在所有的管理中对人的管理是最重要的中心工作。典型的领导方式可分为四类，在连续统一体上定出四个系统，即四种基本领导方式：剥削式的集权领导、仁慈式的集权领导、协商式的民主领导、参与式的民主管理。

李柯特设计了一套测定表，包括领导、激励、沟通、交往与相互作用、政策、目标的设定、控制和工作指标等 8 个方面共 51 个问题，编制成一种问卷作组织调查，然后根据答案评定分数，绘成曲线，以判断组织的领导形态属于哪种类型。根据他们的研究，具有高度成就的部门负责人或中层主管，大部分采用参与式的民主管理，而成就低的部门负责人和中层主管一般采用剥削式的集权领导。

（三）四分图理论

领导行为的四分图是 1945 年美国俄亥俄州立大学的学者们提出的。他们将领导行为的内容归纳为两个方面，即依赖组织与体贴精神。所谓依赖组织，是指领导者规定他与领导群体的关系，建立明确的组织模式、意见交流渠道和工作程序的行为。所谓体贴精神，是建立领导者与被领导者之间的友谊、尊重、信任关系方面的行为。

以依赖组织与体贴精神作为两个坐标轴建立平面坐标系，如图 10—1 所示，用四个象限来表示四种类型的领导行为：高体贴与高组织，低体贴与低组织，低体贴与高组织，高体贴与低组织。

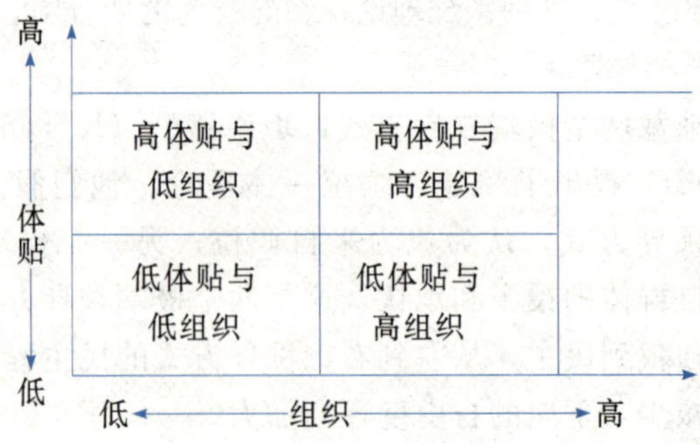

图 10—1 领导行为四分图

哪种领导行为效果好结论是不肯定的。一般说来，低体贴与高组织带来更多的旷工、怨言和辞职。

(四) 方格理论

管理方格理论是1964年由美国管理学者布莱克（Robert R. Blake）和莫顿（Jane S. Moaton）研究提出的。他们以企业为例，研究组织的五种领导风格。他们用纵坐标表示“对人的关心”，横坐标表示“对生产的关心”，并将两个坐标轴划分为9等份，于是便形成了81种领导方式的“9·9图”。因此，管理方格图适应性很强，准确性也很高，如图10—2所示。

根据图10—2，我们可以把企业的例子当做组织一般，关心生产，就是关心组织的主要业务工作。关心生产是指领导者对如下许多不同的事项所持的态度，如政策决定的质量、程序和过程、研究工作的创造性、职能人员的服务质量、工作的效率以及产量等。关心人是指个人对实现目标所承担的责任，保持工人的自尊，基于信任而非服从的职责，保持良好的工作环境及满意的人际关系。如果要评价某一位领导者的领导方式，只要在“9·9图”中按照他的两种行为寻找交叉点就行了。布莱克和莫顿在提出方格理论的同时，还列举了五种典型的领导风格。

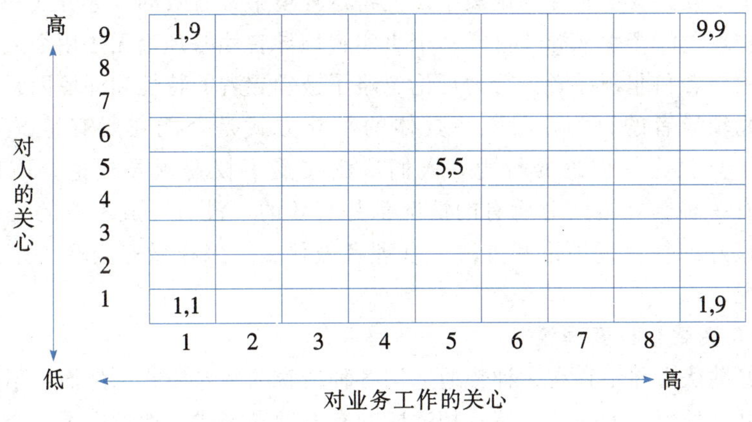

图10—2 管理方格

（1，1）型为贫乏性管理：领导者既不关心生产，也不关心人。表现为只作最低限度的努力来完成任务和维持士气。

（9，1）型为任务型管理：领导者非常关心生产，但不关心人。其特征是把工作安排得使人的干扰因素为最小来谋求工作效率。

（1，9）型为俱乐部管理：重点在于人们建立友好关系，领导者重视对职工的支持和体谅，导致轻松愉快的组织气氛和工作节奏，但很少考虑如何协同努力去达到企业的目标，生产管理松弛。

（9，9）型为战斗集体型管理：领导者不但注重生产，而且也非常关心人，把组织目标的实现与满足职工需要放在同等重要的地位。既有严格的管理，又有对人的高度的关怀和支持。强调工作成就来自献身精神，以及在组织目标上利益一致、相互依存，从而导致信任和尊敬的关系。

（5，5）型为中游型管理：兼顾工作和士气两个方面来使适当的组织绩效成为可能，使职工感到基本满意。

在这五种类型的管理形态中，布莱克和莫顿认为（9，9）型是最有效的管理，其次是（9，1）型，再次是（5，5）型、（1，9）型，最次是（1，1）型。

三 权变领导理论

权变管理理论产生之后，被应用于许多管理领域，但应用最为普遍的还属领导理论研究。权变领导理论集中研究特定环境中最有效的领导方式和领导行为。这种理论的产生来源于这样一个事实：领导者性格理论无法用个人的特性来区分领导者和非领导者。行为理论忽略了被领导者的特性和环境因素，而孤立地研究领导者的行为，即某一具体的领导方式是否能在所有情况下都有效。为了克服这些理论的行为，人们广泛接受了权变领导理论。该理论认为，没有一种领导方式对所有的情况都是有效的，没有一成不变的、普遍适用的“最好的”管理理论和方法，管理者做什么，怎样做完全取决于当时的既定情况。

（一）费德勒权变理论

费德勒认为并不存在一种普通适用各种情景的领导模式，然而在不同的情况下都可以找到一种与特定情景相适应的有效领导模式。他指出了一个“有效领导的权变模型”，其中包含了两种基本领导风格和三种情景因素，三种情景因素又分别可组成八个明显不同的环境，领导方式只有与环境类型相适应，才能获得有效的领导。

1. 两种领导风格。费德勒确认了两种领导风格：一种为任务导向型（类似于以工作为中心和主导型结构行为），另一种为关系导向型（和以职工为中心及关心型的行为相似）。他还认为，领导行为的方式是领导人个性的反映，基本上不大会改变。所以，一个领导人的领导风格究竟是任务导向还是关系导向是可以确定的。

费德勒使用了一种名叫 LPC 问卷表来测定一个人的领导风格，所谓 LPC 即你认为最难与之共事的人。每个管理人员和领导通过对 LPC 的描述可判断其领导风格。LPC 问卷表具体格式如表 10—1。

表 10—1　　费德勒的 LPC 问卷

舒　快	—	8	7	6	5	4	3	2	1	—	不舒快
友　好	—	8	7	6	5	4	3	2	1	—	不友好
拒　绝	—	1	2	3	4	5	6	7	8	—	接　纳
有　益	—	8	7	6	5	4	3	2	1	—	无　益
不热情	—	1	2	3	4	5	6	7	8	—	热　情
紧　张	—	1	2	3	4	5	6	7	8	—	轻　松
疏　远	—	1	2	3	4	5	6	7	8	—	亲　密
冷　漠	—	1	2	3	4	5	6	7	8	—	热　心
合　作	—	8	7	6	5	4	3	2	1	—	不合作
支　持	—	8	7	6	5	4	3	2	1	—	敌　对
无　聊	—	1	2	3	4	5	6	7	8	—	有　趣
好　争	—	1	2	3	4	5	6	7	8	—	融　洽
自　信	—	8	7	6	5	4	3	2	1	—	犹　豫
高　效	—	8	7	6	5	4	3	2	1	—	低　效
郁　闷	—	1	2	3	4	5	6	7	8	—	开　朗
开　诚	—	8	7	6	5	4	3	2	1	—	设　防

2. 三种情景因素。通过大量研究，费德勒（F. E. Fiedler）提出了一种领导的权变模型，认为任何领导形态均可能有效，其有效性完全取决于是否适应所处的环境。环境影响因素主要有三个方面：

（1）上下级关系。领导者和下级的关系。包括领导者是否得到下属的尊敬和信任，是否对下属具有吸引力。

（2）任务结构。指工作团体的任务是否明确，是否进行了详细的规划和程序化。

（3）职位权力。指领导者的职位能够提供足够的权力活动权威，并获得上级和整个组织的有利支持。

费德勒设计了一种“你最不喜欢的同事”（LPC）的问卷，让被测试者填写。一个领导者如对其最不喜欢的同事仍能给予好的评价，则表明他对人宽容、体谅，提倡好的人际关系，是关心人的领导。如果对其最不喜欢的同事给予低评价，则表明他是命令式的，对任务的关心胜过对人的关心。

3. 理论模型。费德勒将三个情景条件任意组合成八种情况，通过大量的调查和数据收集，将领导风格同对领导有利或不利的八种情况关联，以便了解领导有效所应当采取的领导方式（见图 10—3）。

上下级关系	好				差			
任务结构	明确		不明确		明确		不明确	
职位权力	强	弱	强	弱	强	弱	强	弱
情景类型	1	2	3	4	5	6	7	8
环境有利性	有利			一般				不利
有效领导方式	任务型			关系型				任务型
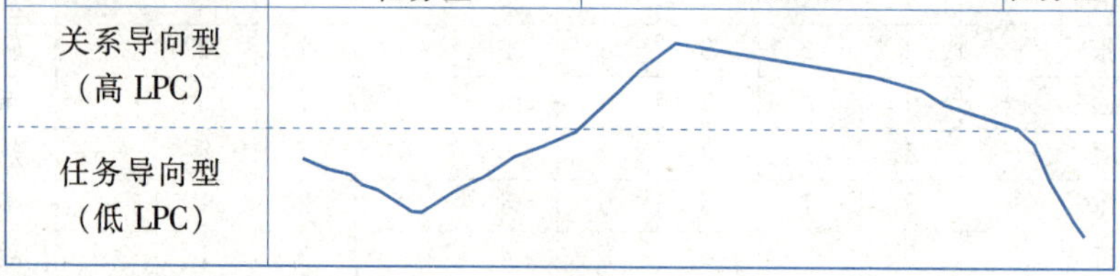 关系导向型（高 LPC）								
任务导向型（低 LPC）								

图 10—3 费德勒的领导模型

费德勒的研究结果说明，在对领导者最有利和最不利的情况下采用任务导向其效果较好。在对领导者中等有利的情况下，采用关系导向效果较好。费德勒模型理论在许多情况下是正确的，但有许多批评意见，如取样太小有统计误差，该理论只是概括出结论，而没有提出一套理论等等。

4. 费德勒模型理论的意义。

(1) 该理论特别强调效果和应该采取的领导方式，这无疑为研究领导行为指出了新方向。

(2) 该理论将领导行为和情景的影响、领导者和被领导者之间关系的影响联系起来，指出并不存在一种绝对好的领导形态，必须和权变因素相适应。

(3) 该理论指出了选拔领导人的原则，在最好的或最坏的情况下，应选用任务导向的领导，反之则选用关系导向者。

(4) 该理论指出，必要时可以通过环境改造以适应领导者。

(二) 途径—目标理论

途径—目标理论是罗伯特·豪斯（Robert House）发展的一种领导权变理

论。此理论以期望理论及领导行为四分图为依据，提出领导的主要职能是为下属在工作中提供获得满足需要的机会，并为下属搞清哪些行为能导致目标的实现并获得有价值的奖励。简言之，即领导应指明达成目标的途径。

1. 领导行为。豪斯认为“高工作”和“高关心”的组合不一定是最有效的领导方式，还需考虑环境因素。在 1974 年他与米切尔发表的论文中提出了四种领导行为：

(1) 指示性的领导行为。让下属明确任务的具体要求，怎么做、工作日程、决策都由领导作出（此方式类似于主导型结构和任务导向型行为）。

(2) 支持型领导行为。与下属友善相处，领导平易近人，关心下属的福利，公平待人（与关心型及关系导向型相似）。

(3) 参与型领导行为。与下属商量，征询下属的建议，允许参与决策。

(4) 成就导向型领导行为。提出有挑战性的目标，要求下属有高水平的表现，鼓励下属并对下属的能力表示出充分的信心。

2. 情景因素。途径—目标理论提出领导方式要适应情景因素，该理论特别关注两类情景因素，一类是下属的个人特点，另一类为工作场所的环境因素。

(1) 个人特点。主要包括下属的控制点、经验和知觉能力。控制点是指个体对环境变化影响自身行为的认识程度。根据这种认识程度的大小，控制点分为内向控制点和外向控制点两种。内向控制点是说明个体充分相信自我行为主导未来，而不是环境控制未来的观念；外向控制点则是说明个体把自我行为的结果归于环境影响的观念。接受内因控制认识的个人相信一切结果都是通过自身的努力和行为所产生的；而接受外因控制认识的个人则往往把发生的结果归因于运气、命运或“制度”。相信内因决定论的人喜欢参与型的领导行为，相信外因决定论的人则宁可采用指令型的领导。假如下属认为自己能力不强，则他们更喜欢指令型领导；反之，有的人自视甚高，则可能对指令型的领导行为表示忿懑。管理者对下属的个人特点是难以影响并改变它的，但是管理人员对于环境的塑造及针对不同的个性采取不同的领导方式是完全可能的。

(2) 环境因素。环境因素非下属所能控制，它包括以下的情况：

1) 任务结构。当任务结构很明确时，如采用指令型领导行为效果就差，对于一些很平常的工作，人们并不需要其上司老是喋喋不休地吩咐如何去做。

2) 职权制度。正式职权制度是另一个重要的环境特点，如果正式职权都规定得很明确，则下属会更欢迎非指令性的领导行为。

3）工作群体。工作群体的性质会影响领导行为，如果工作群体为个人提供了社会上的支持和满足，则支持性的领导行为就显得多余了；反之，个人则会从领导人那里寻求这类支持。

3. 途径—目标模型。途径—目标模型表明，领导人的行为会影响下属的工作动机，而个人特点和环境因素也会影响这种关系的性质，如图 10—4 所示。途径—目标领导理论是一种动态的理论，目前看来尚不够完善，此理论的原意是以一般的术语来表达的一种理论框架，以便能更进一步探索其相互间的各种关系，随着将来研究中的新发现，这种理论也将得到修正。

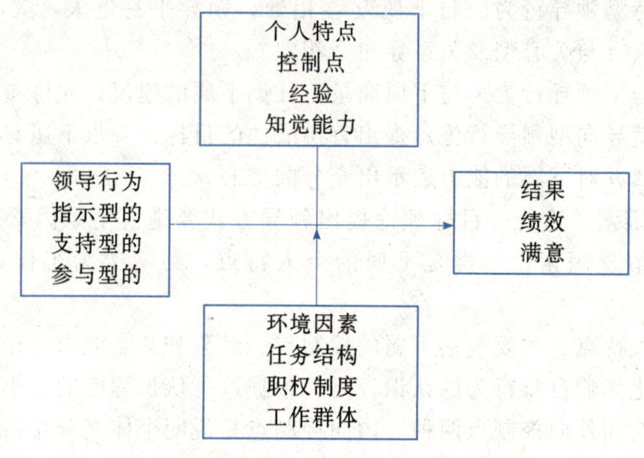

图 10—4 途径—目标模型

（三）领导生命周期理论

领导生命周期理论是由科曼（A. K. Korman）于 1996 年首先提出的，后由赫塞（P. Hersey）和布兰查德（K. Blanchard）进一步予以发展。

1. 四种领导风格。领导生命周期使用的两个领导制度与菲德勒的划分相同：任务行为和关系行为。但是，赫塞和布兰查德则向前迈进了一步，他们认为每一行为有低有高，从而组合成以下四种具体的领导风格：

（1）指导型（高任务—低关系）。领导者定义角色，告诉下属应该干什么、怎么干以及何时何地去干。

（2）推销型（高任务—高关系）。领导者同时提供指导性的行为与支持性的行为。

（3）参与型（低任务—高关系）。领导者与下属共同决策，领导者的主要角色是提供便利条件与沟通。

(4) 授权型（低任务—低关系）。领导者提供极少的指导或支持。

2. 下属的成熟程度。该理论认为，“高任务、高关系”的领导不一定有效，“低任务、低关系”也不一定经常无效。有效的领导应根据情景以及下属的成熟程度，采取不同的领导风格。

赫塞和布兰查德把成熟程度定义为：个体对自己的直接行为负责任的能力和意愿。它包括工作成熟度和心理成熟度。工作成熟度是指一个人的知识和技能。工作成熟度高的个体拥有足够的知识、能力和经验来完成他们的工作任务而不需要他人的指导。心理成熟度是指一个人做某事的意愿和动机。心理成熟度高的个体不需要太多的外部鼓励，他们靠内部动机激励。

3. 领导生命周期模型。图 10—5 中，横坐标表示任务行为，纵坐标代表关系行为，第三个坐标则为成熟度。根据下属的成熟度量（从 M1 到 M4），有四种不同的情况，这样成熟度、任务行为及关系行为间有一种曲线关系，随着下属成熟度的提高，领导风格（从 S1、S2、S3 至 S4）就按顺序逐步转移。四种不同的领导方式为：指导型（高任务—低关系）、推销型（高任务—高关系）、参与型（低任务—高关系）、授权型（低任务—低关系）。

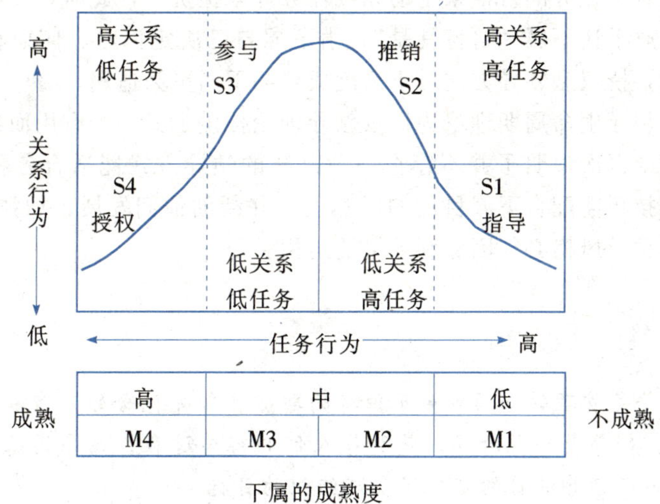

成熟	高	中		低	不成熟
	M4	M3	M2	M1	

下属的成熟度

图 10—5　领导生命周期模型

对于低成熟度（M1）的下属，由于这些人对于执行某任务既无能力又不情愿，他们既不能胜任工作又不能被信任，因此，这时就应使用指导型的领导风格，领导者可以采取单向沟通的方式，明确规定其工作目标和工作规程，告诉他们做什么，如何做，在何地、何时去完成它。

对于较不成熟（M2）的下属，由于这些人开始熟悉工作，并愿意担负起工作责任；他们有积极性，但目前尚缺乏足够的技能，这时，推销型的领导方式更为有效。领导者应以双向沟通的方式给予直接的指导，并对他们的意愿和热情在感情上加以支持，这种领导方式通常仍由领导者对绝大多数工作作出决定，但领导需把这些决定推销给下属，通过解释和说服以获得下属心理上的支持。此时的管理者应对其下属充分信任，并不断给予鼓励。

对于比较成熟（M3）的下属，由于他们不仅具备了工作所需的技术和经验，而且也有完成任务的主动性并乐于承担责任，他们已能胜任工作，因此不希望领导者对他们有过多的控制与约束。这时，领导者运用参与型领导方式较为恰当。领导者应减少过多的任务行为，以双向沟通和耐心倾听的方式，加强交流，鼓励下属共同参与决策，继续提高对下属感情上的支持，不必再去具体指导下属的工作。

对于高度成熟（M4）的下属，由于下属不仅具备了独立工作的能力，而且也愿意并具有充分的自信来主动完成任务并承担责任，此时，领导人应充分授权下属，放手让下属“自行其是”，由下属自己决定何时、何地和如何做的问题。因此，授权型领导方式对于高度成熟的下属更为适用。

总之，领导生命周期理论为情景领导理论提供了又一个有用而易于理解的模型，该理论再次说明了并不存在一种万能的领导方式能适合各种不同的情景，管理的技巧需配合下属目前的成熟度，并帮助他们发展，加强自我控制。因此，各种领导风格必须因势利导灵活运用。

本章小结

1. 领导是管理的一项重要而独特的职能。领导包含领导者和被领导者两个方面；领导是一种活动，是引导人们的行为过程；领导的基础是领导者的影响力；领导的目的是为了实现组织的目标。

2. 领导作为一种人际间相互交往和作用的过程，领导者对个人和组织的影响力来自职位权力（又称为制度权力）影响力和非职位权力（又称为个人权力）影响力。

3. 领导者按管理的制度权力的集中与分散程度一般可分为集权式领导者和民主式领导者；按领导工作的侧重点不同一般可分为事务型领导者、变革型领导者和战略型领导者。

4. 典型的领导理论和领导模式，是建立在人性假设理论基础之上的。对人性的不同认识决定着领导者采取不同的领导方式。

5. 领导特质理论主要研究领导者与非领导者以及有效的领导者与无效的领导者之间的素质或特质差别。

6. 领导行为理论将研究重点从领导者可能具有哪些特质转向了领导者应当如何行为的方面，并对领导方式或风格作了各种角度的区分。

7. 权变领导理论认为，有效的领导方式是因不同情境而权变的，只有与特定情境相适合的领导方式才可以成为有效的，而与特定情境不适合的领导方式则往往是无效的。

哪种领导类型最有效

ABC公司是一家中等规模的汽车配件生产集团。最近，对该公司的三个重要部门经理进行了一次有关领导类型的调查。

一、安西尔

安西尔对他本部门的产出感到自豪。他总是强调对生产过程、产量控制的必要性，坚持下属人员必须很好地理解生产指令以得到迅速、完整、准确的反馈。安西尔当遇到小问题时，会放手交给下级去处理，当问题很严重时，他则委派几个有能力的下属人员去解决问题。通常情况下，他只是大致规定下属人员的工作方针、完成怎样的报告及完成期限。安西尔认为只有这样才能导致更好的合作，避免重复工作。

安西尔认为对下属人员采取敬而远之的态度对一个经理来说是最好的行为方式，所谓的“亲密无间”会松懈纪律。他不主张公开遣责或表扬某个员工，相信他的每一个下属人员都有自知之明。据安西尔说，在管理中的最大问题是下级不愿意接受责任。他讲到，他的下属人员可以有机会做许多事情，但他们并不是很努力地去做。他表示不能理解在以前他的下属人员如何能与一个毫无能力的前任经理相处，他说，他的上司对他们现在的工作运转情况非常满意。

二、鲍勃

鲍勃认为每个员工都有人权，他偏重于管理者有义务和责任去满足员工需要的学说，他说，他常为他的员工做一些小事，如给员工两张下月在伽利略城举行的艺术展览的入场券。他认为，每张门票才 15 美元，但对员工和他的妻子来说却远远超过 15 美元。通过这种方式，也是对员工过去几个月工作的肯定。

鲍勃说，他每天都要到工场去一趟，与至少 25%的员工交谈。

鲍勃不愿意为难别人，他认为安西尔的管理方式过于死板，安西尔的员工也许并不那么满意，但除了忍耐别无他法。鲍勃说，他已经意识到在管理中有不利因素，但大都是由于生产压力造成的。他的想法是以一个友好、粗线条的管理方式对待员工。他承认尽管在生产率上不如其他单位，但他相信他的雇员有高度的忠诚与士气，并坚信他们会因他的开明领导而努力工作。

三、查理

查理说他面临的基本问题是与其他部门的职责分工不清。他认为不论是否属于他们的任务都安排在他的部门，似乎上级并不清楚这些工作应该让谁做。查理承认他没有提出异议，他说这样做会使其他部门的经理产生反感。他们把查理看成是朋友，而查理却不这样认为。查理说过去在不平等的分工会议上，他感到很窘迫，但现在适应了，其他部门的领导也不以为然了。

查理认为纪律就是使每个员工不停地工作，预测各种问题的发生。他认为作为一个好的管理者，没有时间像鲍勃那样握紧每一个员工的手，告诉他们正在从事一项伟大的工作。他相信如果一个经理声称为了决定将来的提薪与晋职而对员工的工作进行考核，那么，员工则会更多地考虑他们自己，由此而产生很多问题。

查理主张，一旦给一个员工分配了工作，就让他以自己的方式去做，取消工作检查。他相信大多数员工知道自己把工作做得怎么样。如果说存在问题，那就是他的工作范围和职责在生产过程中发生的混淆。查理的确想过，希望公司领导叫他到办公室听听他对某些工作的意见。然而，他并不能保证这样做不会引起风波而使情况有所改变。他说他正在考虑这些问题。

问题：

1. 你认为这三个部门经理各采取什么领导方式？试预测它们各自将产生

什么结果。

2. 是否每一种领导方式在特定的环境下都有效？为什么？

【复习题】

1. 领导的主要功能是什么？
2. 构成领导影响力的主要因素有哪些方面？
3. 领导行为四分图和管理方格理论的含义是什么？
4. 领导的权变理论的基本要点是什么？
5. 费德勒模型的主要内容是什么？
6. 领导的生命周期理论的含义是什么？
7. 途径—目标理论主要内容是什么？

讨论及思考题

1. 应该如何看待各种人性假设理论？

2. 你是否认为大多数领导者在实践中都运用权变观点来提高领导效力？试分析之。

第十一章

激　励

本章提示

◇ 激励的性质和作用
◇ 激励的过程
◇ 需要层次论、双因素理论及后天需要理论
◇ 期望理论和公平理论
◇ 强化的种类与强化方式
◇ 综合激励模式
◇ 常用的激励方法

本章引言

Nucor公司是过去30年中在美国最成功的钢铁公司。公司的远景透过一系列挑战性的激励机制，变得栩栩如生。第一线工人的工资方案是：基本时薪较同业的平均水平低25%～33%；员工分组工作，每组20～40个人，各组的生产率排行榜每天公布；以小组为单位，每周年发放奖金给达到或超过生产率标准的小组，奖金额度高达基本薪的80%～200%；迟到5分钟者，丧失当天的奖金；产品出现品质事故，奖金作相应调整。对经理人的激励机制更具挑战性，工人的薪资减少25%，经理的薪资则需减少40%。靠着有效的激励，Nucor公司在饱受竞争摧残的钢铁业中得到欣欣向荣的发展。美国心理学家威廉·詹姆斯的研究表明，人的动机有很大的潜力，一个人通常在工作中只要发挥出20%～30%的能力就足以应付，但当他的动机处于被激励的状态下，他的能力则可发挥到80%～90%。

激励是组织管理过程中的重要环节和活动。有效的激励可以成为组织发展的动力保证，可以把员工的潜在能量激发出来，更好地完成组织的任务，实现组织目标。

第一节 激励概述

一 激励的含义

从心理学角度讲，激励是指激发人的行动动机的心理过程，是一个不断循环的动态过程。对激励的含义有各种理解。例如，亨利·西斯克（H. L. Sisk）把激励的描述为："当我们谈到激励时，或用更精确的话说是被激励的行为时，我们指的是具有三个显著特点的行为：第一，被激励行为的产生是持续的，即这种行为将延续相对来说较长的一段时间；第二，被激励的行为是指向预定目标的；第三，这种行为产生于一种感觉到的需要。"

孔茨说："……动机是一种能够提供精神力、活力或动力（从而形成激励），并能够指导或引导行为达到目的内心状态。换言之，'激励'是一个通用词汇，可运用于内促力、愿望及其他类似力量的整个类别。因此当我们说主管人员激励他们的下级时，意思是说，他们在促进、期望和诱导其下级按照他所希望的方式行动。"

唐·赫尔雷格尔和小约翰·瓦·斯洛克姆的定义是："激励就是人们朝向某一特定目标行动的倾向……当管理人员讨论本单位中的激励问题时，他们关心的是：（1）什么驱使行为；（2）行为采取什么方向；（3）这种行为怎样保持。"

以上各种说法尽管有所不同，但有一点是相同的，就是都把激励与动机或需要紧密地联系起来，或者说，激励是不能离开动机或需求等单独存在的，如果抛开动机或需要，激励也就失去了来源和对象。所以，**激励是指影响人们的内在需要或动机，从而加强、引导和维持行动的活动过程。**

从激励的定义看出，激励是一个适用于各种动机、欲望、需要、希望以及其他相类似的力量的一个通用术语。因而，激励的对象主要是人，或者准确地说，是组织范围中的员工或领导对象。

二 激励的过程

从激励的内涵看，组织中的领导者应该从行为科学和心理学的基础出发，认识员工的组织贡献行为，即认识到人的行为是由动机决定的，而动机则是由需要引起的。动机产生以后，人们就会寻找能够满足需要的目标，而目标一旦确定，就会进行满足需要的活动。从需要到目标，人的行为过程是一个周而复始、不断进行、不断升华的循环。激励的过程如图 11—1 所示。

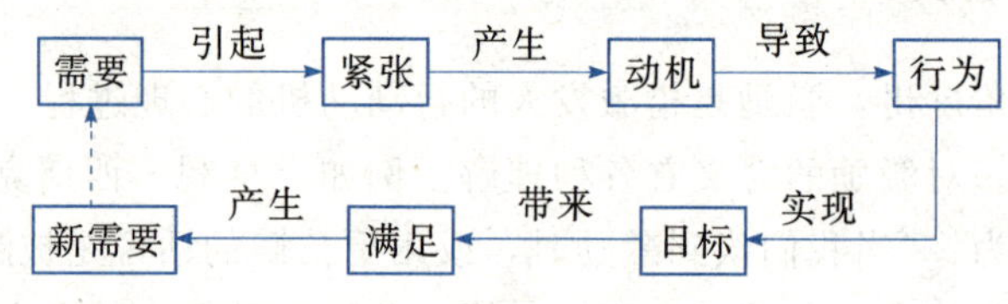

图 11—1 激励过程

（一）需要

需要是指个体由于缺乏某种生理或心理的因素而产生的与周围环境的某种不平衡状态，也即个体对某种目标的渴求和欲望。任何事物只有不断与外界交换物质和能量才有活力，才能发展。不论是作为生物的人其种的延续，还是扮演组织角色的人其结构的维持，都摆脱不了对外界的依赖与索取。人这种对其所依赖和索取的物质、能量、信息之类的东西的欲求就是需要。

需要的产生有两个主要方面。首先是人的生理状态引发的需要，其次是外界刺激引发。需要是行为的内驱力，是行为的力量源泉，也是行为的终极目标。正是需要所具有的个体性决定了人们在行动上各行其道。需要并不是一个消极、被动的过程，而是在人与客观环境的相互作用之中，在积极自觉的活动中产生的。

（二）动机

动机是引起和维持个体行为，并将此行为导向某一目标的愿望或意念。动机是行为产生的内在的直接原因，它引导人们从事某种活动，规定行为的方向。动机是由需要产生的，当人们有了某种需要而又未能满足时，心理上便会产生一种紧张和不安，这种紧张和不安就成为一种内在的驱动力，促使个体采取某种行动。

动机是一种主观的精神状态，它驱使个体的行为趋向预定的目标。实际上一个人同时可以有许多种动机，动机之间不仅有强弱之分，而且会有矛盾。一般来说，只有最强烈的动机才可以引发行为，这种动机称为优势动机。

从动机对行为构成的影响这个角度进行考察，可以得出动机的三种功能。首先是始发功能，即动机引发行为，充当行为的直接原因。其次是导向功能，使有机体的行为指向一定目标。动机的第三种功能是强化，包括因为行为带来有利结果而使行为的努力程度、出现频率得以巩固、增加和因为行为导致不良后果而使行为的努力程度、出现频率受到抑制乃至被扼杀。

（三）行为

行为是指个体在环境影响下所引起的内在生理或心理变化的外在反应。人的行为是人的内在因素和外在因素相互作用的函数。一般情况下，内在因素是根本，起着决定性作用；外在因素是条件，起着导火线的作用。

当人们通过某种行为实现了目标，获得了生理或心理的满足后，紧张的心理状态就会消除。这时又会产生新的需要，引起新的动机，指向新的目标。这是一个循环往复、连续不断的过程。

（四）需要、动机、行为与激励

由上可知，人的任何动机与行为都是在需要的基础上产生的，没有需要，也就无所谓动机和行为。人们产生某种需要后，只有当这种需要具有某种特定目标时，需要才会产生动机，动机才会成为引起人们行为的直接原因。但并不是每个动机都必然会引起行为，在多种动机下，只有优势动机才会引发行为。

因此，要使员工产生组织所期望的行为，可以根据员工的需要设置某些目标，并通过目标导向使员工出现有利于组织目标的优势动机，并按照组织所需要的方式行动。管理者实施激励，即是想方设法做好需要引导和目标引导，强化员工的动机，刺激员工的行为，从而实现组织目标。

三　激励的作用

（一）提高人们工作的积极性、主动性和创造性

要提高自觉性，主要应解决人们对工作价值的认识问题，认识所从事工作的必要性、重要性和迫切性。人的行为常带有个人利益的动机，而利益是调节人的行为的重要因素。承认和尊重个人利益，让人们看到在实现组织大目标的过程当中，也包括个人利益和个人目标。一般来讲，个人目标与组织目标是一致的，二者统一的程度越高，职工的自觉性乃至主动性、创造性就越能得到充

分发挥。反之便会出现消极怠工，甚至产生抵触情绪。工作的主动性、创造性是工作取得突破性进展的重要保证，是工作积极性得到充分发挥的体现，也是改革开放的形势对每个管理者和职工的要求。

（二）激发人们工作的热情和兴趣

激励不仅可以提高人们对自身工作的认识，还能激发人们的工作热情和兴趣，解决工作态度和认识倾向问题。通过激励，使之对本职工作产生强烈、深刻、积极的情感，并以此为动力，开发自己的全部精力为达到预定目标而努力。

兴趣是影响动机形成的重要因素，通过激励使人对工作产生稳定而浓厚的兴趣，使人对工作产生高度的注意力、敏感性，形成对自身职业的偏爱。个人的知识、技术和能力，一般也是在浓厚的职业兴趣的基础上发展起来的。因此，强烈而稳定的职业兴趣，也是人们提高技能、保证技术、知识、能力充分发挥的心理条件。

（三）使人们保持持久的干劲

提高工作绩效激励可以激发人的干劲并使之有工作的坚忍性，为实现目标而坚持不懈的努力。一般地说，在目标一致、客观条件基本相同的条件下，工作绩效与能力和激励水平之间可用一个数学公式来表示：

$$工作绩效=f（能力\times激励）$$

即工作绩效取决于能力和激励水平的高低。能力固然是取得绩效的基本保证，但是，不管能力多强，如果激励水平低就难以取得好的成绩。

第二节　激励的基本理论

管理学家、心理学家及行为学科学家们从不同的角度提出了各种激励理论。这些激励理论基本上分为三大类：激励的内容理论、激励的过程理论和激励的强化理论。激励的内容理论着重研究激发动机的因素，即研究如何从满足人们生理和心理上的需要来激励员工。激励的过程理论着重研究从动机产生到采取行动的心理过程，即在管理中如何为职工设定合理的外在目标来激励员工。激励的强化理论着重研究如何通过控制强化物来控制、改造员工的行为。

一 激励的内容理论

(一) 需要层次理论

1. 需要的层次。需要层次理论是美国心理学家马斯洛(A. Maslow)于20世纪40年代提出的。该理论认为,人人都有许多复杂的需要,而这些需要可以按其优先次序排列成阶梯式的层次系列。从低级到高级划分为五个层次:生理需要、安全需要、社交需要、尊重需要与自我实现需要。如图11—2所示。

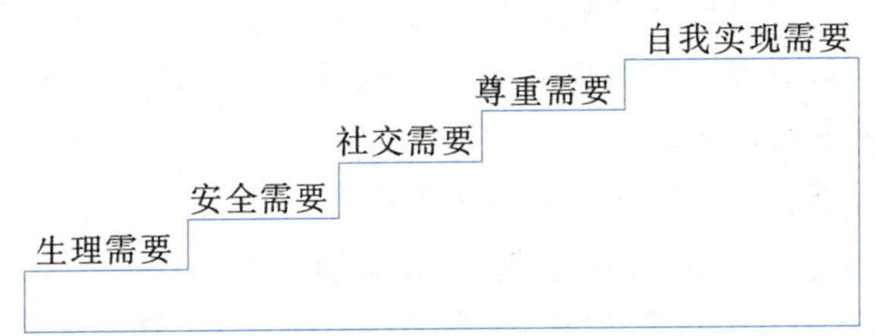

图11—2 五个层次的需要关系

(1) 生理需要。指人类生存最基本的需要,如食物、水、住所等。如果这些需要得不到满足,人类就无法生存,也就谈不上其他的需要。

(2) 安全需要。是指保护自己免受身体和情感伤害的需要。这种安全需要体现在社会生活中是多方面的,如生命安全、劳动安全、职业有保障、心理安全等。

(3) 社交需要。包括友谊、爱情、归属、信任与接纳的需要。马斯洛认为,人是一种社会动物,人们的生活和工作都不是独立进行的,经常会与他人接触,因此,人们需要有社会交往、良好的人际关系、人与人的感情和爱,在组织中能得到他人的接纳与信任。

(4) 尊重需要。包括自尊和受到别人尊重两方面。自尊是指自己的自尊心,工作努力不甘落后,有充分的自信心,获得成就后的自豪感。受人尊重是指自己的工作成绩、社会地位能得到他人的认可。这一需要可概括为自尊心、自信心、威望、荣誉、地位等方面的需要。

(5) 自我实现需要。指个人成长与发展,发挥自身潜能、实现理想的需要。即人希望自己能够充分发挥自己的潜能,希望自己越来越成为社会所期望的人，完成与自己的能力相称的一切事情。在现实社会中，人的最高层次的需求应该是自我实现。

2. 需要层次论的基本点：

(1) 人是有需要的动物，已经满足的需要不起激励作用，因而不再是激励因素，只有尚未满足的需要能够影响行为。

(2) 五种需要像阶梯一样从低到高，逐层上升。一个层次的需要相对满足了，就会向高一层次发展。

(3) 多数人的需要结构是很复杂的，在每一时刻都会同时有许多需要在影响着人们的行动，而不会是单一的需要支配着人的行动。

(4) 各层次的需要相互依赖、相互重叠，任何一种需要并不因为下一个高层次需要的发展而消失。高层次的需要发展后，低层次的需要仍然存在，只是对行为影响的比重减轻了。

(5) 人的需要有轻重层次，在一般情况下，只有在低层次的需要得到满足后，才能使高层次的需要有足够的动力去驱动行为。

(6) 一般地说满足较低层次的需要途径少，而满足较高层次的需要途径多。

(7) 五种需要不可能完全满足，越到上层，满足的程度越小。

(8) 需要有高级低级之分。生理的需要和安全的需要为较低级需要，而社会需要、尊重需要与自我实现需要则为较高级的需要。

3. 需要层次论的局限性。马斯洛的需要层次理论简单明了，易于理解，具有内在逻辑性，得到了普遍认可。但也存在某些不足：对需要的五个层次的划分似乎过于机械；在现实中，一个人的的需要发展趋势并不一定严格按照马斯洛的五个需要层次逐层递增；许多行为的后果可能与满足一种以上的需要有关（如适当的薪酬不止能满足生理和安全的需要，也能满足自尊的需要）；自我观感会影响需要层次体系对个人动机的激励力，有人满足了低层次的需要后，不一定就会对高层次的需要有所渴求。这些主要是因为马斯洛对人的信仰和精神的作用的估计不足。

4. 需要层次论的启示。从马斯洛的需要层次理论，我们可以得到如下启示：如果要激励员工，就要了解他们目前所处的需要层次，然后通过给予适当的协助，帮助他们满足这一层次或更高层次的需要，在此过程中不断激励他们的士气和热诚。

（二）双因素理论

1. 激励因素和保健因素。双因素理论是美国心理学家赫茨伯格（Frederick Herzberg）于20世纪50年代后期提出的。他根据调查的资料分析发现，使被调查者产生不满意的因素大都由外界的工作环境产生，而使被调查者产生满意的因素一般都是由工作本身所产生的。因此，赫茨伯格把影响人们动机与行为的因素分为两类：激励因素和保健因素。如图11—3所示。

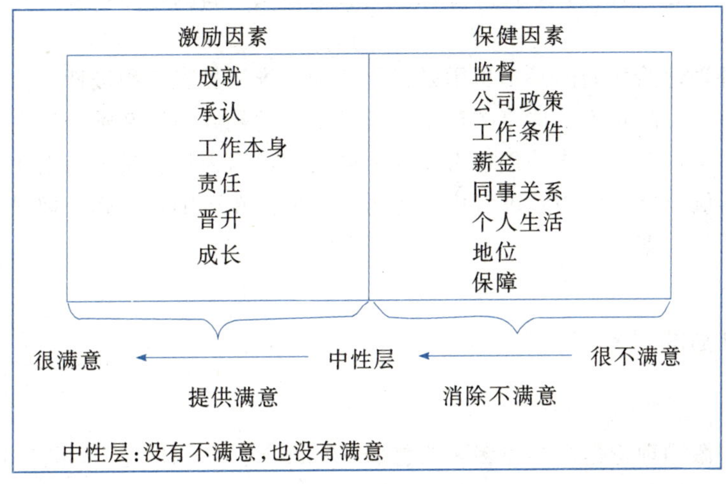

图11—3 赫兹伯格双因素理论图

（1）保健因素。保健因素是那些与人们的不满情绪有关的因素，如公司的政策、管理和监督、人际关系、工作条件等。

（2）激励因素。激励因素是影响人们工作的内在因素，涉及一些较高层次的需要。如成就、责任、获得他人的赏识、晋升机会等。借助这些方面的因素，可以激发人的进取心，提高工作效率。保健因素是外在因素，包括组织的政策、工资水平、工作环境、同事关系、福利与保障等。这些因素没有激励人的作用，但会起到防止人们对工作产生不满的作用。

2. 双因素理论的两个基本点：

（1）满意与不满意。赫茨伯格认为满意的对立面是没有满意，而不是不满意；不满意的对立面是没有不满意，而不是满意。

（2）内在激励与外在激励。双因素理论实际上将激励分为内在与外在两种。内在激励是从工作本身得到的某种满足，如对工作的兴趣、责任感、成就感等，这些因素属于激励因素。外在激励是指外部的奖酬或在工作以外获得的间接的满足，如工资、工作环境等。这种满足有一定的局限性。因为外在激励或保健因素只能满足人的低层次的生理需要，而不能满足人的高层次的精神需要，因而只能防止反激励，并不能持久有效地激励人的积极性。

3. 双因素理论的启示。尽管赫茨伯格的双因素理论由于存在缺陷而受到批评，但其在激励理论中仍占有重要的地位。尤其是双因素理论揭示了内在激励的作用，它对管理者如何更好地激励员工提供了新的思路，具有重要的指导价值。

这种理论给我们的基本启示是：要调动和维持员工的积极性，首先要注意保健因素，以防止不满情绪的产生。但更重要的是要利用激励因素去激发员工的工作热情，努力工作，创造奋发向上的局面，因为只有激励因素才会增加员工的工作满意感。作为管理者应注重对员工的内在激励，正确处理保健因素与激励因素的关系。

二 激励的过程理论

（一）期望激励理论

期望激励理论是由维克多·弗鲁姆（Victor Vroom）在20世纪60年代提出的。期望激励理论认为，一种行为倾向的强度取决个体对于这种行为可能带来的结果的期望强度以及这种结果对行为者的吸引力。具体而言，当员工认为努力会带来良好的绩效评价时，他就会受到激励进而付出更大的努力；良好的绩放评价会带来组织奖励，如奖金、加薪或晋升；组织奖励会满足员工的个人目标。有效的激励取决于个体对完成工作任务以及接受预期奖赏的能力的期望。

1. 三种联系。根据这一理论的研究，员工对待工作的态度依赖于对下列三种联系的判断：

(1) 努力—绩效的联系。员工感觉到通过一定程度的努力而达到工作绩效的可能性。如需要付出多大努力才能达到某一绩效水平？我是否真能达到这一绩效水平？概率有多大？

(2) 绩效—奖赏的联系。员工对于达到一定工作绩效后即可获得理想的奖赏结果的信任程度。如当我达到这一绩效水平后，会得到什么奖赏？

(3) 奖赏—个人目标的联系。如果工作完成后，员工所获得的潜在结果或奖赏对他的重要性程度。如这一奖赏能否满足个人的目标？吸引力有多大？

2. 表达式。在上述三种关系的基础上，从激励的角度看，这一理论可用下列公式表示：

激励力量＝效价×期望值

激励力量的效果直接表现为人们的积极性。激励力量越大，积极性就越高；激励力量越小，积极性就越低。激励力量的大小取决于对要达到目标的效价和期望值两个因素。

效价是指被激励对象对所要达到的目标的价值的认定。在实际生活中，对同一目标，不同的人由于个人价值观的不同，所处的需求层次与阶段不同，对这一目标的效价也不同。如对于升职这一目标，有人希望通过努力工作得到更高的职位，“升职”这一目标在他心目中的效价就高；有人则对升职与否漠不关心，“升职”这一目标在他心目中的效价就低。

期望值是指被激励对象对目标能够实现的可能性大小的估计，是一种主观概率。这种主观概率受个人因素的影响。如对同一目标，某人若是保守的个性，估计值会小一些；若是冒险的个性，则估计值会大一些。人们主观上的期望值同将来能够达到的实际值常常不一致。当实际值高于个人期望值时，就会使被激励者产生意外惊喜，积极性可能会倍增。如果实际值小于个人期望值时，则会使被激励者大失所望，产生消极影响。

3. 期望激励理论的启示。通过期望理论，我们在管理中可得到以下启示：人们可以自觉地评价自己努力的结果和得到的报酬。报酬必须紧密地联系员工为组织作出的贡献行为。组织的奖励制度必须随个人的绩效而定。人们对其从工作中得到报酬的评价（效价）是不同的，有的人重视薪金，有的人更重视挑战性工作。因此，管理者应重视组织的特定报酬与员工的愿望相符，帮助员工满足需要，同时实现组织目标。

（二）公平理论

公平理论是美国的斯达西·亚当斯（J. S. Adams）在20世纪60年代提出的。亚当斯通过大量的研究发现：员工对自己是否受到公平合理的待遇十分敏感。员工首先思考自己收入与付出的比率，然后将自己的收入—付出比与相关他人的收入—付出比进行比较，如果员工感觉到自己的比率与他人相同，则为处于公平状态；如果感到二者的比率不相同，则产生不公平感，也就是说，他们会认为自己的收入过低或过高。

1. 横向比较与纵向比较。员工的工作积极性不仅受到其所得报酬的绝对值的影响，更受到相对值的影响。相对值来源于横向比较与纵向比较。横向比较是将自己所做的付出和所得的报酬，与一个和自己条件相当的人的付出和所得的报酬进行比较，从而对此作出相应的反应。纵向比较是指个人对工作的付出和所得与过去进行比较时的比值。比较的结果可能有三种情况：

(1) 感到报酬公平。当员工感受相对值相等时，其心态就容易平衡。有时尽管他人的结果超过了自己的结果，但只要对方的投入也相应地大，就不会有太大的不满。他会认为激励措施基本公平，积极性和努力程度可能会保持不变。

(2) 感到报酬不足。在比较中，当员工发现自己的报酬相对低了，就会感到不公平，会设法去消除不公，并有可能采取以下的措施来求得平衡：1) 曲解自己或他人的付出或所得；2) 采取某种行为使得他人的付出或所得发生改变；3) 采取某种行为改变自己的付出或所得；4) 选择另外一个参照对象进行比较；5) 辞去他们的工作。员工感到不公平时，工作的积极性往往会下降。

(3) 感到报酬多了。当员工感到自己相对他人报酬高于合理水平时，对多数人而言不会构成什么大问题，他可能会认为自己的能力和经验有了提高。但研究表明，处于这种不公平的情况下，工作积极性也不会因此而有更大的提高，有些人也会努力减少这种不公。包括：1) 通过付出更多的努力来增加自己的投入；2) 假如是计件制的话，职工会减少自己的单位产量；3) 有意无意地曲解原先的比率；4) 设法使他人减少投入或增加产出。

2. 公平理论对组织管理的启示：

(1) 制定合理的奖酬体系。管理者用报酬或奖励来激励员工时，一定要使员工感到公平合理。

(2) 作为管理者应注意横向比较。公平理论表明，金钱是相对的东西，当然职工对工资的绝对数是关注的，但是否满意则部分取决于他们比较的参照群体。

(3) 管理者应加强与员工的沟通，做好思想工作。公平理论表明公平与否是源于个人的感觉。人们在心理上通常会低估他人的工作成绩，高估别人的得益，由于感觉上的错误，就会产生心理不平衡。这种心态对组织和个人都很不利。所以管理人员应有敏锐的洞察力来体察职工的心情，如确有不公，则应尽快解决；如纯属个人主观上的认识偏差，也有必要进行说明解释，做好思想工作。

三 激励的强化理论

强化理论是由美国心理学家斯金纳（B. F. Skinner）首先提出的。该理论认为人的行为是其后果的函数。如果这种后果对他有利，则这种行为就会重复出现；若对他不利，则这种行为就会减弱直至消失。因此管理要采取各种强化方式，通过控制强化物控制、改造员工的行为，以使人们的行为符合组织的目标。强化物是指控制行为的因素，是在行为结果之后紧接着的一个反应。根据强化的性质和目的，强化可以分为正强化、负强化和自然消退三种类型。

（一）正强化

所谓**正强化是指用某种具有吸引力的结果，对某一行为进行鼓励和肯定，使其重视和加强，从而有利于组织目标的实现。**在管理中，正强化的刺激物表现为奖酬，如认可、赞赏、增加工资、职位提升、高奖金、提供满意的工作条件等含奖金等。为了使强化达到预期的效果，还必须注意实施不同的强化方式。正强化方式主要有连续的、固定的正强化和间断的、不固定的正强化两种。前者是指对每一次符合组织目标的行为都给予强化，或每隔一固定的时间给予一定数量的强化。尽管这种强化有及时刺激、立竿见影的效果，但久而久之，人们就会对这种正强化有越来越高的期望，或者认为这种正强化是理所应当的。管理者要么不断加强这种正强化，否则其作用会减弱甚至不再起到刺激行为的作用。后者是指管理者根据组织的需要和个人行为在工作中的反映，不定期、不定量实施强化，使每次强化都能起到较大的效果。实践证明，后一种正强化更有利于组织目标的实现。

（二）负强化

所谓**负强化是指预先告知某种不符合要求的行为或不良绩效可能引起的不愉快的后果，使员工为了减少或消除可能会作用于其身的某种不愉快的刺激，使其行为符合要求或避免作出不符合要求的行为，从而保证组织目标的实现不受干扰。**负强化物包含着减少奖酬或罚款、批评、降级等。让员工知道做了不符合规定的事会受到批评或惩罚，如能够避免或改正，则不会受到惩罚，以此来引导、强化员工的行为，使之转向符合组织的要求。例如，员工知道随意迟到、缺勤会受到处罚，不缺勤、按时上班则不会受到处罚，于是员工会避免迟到、缺勤，学会按要求行事。实际上，不进行正强化也是一种负强化，譬如，过去对某种行为进行正强化，现在组织不再需要这种行为，但基于这种行为并不妨碍组织目标的实现，这时就可以取消正强化，使行为减少或者不再重复出现。实施负强化的方式与正强化有所差异，应以连续负强化为主，即对每一次不符合组织的行为都应及时予以负强化，消除人们的侥幸心理，减少直至消除这种行为重复出现的可能性。

（三）自然消退

所谓**自然消退是指通过不提供个人所愿望的结果来减弱一个人的行为。**自然消退有两种方式，一是对某种行为不予理睬，以表示对该行为的轻视或某种程度上的否定使其自然消退；另一种是指原来用正强化手段鼓励的有利行为由于疏忽或情况改变，不再给与正强化，使其逐渐消失。研究表明，一种行为如果长期得不到正强化，就会逐渐消失。例如，员工由于某种原因或疏忽使工作出现小的差错，上级管理者虽已了解但未予追究，给予机会使该员工及时自觉改正。

第三节　激励的模式与方法

一　综合激励模式

（一）综合激励模式的内容

综合激励模式是由美国学者波特（L. W. Porter）和劳勒（E. E. Lawler）于 1968 年提出的。这一模式综合了上述几种类型的激励理论，对激励的整个过程作了更为详尽明晰的描述，无论对激励理论的研究还是对激励实践的指导都有着重要的意义。波特和劳勒的激励模式如图 11—4 所示。

1. 效价与期望值。图中，效价即对奖酬的价值判断，期望值则是感觉到的努力与奖酬的关系的判断，表示一个人付出一定的努力就会期待着一定数量的奖酬，这两者都是由过去的经验估计的。这两者合在一起决定了激励的力量，这相当于期望理论对激励的解释。

2. 努力与绩效。努力是指一个人在特定情况下所花费的精力的大小，换

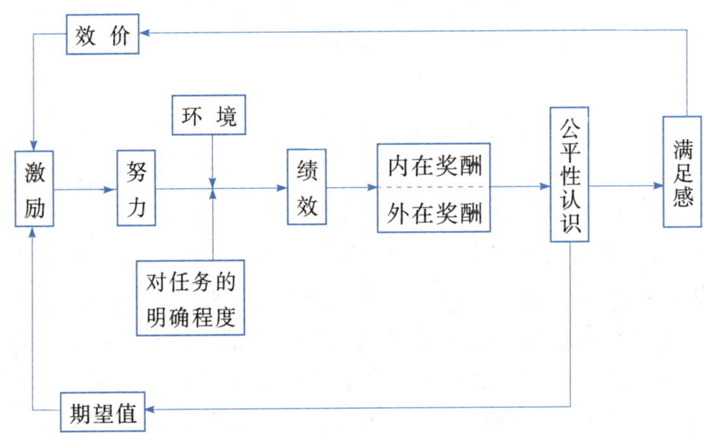

图 11—4 波特-劳勒综合激励模型

言之即这个人尽力到何种程度。而绩效则是努力的结果，一个学生可能在学习某一门课程时花了不少的时间和精力（努力），但其考试的分数（绩效）可能并不理想。努力的大小取决于激励力量的强弱，激励力量强，则付出的努力就多，激励力量弱付出的努力就少。

按照波特和劳勒的观点，努力本身并不能完全决定绩效，还要受到个人技术和能力的制约，也要受个人是否对自己的任务有清醒的认识的影响，即对任务的明确程度的影响。技术和能力指的是个人所具有的素质，例如人的智力、反应灵敏程度、动手的技巧性及个性品质，这些都影响完成任务的能力，一般认为这类特点是独立于环境的。应该注意这里没有特指那些完成具体任务的具体技术能力，因为一个人的基本素质已经限定了他完成具体任务的具体技术能力，一个人初到一个新的工岗位上时，可能对具体的技能不熟悉，但他的素质决定了他能在多长时间内就能掌握新的具体技术，能够精通到何种程度，操作的速度有多快等，但他的基本素质是相对稳定的。

3. 奖酬。图中的奖酬有两种，一种是内在性奖酬，另一种是外在性奖酬，这是行动者付出努力后最终期望的成果，绩效只是得到奖酬的必要前提条件。外在性奖酬是组织授予的，包括与上级关系的融洽、工作条件的改进、工资的增加、地位的提高、职务的保障以及额外的福利报酬等这些与工作有关的奖酬。内在性奖酬则是受个人自己控制的，包括成就感、因工作干得好而感到的自我欣赏、工作本身的挑战性、刺激性、责任感和个人成长等。研究表明，内在性奖酬会比外在性奖酬产生更高的工作满足感。从反馈回路上看，满足感的降低将导致下一轮激励力量的降低，所以绩效与内在性奖酬之间的关系是取决于工作的责任和性质的。

4. 公平性认识。感觉到的公平奖酬是人们觉得在一定绩效水平下所应得到的奖酬，这种奖酬不一定是实际的奖酬，与公平理论中与他人相比的公平也无关，而是行为者觉得与自己所达到的绩效相称的奖酬。

5. 满足感。激励过程的最后一环是满足感，满足感是一种感受，是一个人的内心状态，如果经过平衡的公平的奖酬小于实际的奖酬，则工作者就会感到不满足，并且差距越大，不满足感越大。满足感之所以重要，有两个理由：第一，这个模型指出，满足感不只是部分地决定于实际的奖酬，它还决定于人们认为组织应该给予的奖酬；第二，满足感与绩效的关系是双向的，即不但满足感依赖于绩效，而且绩效也依赖于满足感。也就是由本次所获得的满足感越大，则下一次追求好的绩效的动力也越强。不过该模式假定，满足感依赖于绩效的程度，高于绩效依赖于满足感的程度，所以图中没有画出从满足感到绩效的反馈回路。

（二）综合激励模型在管理中的应用

波特-劳勒的综合激励模型说明了管理者要想使激励能产生预期效果，就需考虑以下几方面的工作：如何根据个人能力进行工作分工；如何设定合适的工作目标；给予什么奖励才能适应不同人的需求，激发每个人的积极性；设定什么样的有效奖励制度能使员工不断保持积极性；如何进行公平考核才能使员工感到公平、合理，使员工真正感到满意。

二 激励的方法

前面所叙述的都是关于激励的理论，这些理论可用于指导具体的激励活动，下面简要介绍几种较为常用的激励方法。

（一）目标激励方法

管理中常说的目标管理，不仅是一种管理活动，也是一种有效的目标激励方法。所谓**目标激励方法就是指给员工确定一定的目标，以目标为诱因驱使员工去努力工作，以实现自己的目标。**任何组织的发展都需要有自己的目标，任何个人在自己需要的驱使下也会具有个人目标。目标激励必须以组织的目标为基础，要求把组织的目标与员工的个人目标结合起来，使组织目标和员工目标相一致。

目标管理通过广泛的参与来制定组织目标，并将其系统地分解为每一个人的具体目标，然后用这些目标来引导和评价每个人的工作。在目标管理中目标是最重要的，组织目标是组织前进的目的地，个人目标则是个人奋斗所实现的愿望。目标管理的特点之一是把组织的目标分解为各个行动者的目标，而分解过程又充分吸收了行动者参与。按照这一特点，只要使个人的目标及奖酬与个人的需要一致起来，就提高了目标的效价。而实现目标信心的增加也就是实现目标的期望值的提高。

目标管理充分发挥每个人的最大能力，实行自我控制，更容易发挥每个人的潜能和创造力，因而就使得激励因素更容易发挥作用，增加激励力量。

目标管理重视组织成员的能力开发，在目标中都设有自我学习和提高的项目，以使其能力素质得到提高，这对满足高层次的需求大有促进作用，因而也能增强激励力量。

综上所述，目标激励法特别适用于那些需要层次较高的、工作独立性较强而工作规范性较弱的人员。

（二）榜样激励

榜样激励法是指通过组织树立的榜样使组织的目标形象化，号召组织内成员向榜样学习，从而提高激励力量和绩效的方法。

运用榜样激励法，首先要树立榜样，榜样不能人为地拔高培养，要自然形成，当然必要的引导扶持还是需要的。选择榜样时要注意榜样的行为确实是组织中的佼佼者，这样才能使人信服。其次要对榜样的事迹广为宣传，使组织成员都能知晓，这就是使组织成员知道有什么样的行为才能荣登榜样的地位，使学习的目标明确。还有非常重要的一环就是要给榜样以明显的使人羡慕的奖酬，这些奖酬中当然包括物质奖酬，但更重要的是无形的受人尊敬的奖励和待遇，这样才能提高榜样的效价，使组织成员学习榜样的动力增强。

在使用榜样激励方法时还需注意两点，一是要纠正打击榜样的歪风，否则不但没有多少人愿当榜样，也没有多少人敢于公开向榜样学习。二是不要搞榜样终身制，因为榜样的终身制会压制其他积极想成为榜样的人，并且使榜样的行为过于单调，有些事迹多次重复之后可能不复具有激励作用，而原榜样又没有新的更能激励他人的事迹，就应物色新的榜样。

（三）物质利益激励法

物质利益激励法就是以物质利益（包括工资、奖金、福利、晋级和各种实

物等）为诱因对员工进行激励的方法。最常用的物质利益激励有奖励激励和惩罚激励两种方法。奖励激励是指组织以奖励作为诱因，驱使员工采取最有效、最合理的行为。物质奖励激励通常是从正面对员工进行引导。组织首先根据组织工作的需要，规定员工的行为，如果符合一定的行为规范，员工可以获得一定的奖励。员工对奖励追求的欲望，促使他的行为必须符合行为规范，同时给企业带来有益的活动成果。物质惩罚激励，是指组织利用惩罚手段，诱导员工采取符合组织需要的行动的一种激励。在惩罚激励中，组织要制定一系列的员工行为规范，并规定逾越了这行为规范，根据不同的逾越程度，确定惩罚的不同标准。物质惩罚手段包括扣发工资、奖金，罚款，赔偿等。人们避免惩罚的需求和愿望促使其行为符合特定的规范。

要注意的是保持组织成员的公平感，充分体现“多劳多得，少劳少得”的分配原则。虽然这种激励是直接满足组织成员的低级需要的，但也能间接地满足组织成员的高级需要，因为物质利益可以看做是自己受到尊重，或自己的成就为组织所赏识的标志。

（四）荣誉激励法

荣誉激励法是用荣誉代替物质利益对组织成员工作绩效进行的表彰，是以精神鼓励为诱因对员工产生的激励。它包括评选劳动模范、授予先进工作者等各种荣誉称号。员工通过对誉称号的追求而产生符合组织需要的行为，为组织创造出佳绩。它可以满足组织成员的高级需要。在进行荣誉激励时要注意不仅仅偏重于个人荣誉感，还要兼顾集体荣誉感。

（五）信任关怀激励法

信任关怀激励方法是指组织领导者充分信任员工的能力和忠诚，放手、放权，并在下属遇到困难时，给予帮助、关怀的一种激励方法。这种激励方法没有什么固定的程序，总的思路是为下属创造一个宽松的工作环境，给员工以充分的信任，使其充分发挥自己的聪明才智；时时关心员工疾苦，了解员工的具体困难，并帮助其解决，使其产生很强的归属感。这种激励法是通过在工作中满足组织成员的信任感、责任感等需要达到激励作用的。

（六）挑战性工作激励法

这是通过给下属以挑战性的工作，以满足其个人成长需要和成就感，从而达到激励的目的。其特点大致与信任关怀激励法相同，不同之处在于这一方法注重的是工作本身，而信任和关怀激励法注重的是人际关系。

上面所介绍的各种激励法各有特点，领导者要根据不同的目的、不同的被激励对象、不同的环境，灵活选择和变换，才能收到应有的激励效果。

本章小结

1. 激励是领导工作的一个有机组成部分。有效的领导者必须能充分地调动员工的积极性，使其潜能最大限度地发挥出来。为此，领导者要切实了解员工的需要和动机，并通过一定的激励手段和激励过程使其个人需要的满足与组织目标的达成能同时得到实现。

2. 激励的内容理论着眼于研究组织应该提供哪些方面的刺激或激励因素，使其同员工的内在需要相匹配并发生共鸣，以产生激励作用。在人的需要和动机研究中最具影响的主要是需要层次理论、双因素理论以及后天需要理论。

3. 激励的过程理论主要研究人们从动机产生到采取行动满足需要的内在心理和行为过程。期望理论、公平理论是其中两个代表性的理论。

4. 激励的强化理论主要研究后果对人们行为的影响。管理要采取各种强化方式，通过控制强化物控制、改造员工的行为，以使人们的行为符合组织的目标

5. 综合激励模型综合了上述几种类型的激励理论，对激励的整个过程作了更为详尽明晰的描述，无论对激励理论的研究还是对激励实践的指导都有着重要的意义。

6. 人的需要是多种多样的，激励的方法也应该是多种多样的。目标激励、榜样激励、物质利益激励、荣誉激励、关怀信任激励、挑战性工作激励等方法是最常见的激励方法。

亨利的困惑

亨利已经在数据系统公司工作了5个年头。在这期间，他从普通编程员升到了资深的程序编制分析员。他对自己所服务的这家公司相当满意，很为工作中的创造性要求所激励。

一个周末的下午，亨利和他的朋友及同事迪安一起打高尔夫球。他了解到他所在的部门新雇了1位刚从大学毕业的程序编制分析员。尽管亨利是个好脾气的人，但当他听说这新来者的起薪仅比他现在的工资少30美元时，不禁发火了。亨利迷惑不解。他感到这里一定有问题。

下周一的早上，亨利找到了人事部主任埃德华，问他自己听说的事是不是真的。埃德华带有歉意地说，确有这么回事。但他试图解释公司的处境："亨利，编程分析员的市场相当紧俏。为使公司能吸引合格的人员，我们不得不提供较高的起薪。我们非常需要增加1名编程分析员，因此我们只能这么做。"亨利问能否相应调高他的工资，埃德华回答说："你的工资需按照正常的绩效评估时间评定后再调。你干得非常不错！我相信老板到时候会给你提薪的。"亨利在向埃德华道了声"打扰了！"之后便离开了他的办公室，边走边不停地摇头，对自己所在公司的前途感到很疑虑。

问题：

1. 本案例描述的事件对亨利的工作动力会产生什么样的影响？哪一种激励理论可以更好地解释亨利的困惑？为什么？
2. 你觉得埃德华的解释会让亨利感到满意吗？请说明理由。
3. 你认为公司应当对亨利采取些什么措施？为什么？

【复习题】

1. 试分析激励的过程和作用。
2. 马斯洛将人的需要分为哪五个层次？需要层次论的基本内容是什么？
3. 双因素论与需要层次论的异同及两者间的内在联系。
4. 简述期望理论及对管理者的启示。
5. 简述公平理论及其对管理者的启示。
6. 简述强化的三种形式？
7. 简述综合激励的内容。

讨论及思考题

1. 作为一名学生或学员，你认为授课教师的哪些做法可以更好地激励你？反过来，学生是否也能够激励老师？如何激励呢？

2. 人们的各种基本需要是如何推动他们奋发向上的？

3. 你认为哪些激励方法能够有效地激发他人的干劲？

第十二章

冲突、沟通与协调

本章提示

- ◇ 冲突的类型与内容、产生的原因、冲突的管理
- ◇ 沟通的方式、渠道、障碍与有效沟通的实现
- ◇ 协调的概念、内容、方法与途径
- ◇ 群体间依存关系，群体动力学理论与原理。

本章引言

迈克在一家食品加工厂的包装车间当管理人员，玛丽是车间里贴标签的工人。玛丽犯下了一个错误：包装流水线上的产品换了，却没有换上相应的标签。迈克找玛丽谈话：

迈克：你怎么可能让这种事发生？我早跟你说了，而且要你特别当心。

玛丽：当时我以为要换流水线上的产品，我会从打包工那里得到这个信息，可他什么也没有说。

迈克：这不是我当时的意见，我说“打包者”是指打包机。

玛丽：我想我大概误解了你的意思。不管怎么说，那天你跟我说这件事时，我为母亲急得要命，她正在医院开刀，我真没有想到，贴标签会惹下那么大麻烦。

迈克传达给玛丽的信息不清楚是怎样引起的？迈克如何做才能保证信息准确到位？

本章将从组织内的冲突、沟通入手，研究企业组织如何解决冲突问题，更好地实现组织内部有效沟通与协调，改善组织内部人际关系，有效实现组织绩效。

第一节 冲 突

冲突对于任何组织来说都是一个严重的问题，它会严重影响组织的绩效，造成很多优秀员工的流失，甚至会造成组织的灭亡，可见正确认识、理解、处理冲突的重要性。

一 冲突的定义

关于冲突的定义有很多。尽管这一术语有不同的表述，但是其中却包含了一些共同的主题。冲突必须是双方感知到的，是否存在冲突是一个知觉问题。如果人们没有意识到冲突，则常常会认为冲突不存在。另外的共同点是意见的对立或不一致，以及有一定程度的相互作用。这些因素所形成的条件决定了冲突过程的特点。

我们把冲突定义为一种过程，这种过程开始于一方感觉到另一方对自己关心的事情产生消极影响或将要产生消极影响，双方相互作用时所出现的各种活动。它包括了在组织中人们经历的各种各样的冲突，如目标不一致，对事实的解释不一致，在行为期望方面的不一致等。

二 冲突的起源

人与人之间由于利益、观点、掌握的信息或对事件的理解都可能存在差异，有差异就有可能引起冲突。人们之间存在差异的原因是多种多样的，但大体上可归纳为三类：

（一）沟通的差异

由于历史和文化背景的不同、语义困难、误解及沟通过程中噪声的干扰等都可能造成人们之间意见不一致。沟通不良是产生冲突的重要原因，但不是主要的。

(二)结构差异

观察管理中常发生的冲突绝大多数是由于组织结构的差异引起的。由于分工造成组织结构中垂直方向和水平方向各系统、各层次、各部门、各单位、各不同岗位的分化。组织愈庞大、愈复杂,组织分工愈细密,组织整合就愈困难。由于信息不对称和利益不一致,人们之间在计划目标、实施方法、绩效评价、资源分配、劳动报酬、奖惩等许多问题上都会产生不同的看法,这种差异是由组织结构本身造成的。为了本单位的利益和荣誉许多人都会理直气壮地与其他单位甚至上级组织发生冲突。

(三)个体差异

每个人的社会背景、教育程度、阅历、修养,塑造了每个人各不相同的性格、价值观、和作风,人们之间这种个体差异造成了合作和沟通的困难往往也容易成为导致某些冲突的根源。

三 冲突模型与过程分析

(一)冲突的解决模型

过去,许多社会心理学家用一维空间来表述人们冲突中的行为,即从竞争到合作。近年来许多研究说明这种看法不能反映人的冲突行为。其中最受人注目的是托马斯(K. Thomas)和他的同事提出的二维空间模式(见图12—1)。

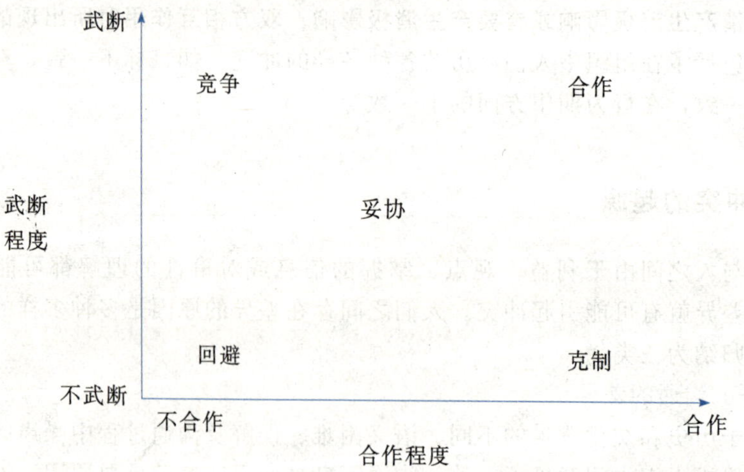

图 12—1 冲突的二维空间模式

竞争（competing）。竞争方式是指武断不合作的行为，代表着一种不赢即输（win-lose）的人际冲突解决方式。个体使用该方式努力实现自己的目标而丝毫不理会他人的利益。适合采用竞争方式的情景有：情况紧急，必须马上行动；需要采用非常普通的方法（如开除员工）；认识到自己是完全正确的；反对他人利用自己。

合作（collaborating）合作方式是指武断而且合作的行为，代表着一种双赢（win-win）的人际冲突解决方式。个体使用该方式试图同时实现双方的最大利益。使用合作方式的个体倾向于把合作看做是有益的，对他人真诚而信任。适合采用合作的情景有：双方具有共同的利益；想通过达到一致获得对方的承诺；欲建立持久的良好的关系；融合不同的看法。

妥协（compromising）妥协方式是指中等程度的武断与合作行为，代表着一种相互让步的人际冲突解决方式。个体使用这种方式只能达到中等水平的满意。适合采用妥协方式的情景有：目标重要，但是无法完全实现；无法达到双赢的结果；对方的力量也很强大；使其让步不太可能。

回避（avoiding）回避方式是指不武断、不合作的行为，代表着一种远离冲突、忽视不一致的人际冲突解决方式。个体使用回避方式反映出对挫折和精神紧张的逃避与厌恶。适合采用回避方式的情景有：问题不太严重，不值得花费时间和精力去解决；没有足够的能力和信息去解决；其他人能够有效解决冲突；没有机会满足自己的利益；双方先冷静一段时间。

克制（accommodating）克制是指合作但不武断的行为，代表着一种不自私、屈从他人的愿望、追求长远利益的人际冲突解决方式。使用迁就方式的个体经常被别人认为是软弱可欺的。适合采用迁就方式的情景有：错在自己；问题对别人来说更重要；为了今后的合作；双方一致异常重要。

（二）冲突的过程分析

如图 12—2 所示，我们把冲突过程划分为五个阶段：潜在的对立或不一致，认知和个性化，行为意向，行为，结果。

1. 阶段一：潜在的对立或不一致。冲突过程的第一步存在可能产生冲突的条件。这些条件并不必定导致冲突，但它们是冲突产生的必要条件。可以把这些条件概括为三类：沟通、结构和个人因素。

2. 阶段二：认知和人格化。如果阶段一中提到的条件对某一方关心的事情有一定程度的消极影响，则潜在的对立或不一致在第二阶段中就会显现出来。只有当一方或多方认识到冲突或感觉到冲突时，前面所说的条件才会导致

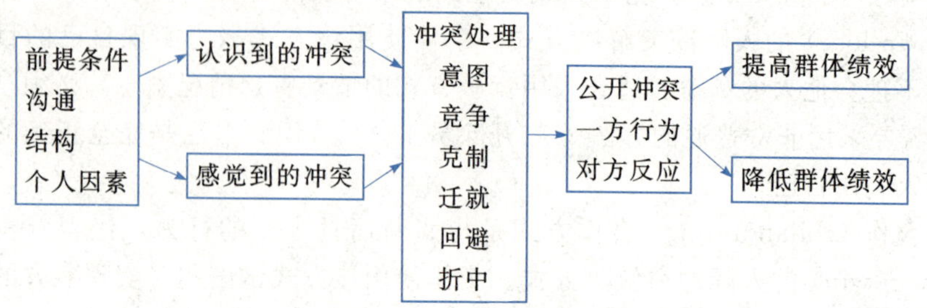

图 12—2 冲突过程

冲突。

在冲突的定义中我们强调，必须要有知觉存在。然而，认识到的冲突（perceived conflict）并不意味着它就人格化了。换句话说，A 可能认识到 B 与 A 之间意见十分不一致，但这并不一定会让 A 感到紧张或焦虑，也因而并不一定会影响 A 对 B 的感情。而在情感上的冲突（felt conflict）中，当个体有了情感上的投入，双方都会体验到焦虑、紧张、挫折或敌对。

3. 阶段三：行为意向。行为意向（intentions）介于一个人的认知、情感和外显行为之间，它指的是从事某种特定行为的决策。很多冲突之所以不断升级，主要原因在于一方对另一方进行了错误归因。另外，行为意向与行为之间也存在着很多不同，因此一个人的行为并不能准确反映他的行为意向。

4. 阶段四：行为。大多数人在考虑冲突情境时，倾向于强调阶段四，为什么？因为在这一阶段中冲突是明显可见的。行为阶段包括冲突双方进行的说明、活动和态度，也就是说，一方有行为，对方如何反应。

冲突行为是公开地试图实现冲突双方各自的愿望。但这些行为带有刺激的性质，这种刺激常常与愿望无关。由于判断错误或缺乏经验，有时外显的行为会偏离原本的意图。

5. 阶段五：结果。冲突双方之间的行为反应相互作用导致了最后结果，这些结果可能是功能正常的，即提高了群体的工作绩效；也可能是功能失调的，即降低了群体的工作绩效。

第二节　沟　通

一　沟通及其作用

（一）沟通的概念

沟通简单地说就是信息的交流。**所谓沟通，是指人与人之间传递信息、指令、感情或观念的过程。**信息交流可以有多种形式，如通讯工具间的信息交流，人与机器间的信息交流，以及人与人之间的信息交流。从管理学的角度来讲，我们更关注的是人与人间的信息沟通，即存在于两人或多人间的信息交流，其对象是人而不是物体。

特别需要强调的是，在日常生活中，一些人把有效的沟通错误地理解为沟通双方达成协议或共识，而不是准确地理解信息的意义。他们把沟通看成是别人接受我们的观点。实际上沟通并不是妥协、认同，只不过是以最有效的方式，明白无误地表达各自的观点。我可以明白你的意思，但也可以不同意你的看法。这就是沟通的实质。

（二）沟通的基本模式

如果把沟通简要地理解为信息的传递过程，那么，一个信息的传递实际包含了这样四个要素，即信息的发送者、信息的内容、传递的媒介和信息的接受者。

一个完整的沟通过程，一般由以下几个阶段组成：

第一步，创造有价值的信息。信息发送者有某种想法、看法准备传送出去，这种信息应是发送者认真思考的产物，是相对完整的信息。否则发送者发出的是无价值的信息，那么整个沟通过程就丧失了意义。

第二步，编码过程。信息发送者将要发送的信息通过某种方式表达出来。例如，通过语言、动作、行为等，力求准确地表达出来。这里的“编码”，意指用一种特定方式表达信息。

第三步，选择信息传送渠道。选择什么渠道传递信息，一般取决于发送者对这种渠道的看法。

第四步，信息发送者通过某种渠道，使信息为别人所接受，或者说接受者通过某种渠道接受到信息。

第五步，信息接受者理解或阐释信息。有人将这一步骤称之为“解码”，就好像把电报传来的一组组数字再“翻译”成文字一样。实际上人们在交流某种信息时，接受者都在脑子里对信息有个理解的过程。不过有时因为时间非常短而不为人们所注意。同时必须看到，接受者能否正确地理解某种信息，不完全取决于接受者本人的情况，同时也取决于发送者的“编码”。

第六步，信息接受者对信息作出反应。信息接受者对所接受的信息加以理解或判断后，会采取不同的反应行为。这些反应对于信息发送者来说，属于信息的反馈；对于接受者来说，相当于他也发送了一个信息。新一轮信息沟通过程又开始了。这就是沟通的基本程序即基本模式（如图 12—3）。

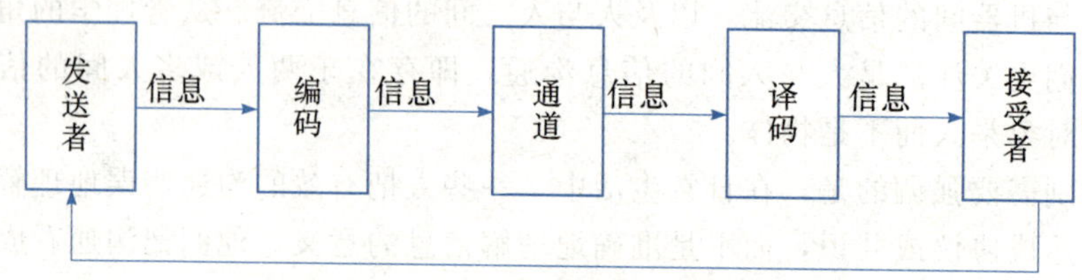

图 12—3 沟通的基本模式

（三）沟通的作用

1. 沟通是协调各个体、各要素，使企业成为一个整体的凝聚剂。每个企业都由数人、数十人、甚至成千上万人所组成，企业每天的活动也由许多的具体工作所构成，由于各个体的地位、利益与能力的不同，他们对企业目标的理解、所掌握的信息也不同，这就使得个体的目标有可能偏离企业的总体目标，甚至完全背离，如何保证上下一心，不折不扣地完成企业的总体目标呢？这就需要互相交流意见，统一思想认识，自觉地协调各个体的工作活动，以保证组织目标的实现。因而，没有沟通也就没有协调，也就不可能实现企业的目标。

2. 沟通是领导者激励下属，实现领导职能的基本途径。一个领导者不管他有多么高超的领导艺术水平，有多么灵验的管理方法，他都必须将自己的意图和想法告诉下属，并且了解下属的想法。领导环境理论认为，领导者就是了解下属的愿望并为此而采取行动，为满足这些愿望而拟定的实施各种方案的人，而下属就是从领导者身上看到了一种达到自己愿望或目的的人。而这些“目的”的“看到”或“了解”都需要沟通这个基本工具与途径。

3. 沟通也是企业与外部环境间建立联系的桥梁。企业必然要和顾客、政府、公众、原材料供应商、竞争者发生各种各样的关系，它必须按照顾客的要求调整产品结构、遵守政府的法规法令，担负自己应尽的社会责任，获得适用且廉价的原材料，并且在激烈的竞争中取得一席之地，这使得企业不得不和外部环境进行有效的沟通。而且，由于外部环境永远处在变化之中，企业为了生存就必须适应这种变化，这就要求企业不断地与外界保持持久的沟通，以便把握住成功的机会，避免失败的可能。

二 沟通的方式

信息沟通的方式或类型很多，可以按照不同的依据即从不同的角度进行分类。下面介绍几种主要的分类方法：

（一）按信息沟通的渠道分类，可分为正式沟通与非正式沟通

1. 正式沟通。指的是通过组织明文规定的渠道进行信息的传递和交流。正式沟通的优点是，沟通效果好，有较强的约束力，易于保密，一般重要的信息都采用这种沟通方式。缺点是，因为依靠组织系统层层传递，因而沟通速度较慢，而且显得刻板。

根据美国心理学家巴维拉斯（A. Bavelos）的研究，有五种不同的正式沟通网络，它们对信息沟通的效果有不同的影响。这五种沟通网络是：链式、轮式、环式、“Y”式、全通道式。如图 12—4。

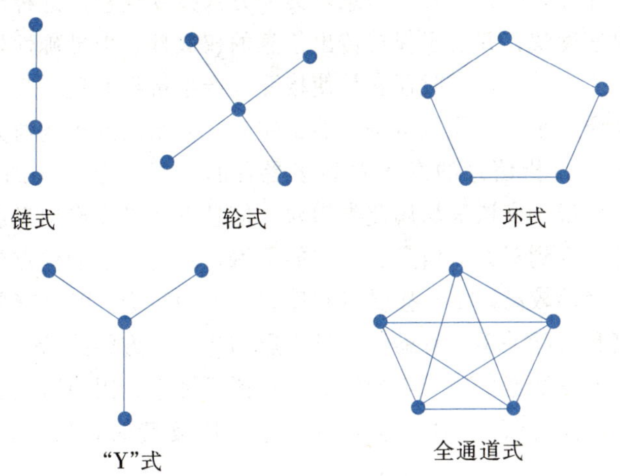

图 12—4 五种沟通网络

从表12—1可以看出，不同的沟通方式对群体行为具有不同的影响效果，没有一个沟通网络对群体是最好的，因此应根据群体的具体目标，来选择所需要的沟通网络。

表12—1　　五种沟通网络的优缺点

	集中性	速度	精确性	领导能力	士气
链式	适中	快	高	适中	低
"Y"式	较高	快	较高	高	较低
轮式	高	快	高	很高	低
环式	低	慢	低	低	高
全通道式	较低	快	适中	很低	很高

2. 非正式沟通。指的是在正式沟通渠道之外进行的信息传递和交流。如职工之间私下交换意见，背后议论别人，小道消息的传播等均属于非正式沟通。非正式沟通方式的优点是，沟通方便，内容广泛，方式灵活，沟通速度快，可以用以传播一些不便正式沟通的信息。非正式沟通的缺点有，比较难以控制，传递的信息易于失真、曲解，容易传播流言而混淆视听，管理者应予以重视。

（二）按信息沟通的传送方向，可分为单向沟通与双向沟通

1. 单向沟通。是指信息的发送者和接受者的位置不变的沟通方式，如做报告、演讲、上课等，一方只发送信息，另一方只接受信息。这种沟通方式的优点是信息传递速度快，并易于保持传出信息的权威性，但准确性较差，并且较难把握沟通的实际效果，有时还容易使接受者产生抗拒心理。当工作任务急需布置，工作性质简单，以及从事例行的工作时，多采用此种沟通方式。

2. 双向沟通。是指信息的发送者和接受者的位置不断变换的沟通方式。如讨论、协商、会谈、交谈等均属此类沟通。信息发送者发出信息后，还要及时听取反馈意见，直到双方对信息有共同的了解。双向沟通的优点是，信息的传递有反馈，准确性较高。由于接受者有反馈意见的机会，因而有参与感，易保持良好的气氛和人际关系，有助于意见沟通和建立双方的感情。但是，由于信息的发送者随时可能遭到接受者的质询、批评或挑剔，因而对发送者的心理压力较大，要求也较高；同时，这种沟通方式比较费时，信息传递速度也较慢。

一般来说，在工作任务不紧迫，又需要准确地传递信息时，或在处理陌

生、复杂的问题，要作出重要决策、决定，宜采用双向沟通方式。

（三）按信息、沟通的媒介可分为口头沟通、书面沟通与非语言沟通

1. 口头沟通。就是运用口头表达的方式来进行信息的传递和交流。这种沟通常见于会议、会谈、对话、演说、报告、电话联系、市场访问、街头宣传等。口头沟通的优点是，比较灵活，简便易行，速度快，有亲切感；双方可以自由交换意见，便于双向沟通；在交谈时借助手势、体态、表情来表达思想，有利于双方更好地理解信息。缺点是，受空间限制，人数众多的大群体无法直接对话，口头沟通后保留的信息较少。

2. 书面沟通。是指用书面形式进行的信息传递和交流。例如，简报、文件、通讯、刊物、调查报告、书面通知等。书面沟通的优点是，信息可以长期保存，便于查看，反复核对，倘有疑问可据以查阅，可减少因一再传递、解释所造成的失真。缺点是，一旦以书面形式公开，不易随时修改，有时文字冗长不便于阅读，形成文字也较为费时。

3. 非语言沟通。指的是用语言以外的即非语言符号系统进行的信息沟通。如手势、表情动作、体态等非语言交往手段；目光接触系统（如眼神、眼色）；辅助语言，如说话的语气、音调、节奏等；以及空间运用，如身体距离等。

（四）按信息沟通方向，可分为垂直、平行和斜向沟通

1. 垂直沟通。从组织结构上讲。上下沟通就是垂直沟通，向上沟通是指基层组织向高级领导人传递信息，也就是下级向上级反映情况。只有向上沟通的渠道畅通，领导者才能全面了解下级情况，从而作出符合实际的决策。向下沟通通常用于控制、指导、激励和评价等目的，主要内容是指示工作、布置任务以及调动积极性等。

2. 平行沟通。是指同阶层的组织、人员之间的信息交流。平行组织之间的意见沟通是维持组织正常关系的重要条件。

3. 斜向沟通。是指与其他组织不同职位的人进行的沟通。

三 沟通的障碍和影响因素

在信息沟通过程中，会受到各种因素的影响而使沟通受到干扰，遇到障碍。

（一）文化系统方面的障碍

1. 表达能力不佳。如用词不当，词不达意；口齿不清或字体难辨；观念

含糊，逻辑混乱；无意疏漏，模棱两可等等，都会使对方难以了解发送者的意图。

2. 语义上的障碍。由于人与人之间的信息沟通主要是借助于语言（包括口头语言和书面语言）来进行的，而语言只是作为交流思想（信息）的工具，它并不是思想本身，它只是用以表达思想的符号系统。加之，在日常生活中，一词多义的情况也是常见的。这就使沟通容易产生语义上的障碍。

3. 传送形式不协调。当信息由几种形式传送时，如果相互之间不协调，就难以使对方正确理解所传送信息的内容。例如，当信息用语言、表情、手势等几种形式传递时，如果相互之间不协调，如笑容满面的训斥，怒气冲冲的表扬，都会使信息受到歪曲。

4. 知识经验水平的限制。当发送者把自己的观念编成信息码时，他只是在自己的知识和经验范围内进行编译；同样，接受者也只是在他们自己的知识和经验基础上进行译解，理解对方传送的信息的含义。因此，当发送者与接受者的知识水平、经验水平相距很大时，在发送者看来很简单的内容，而接受者却由于知识经验水平太低而理解不了。沟通双方共同的经验越多，共同经验越大，可能沟通的内容也就越多。

（二）社会系统方面的障碍

1. 组织结构方面的障碍。如由于组织层次过多，部门设置不合理等。信息从最高层逐级向下传递到最低层，或从最低层逐级向上传递到最高层，每经过一个层次，往往都会出现失真，积累起来，便会对信息沟通的效果带来极大的影响。研究表明，信息从基层向高层沟通时，许多细节会被抽掉；而信息高层向基层传递时，又会逐级添加许多细节。

2. 空间距离。一般来说，当发送者与接受者面对面地沟通时，有利于通过沟通搞清楚较为复杂的问题，而当交往双方相隔很远只能依靠通信或借助通讯设备传递信息时，要进行较为复杂问题的沟通，效果往往欠佳。

3. 讯道弱点。如通讯技术落后，通讯设备性能不佳，讯道中的噪声（各种物理干扰），都会造成信息丢失、失真。此外，沟通方式选择不当，也影响沟通效果

4. 社会角色地位的影响。人们的社会角色地位不同，有时也会影响人际之间的交往和沟通。研究还表明，上级主管容易存在一种“心理巨大性”，而下级人员则容易产生一种“心理微小性”。“心理巨大性”易使上级满不在乎，“心理微小性”易使下级不敢畅所欲言，这些都会阻塞上下级之间的信息沟通。

（三）心理系统方面的障碍

1. 认识方面的障碍是由双方认知失调而引起的。由于各人的认识水平不同，需求动机不同，看问题的角度不同，对同一信息往往会作出不同的理解和评价。

2. 情绪对信息沟通的影响也是很明显的。接受者在接受信息时，有时会按照自己的需要对信息进行“过滤”。职工对某个上级怀有好感，对他的指示、意见爱听，乐意接受；反之，对某个领导有反感，对他的指示、意见往往会打折扣，接受程度就差。接受者对发送者的信任感是十分重要的心理因素。交往双方如果都处于激情状态，就容易歪曲对方的信息，使信息无法沟通。即使是同一人，由于其接受信息时的情绪状态不同，也有可能对同一信息作出不同解释和行为反应。

3. 人格对信息沟通的影响。性格、气质、价值观等的差异时常会成为意见沟通的障碍。人们在沟通意见时由于价值观的不同，往往会按照自己的观点对信息进行筛选，符合自己观点和需要的，很容易听进去，不符合自己观点和需要的，就不大容易听进去。尽量使信息适合自己的“胃口”，或者从自己的需要出发猜测上级的意图，或者从上级的谈话中找“言外之意”，从文件中找“弦外之音”。

四 沟通技巧与沟通设计

（一）改善沟通的技术和方法

组织管理者可采取的改善沟通的办法和技巧有很多，最常用的有下列几个：

1. 培养和提高敏感性。对于管理者来说，培养和提高自己对下属需要的敏感性是改善沟通的重要技术之一。这也就是要使管理者自己尽量地了解并掌握下属人员的心理和行为的实际情况。

2. 运用通俗易懂的语言，重视双向沟通。发出的信息能否被接受者所理解，在很大程度上看发送者所使用的语言是否通俗易懂。鉴于接受者各不相同，所以发送者所使用的语言必须因人而异。总之，必须使用为接受者最易懂的语言才对。最好采取面对面的直接沟通交换意见。

3. 提高信任度。一个有效的管理者，不仅要取得下属对他的信任，而且必须保持这种信任，提高这种信任程度。

（二）改善沟通的制度性措施

沟通的技巧和方法固然重要，但沟通绝不仅仅是一种临时性的技巧和方法。沟通是一种组织制度，改善沟通必须有制度保障。这里讲的制度性措施，是从对原有沟通制度进行改进和重新设计意义上讲的。

1. 建立常用沟通形式。为使组织管理人员和全体职工更好地了解情况，可考虑建立组织内部的宣传渠道，如内部报纸、工作简报等，还可建立定期的例会制度，使有关工作的情况能在会上得到及时沟通。

2. 职工会议。经常召开职工会议，让各类职工聚集在一起，发表意见和提出看法，是非常有价值的沟通形式。这种职工会议不是每年一两次的职工代表大会，而是针对具体问题，利用会议的形式鼓励大家发表意见。例会制度在组织中一般都有，但绝大多数例会属于同级人员的聚会，信息沟通因此而受到限制。相反，职工会议则由一定范围内的管理人员和普通职工共同参加，实行不同等级间的成员的直接接触、直接沟通。这类会议在国外也被称为“垂直参谋会议”。

3. 建议制度。主要针对组织内的普通职工，鼓励他们就任何关心的问题提出意见。这实际上是为了避免向上沟通的信息被过滤掉，采取了某种强行向上沟通的方法。因此，单纯的鼓励是不够的，因为等级和权力上的差别肯定会形成阻碍。组织必须建立起一套行之有效的建议制度，保证强行向上沟通。诸如接待日、领导者直接深入基层、物质奖励等。

除此之外，各种各样的参与管理、参与决策的制度实际上也起到了改善沟通的作用。

第三节 群体间关系与协调

一 群体间关系

群体间关系指的是群体与群体之间的关系。群体关系，是群体行为研究的一个重要内容。因为它涉及群体间行为。群体间行为是指组织内部的两个或两个以上群体之间的相互作用。这些相互作用的群体可以同处一个部门，也可以分处不同部门。

（一）群体关系的依存模式

在同一个组织内部存在的群体之间必然存在相互依赖关系，这种相互依赖关系就是群体协调它们的各种活动以达到所希望能够达到的绩效水平的程度。群体之间的相互依赖性同相互依存方式有着密切关系。群体之间的依存模式可以分为以下三种类型。

1. 合作或联营型相互依存关系。是指两个或两个以上群体在行为上各自独立，即它们之间在行为及行为结果上并不存在直接的输入—输出关系。如果说合作型关系也是一种相互依赖，那么这种相互依赖仅仅在它们共同为组织系统的总体目标作出贡献上体现出来。例如，一所医院的理疗科、药房和病历室几乎是相互没有关系，然而，如果它们其中的任何一个部门毫无工作效率，那就会导致医院整体目标中一个或更多的目标失败。在为共同目标贡献这一点上，三者处于并列型相互依存关系之中。

2. 顺序型相互依存关系。是指一个群体的输出项部分地或全部地构成了另一个群体的输入项，即后者在实现自身目标时依赖于前者的协作。比如一个生产企业中，原材料供应、生产加工、销售等群体之间就构成了单向型依赖关系，在这个序列中，后者的输入量受到前者的输出量制约，如果前者的输出量不能满足后者的需求，则会妨碍后者完成其工作目标。

3. 互惠型依存关系。是指两个或两个以上群体之间在行为及行为结果方面存在着对流交换式的输入—输出关系，即自己一方的输出部分地或全部地构成了对方的输入，同时对方的输出亦部分或全部构成自己一方的输入。互惠型依存指群体之间的这种功能互补的耦合性。比如一个企业中，产品开发部门和销售部门之间就存在这种双方依赖关系，产品开发部门向销售部门提供试销产品，销售部门则将销售结果作为重要参数反馈给开发部门。

（二）群体之间行为的制约因素

群体间行为的成效取决于协调，而在制定和实施协调措施之前，必须先确认那些制约着协调过程的重要因素。这些因素有：目标、不确定性、可替代性、工作任务关系、资源共用性和彼此看法等，它们是影响群体之间的行为和工作成果的主要因素（如图 12—5 所示）。

1. 目标。各群体的目标会对它们之间的行为与工作成果产生很大的影响。最理想的情况是，每个群体把它们的目标和整个组织的目标看做是个整体，并把它们的目标同其他群体的目标看做是互相一致和互相补充的。

2. 不确定性。不确定性是指已了解到的情况和为正确决策还需要了解的

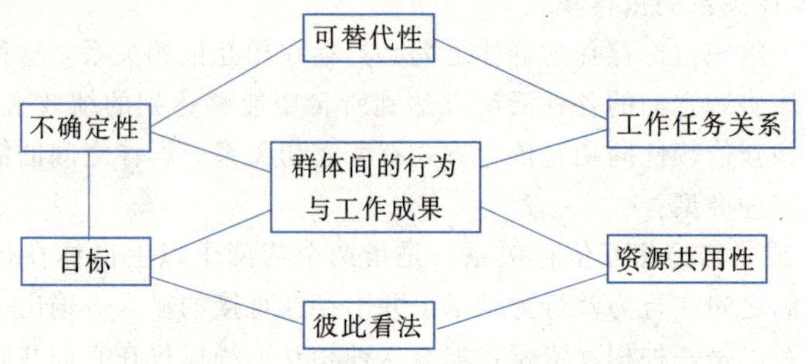

图 12—5 影响群体之间的行为成效的主要因素

情况之间的差距。为了作出正确的决策就必须确切地了解情况，为此就应建立一些专门小组或指定一些专人去加强调查研究工作。情况了解得如何，直接影响着群体之间的行为和工作成果。

3. 可替代性。替代性是指一个群体能从另一个或更多个群体中取得所必需的资源和服务的可能程度。这种可替代性和群体间的影响力是一个反比关系，也就是说，某个群体所必需的资源和服务愈是不易被代替，那么这个群体对它所供应的群体行为的影响能力就愈大，即群体间的权力愈大；反之，可替代性大，则群体间的权力愈小，即对别的群体行为的影响能力愈小。

4. 工作任务关系。工作任务关系，也就是同一组织中不同群体间相互依存度，与可替代性有关，如果群体之间没有工作任务关系，可替代性的问题也就不存在了。一个组织内部的任何两个群体之间可能的工作任务关系有三种相互联系的基本类型：独立的、相互依存的和从属的。对应着的群体间相互依赖性的三种模式：合作型、顺序型和互惠型。

5. 资源的共用性。资源共用性是指两个或两个以上的群体，必须同时使用一个资源。企业领导者的责任在于鼓励群体之间在合用一个较缺乏的资源方面尽力合作，并尽可能减少和避免不必要的竞争以及破坏性的冲突。

6. 彼此看法。彼此看法是两个或两个以上群体相互之间的思想和感情的表现。一个群体的成员对另一个群体持有的看法，可能是他们彼此关系本质的起因，也可能是他们相互关系本质的结果。

二 群体间行为的协调

在不同的制约因素作用下，各群体间行为的协调需求也是不同的。为了提高群体间行为的成效，必须依据各群体之间行为的实际协调需求，采用不同的协调手段。常用的协调手段可以按照所要满足协调需求的依次递增而排列如下：制定规章制度和活动程序、统一领导、规划、联络人员、特别委员会、常设委员会等。

（一）制定规章制度和活动程序

正像群体内部的规章制度和活动程序有助于协调个人之间行为、提高群体内行为成效一样，预先建立各种规章制度和活动程序，以明确规定各个群体的行为，也能促进群体间行为的协调，提高群体间行为成效。

规章制度和活动程序作为群体间行为的协调手段，其核心就是事先对各个群体的活动以及相互作用方式进行严格测算和规定，减少信息交流和相互作用方面的不确定性，因而可以有效地降低各群体之间进行直接信息交流和相互作用的需求。

（二）联络人员

对那些相互依赖性强、目标差异大、任务确定性低的群体进行协调，其困难在于它们之间相互作用频率和信息交流量的增长。统一领导如果不堪重负的话，可以采用设置联络人员或联络机构的协调方法，通过建立和加强群体之间的横向联系，将上述协调需求加以分散。

1. 联络人员或联络机构在协调群体之间行为方面的作用。（1）信息交流和沟通；（2）为相关群体提供具体的专业性指导；（3）利用自己的中间位置，对各个群体之间的误解、不满、怨恨进行澄清、解释和调停。

2. 联络员的协调作用的局限性。（1）群体间行为的协调程度过于依赖联络人员的自身素质。（2）联络员的协调能力也是有限度的，如果需要协调的群体数量过多，它们之间的关系又过于复杂，以致协调工作量超出联系员的承载能力，则势必降低其协调水平。（3）长期从事协调工作，常常给联络员自身造成损害，由于联络员的职责、权限比较模糊，常常使其陷入角色冲突。

（三）统一领导

当规章、程序已经不能满足各群体之间不断增长的协调需求时，经常采用的另一个协调手段是在各个相关群体之上设立统一领导，他有权作出涉及各群体行为的必要决定。比起规章、程序来，统一领导这一协调手段的最大优点是具有灵活性、权变性，他可以不拘泥于固定的行为范式，根据环境变化，随时对各个群体行为加以调整。这时，领导人员将群体之间的信息交流、相互作用和整合等项功能集中承担起来，以制定决策、发布命令的方式协调各群体间的关系，仲裁它们之间的矛盾。

（四）规划

一个组织面对一项复杂的任务，一项系统工程，要是内部各群体之间协调需求超出了上述协调手段的限度，进一步的选择可以考虑运用规划手段加以协调。

规划的主要内容是在对组织的共同目标通盘考虑和加以分解的前提下，对各个群体的活动内容、任务数量和质量标准、时限进行明确划分和规定，从而为各个群体设立具体目标。制定规划的核心在于将各群体的具体目标在时间顺序和活动内容上加以衔接。在规划的协调作用下，各群体在特定时间内只须专注于自身目标的达成，避免了在频繁的信息交流和相互作用方面耗费过多精力。

（五）特别委员会

特别委员会是源于某种特殊原因或为实现某一具体目标而建立的群体，一旦完成了具体任务，这个群体亦随之解散。

常见的特别委员会有两种：为解决复杂问题而设立的临时委员会和为完成一项综合性任务而组建的项目委员会。

1. 临时委员会。当组织面临涉及许多群体的复杂问题时，经常采用的办法就是从有关群体中抽调一些代表成立临时委员会，其宗旨是共同探讨问题产生的原因、寻求解决问题的方法并将其付诸实施。问题解决后，临时委员会即告解散，其成员仍各自返回原来的群体。

2. 项目委员会。就构成形式来看，项目委员会同临时委员会相类似，也是由相互作用的诸群体中抽调代表所组成。项目委员会与临时委员会的主要区别是，前者是为了实现一项涉及诸多群体的综合性目标，后者是为了完成一项较长时期的工作任务。因而，项目委员会中的每个成员通常也被赋予相对持久和具体的任务。像高等院校中的招生委员会、库区移民委员会等都属于项目委员会。

（六）常设委员会

常设委员会是组织中正式设立的、永久性的综合协调机构，其活动宗旨是从总体上协调群体间行为，提高组织行为的整体成效。

常设委员会是正式协调机构，其成员不是从各个群体临时抽调上来的，他们通常是各个重要部门、重要群体的负责协调主管人员，在常设委员会中占有固定职位。常设委员会的决策通常不涉及各个群体内部的具体事务，而仅仅涉及各群体之间的关系，如群体相互间的功能耦合网络、权力隶属关系、预算在各群体之间的分配等等。

以上介绍的是协调群体间行为的常用手段，它们的顺序是依协调需求由低向高的增长来排列的。应该注意，各个协调手段之间并非完全孤立和无关，它们常常具有相辅相成的功效，即在运用高一级的协调手段时，可以而且应该同时辅之以低层协调手段。

三 群体间行为的矛盾及调解

（一）群体间行为矛盾的常见原因

在组织内部，群体间矛盾是普遍存在的，它既可以在同一层次的群体（如医院中的各个专科）之间出现，也可以在不同层次群体（如护士、医生、医院行政人员）之间发生。尽管矛盾的具体内容和性质千差万别，但究其根源，可以归纳为三个普遍性原因。

1. 扩大影响力。通常在群体相互作用中，每个群体都会自觉不自觉地寻求各种途径，以期获得对其他群体的更大影响力或支配权，从而提高自身的群体地位。由于某个群体的地位提高同时意味着其他群体的地位下降，群体间矛盾也就常常因各群体影响力对比的变化和地位升降而产生。

2. 提高综合性地位。每个群体努力提高自身在组织中的综合性地位，也很容易导致群体间矛盾的发生。在群体间相互作用关系中，各个群体的地位的综合性程度并不完全相同。某一促成组织行为成效的群体，其人数越少，就越是具有难以置换性，它对群体间行为绩效的作用就越显得突出和重要，因而其地位综合性程度也就越高。提高自身的综合性地位，既是各个群体在处理相互关系时的内在动机和行为趋势，也是引发群体之间行为矛盾的一个普遍性原因。在它的推动下，每个群体都倾向于争夺组织中的稀有资源，向其他群体虚饰、夸大自身的重要性，凡此种种都是引起群体间误解、猜忌、矛盾、冲突的导火索。

3. 增加资源份额。各个群体在组织的资源分配中努力增加自身的份额，也是产生群体间矛盾的常见原因。任何组织的资源都是有限的。在这一前提下，大多数群体都会感到自己得到的份额远远不足以满足其需求，这样就常常由于资源的有限性而埋下群体间矛盾的种子。

(二) 群体之间行为矛盾的后果

1. 群体内部的变化。如果把处于矛盾中的某个群体作为分析单位，就会发现，群体间矛盾通常会给它带来下述后果：

(1) 群体间矛盾可能会促进群体内部的团结、整合，即群体间矛盾往往导致群体内部凝聚力、向心力的增强。

(2) 群体间的矛盾为转移群体内部的紧张状态提供了宣泄机制。

(3) 群体间矛盾可能会提高群体自身的集权化程度。

2. 群体间关系的变化。群体间矛盾通常会使群体之间的关系发生下述变化：

(1) 群体之间的相互监督越来越严密。

(2) 相互之间的态度日益趋于偏见和情绪化。

(3) 相互作用和沟通日益减少。

3. 群体之间矛盾的调解方法：

(1) 正视法。正视法是将矛盾各方的成员或代表召集到一起，在面对面基础上讨论他们之间的分歧，以便找出解决矛盾的方法。

正视法让矛盾各方当面陈述自己的观点，把问题摆到桌面上，摊开来讨论，这就为矛盾各方的相互了解提供了机会，通过当面交换意见，各方既能陈述自己的看法，又能知道其他群体是如何看待自己的，从而能够更全面地理解自己和他人的行为，减少由于缺乏沟通、接触而产生的误解、猜疑，消除偏见和敌意，防止矛盾进一步积累和激化。

正视法对于解决群体间矛盾，特别是对那些由于误解和积怨造成的情绪化矛盾，常常是有效的。但是，如果矛盾本身根源于各方对富有价值的资源的竞争，则这种方法往往收效不大。

(2) 共同目标法。矛盾中的各个群体往往囿于自身的狭隘目标或利益，看不清或忽略了它们之间的共同目标和共同利益。共同目标法是通过强化共同目标来调解矛盾的。

共同目标法对于那些相互之间行为上高度依赖、利益上高度相关的群体往往行之有效，对它们来说，共同目标往往关系到自身的生死存亡，在共同目标面前，各个群体在小目标上的差异已不具有任何重要意义，相互之间的矛盾和斗争绝无真正取胜的一方，最明智的选择只能是捐弃前嫌、重新协力合作。

(3) 妥协法。妥协法是让矛盾群体各自都作出一些让步，通过“舍与取”

的交换，在某一“妥协点”上止息矛盾，使得最终结果不分胜负。

妥协法虽然能收一时之效，但不能从根本上彻底解决矛盾，因为各方面都作出一定让步，达成的妥协结果他们就都不大满意、当各方实力地位发生变化时，往往会推翻妥协方案，酿出新的矛盾来。

(4) 结构调解法。有时，矛盾的原因不易找到，或者矛盾由来已久、积怨过深，如果用通常的方法来调解则过于费时费力。遇到这类既需要迅速解决而又不易调解的矛盾，从结构上进行调解不失为一种“快刀斩乱麻”或“釜底抽薪”式的好方法。

结构调解法是指上级运用权力的干涉，从结构上改变群体间关系，解决群体间的矛盾。

总之，各种调解方法的根本目的都是一致的，那就是，消除或减少群体间矛盾产生的消极作用，最终提高群体之间行为的成效。

本章小结

1. 冲突对于任何组织来说都是一个严重的问题，要正确认识、理解、处理冲突。各种差异是引起冲突的主要根源。通过对冲突的过程分析，寻求解决冲突的有效方法。

2. 完整的沟通过程，主要包括六个步骤。根据不同标准对沟通的分类，有正式沟通与非正式沟通，单向沟通和双向沟通，口头、书面与非语言沟通，及垂直、平行和斜向沟通等。

3. 在沟通过程中，经常会遇到各种障碍，本章主要从文化系统、组织系统、心理系统等方面考察了影响沟通的各种因素，并针对这些影响因素介绍了一些沟通技巧与改善沟通的制度性措施。

4. 发生在两个或更多个群体之间的行为和相互影响是饶有趣味的。在同一组织中的不同群体间，主要有合作型、顺序型及互惠型等三种依存模式。

5. 组织常用的协调方式，主要有制定规章制度和活动程序、统一领导、规划、联络人员、特别委员会和常设委员会等六种。

古星保险公司

冷科长：古星保险公司赔偿支付科科长。男，40岁，工作认真，性格内向。

牛先生：古星保险公司赔偿支付科赔偿分析员。男，38岁，业务能力考核成绩强，脾气倔强。

中午快下班时，老板打电话向冷科长布置了一项紧急任务，并强调一定要在下午两点前办好。于是，冷科长拦住了正准备下班的牛先生，请他把午饭时间变动一下，以便把这项急件突击出来。可是，牛先生表现出了明显的不情愿。他说："对不起，我还要到银行去一趟，恐怕不行。"

冷科长不满地说："你怎么总是这样，每次让你干点儿工作，你就有事，你的事可以挪到下午办嘛。"

"午休时间是所有职工都应享受的权利，你没权占用。"牛先生也气冲冲地顶了回去，两人争执了起来。

冷科长与牛先生的矛盾由来已久。两年前赔偿支付科的前任科长调离，有小道消息传来说牛先生是新任科长的候选人。但是，上级却调来了冷先生当科长。冷先生对保险索赔业务完全是外行，性格也不热情，不善于跟科里人来往，一副公事公办的样子。牛先生觉得冷科长一点也不喜欢他，而冷科长觉得牛先生由于没有当上科长对他充满了敌意，会讨厌一个外行来领导他。前一段发生了一件事，更加深了他们彼此之间的猜疑、隔阂。

事情是这样的，牛先生得了流行性感冒，遵医嘱病休在家。在他休息的第四天，接到冷科长的电话问他病好了没有，能不能尽快回科里上班，因为人手不够。牛先生回答说，他的病还没有好，还需要休息几天才能上班。

碰巧，第五天天气特别好，牛先生感到自己好了不少，想活动活动，就骑上了他儿子的自行车，到一家修车铺修理链条。就在他修好车要离开时，一抬头看见冷科长正骑着自行车驶过。他敢肯定，冷科长也看见了他。

当下一个星期他回到科里上班时，他觉得应该向冷科长解释一下。"冷科长，上周我去修车，是……"牛先生结结巴巴地开口了，一看到冷科长冷若冰霜的脸，他不知该怎样说下去。

"好了，不用说了，我都知道。病好了就上班吧。"冷科长不等他说完就离开了。

牛先生不知道冷科长都知道了什么，反正他知道冷科长是不会相信他的。

过了几周，科里有个高级赔偿分析员的职位出现了空缺。牛先生肯定自己完全可以胜任这个职务。于是，他向科长提出了申请。但冷科长告诉他，这个职位要求具有高度的责任心，而他当了这么久的雇员，在这方面表现太一般了。

现在冷科长要求他午饭时间加班，他就存心与他过不去了。

现在他们俩人的关系越来越僵了。

问题：

1. 从案例中可以看出，冷科长与牛先生之间从未有过良好的沟通，你认为造成这种局面的主要原因是什么？

2. 如果你是冷科长，体会如何利用上任之初这个有利时机与包括牛先生在内的下属进行有效的沟通？

3. 面对目前的僵局，冷科长应该怎么做才能扭转局面？

【复习题】

1. 简述冲突的过程。
2. 阐述沟通的分类和不同沟通类型的优点和缺点。
3. 信息沟通中五种沟通网络是什么？试述它们各自的优缺点。
4. 沟通过程中会遇到哪些障碍？通过哪些手段能予以有效解决？
5. 在同一组织中不同群体之间有哪些依存模式？
6. 通过哪些方式能够有效协调群体间行为？

讨论及思考题

1. "我的企业不存在冲突，所以是最好的企业"。分析这句话是否正确。

2. 你如何认识冲突、沟通与协调在当前我国企业的现状？你认为应当如何改造？

第十三章

控　制

本章提示

◇ 控制与控制过程坚持的原则
◇ 实现有效控制的特征
◇ 控制的类型
◇ 五种常用的控制方法
◇ 控制实施的基本过程

本章引言

1995年2月27号，金融界传来惊人的消息，具有233年悠久历史的英国巴林银行宣布倒闭，造成这一事件的是巴林银行新加坡分行的交易员，年仅20余岁的尼克·里森。巴林银行倒闭不是突发事件，在1994年底巴林银行已发现资产负债表有5 000万英镑的亏空，在发现亏空到巴林银行倒闭的两个月里，巴林银行高层与总部审计人员对财务进行关注，但都被尼克·里森轻易蒙蔽过去，至此巴林银行仍未意识到内部控制机制的松懈与疏忽。连尼克自己都说："对于没有人对我的行为进行制止，我感到不可思议。"巴林事件提醒我们，一个企业没有严格的控制系统以及快速应变措施，未来将存在很大的风险。

控制是指为了保证组织按预定要求运作而进行的一系列工作。本章将着重介绍控制应遵循的一些主要原则，分析控制过程中出现的问题，以及如何达到有效控制的目的。

第一节 控制的基本理论

1948年，诺伯特·维纳发表了著名的《控制论——关于在动物和机器中控制和通讯的科学》一书，从此，控制论思想和方法渗透到了几乎所有的自然科学和社会科学领域，特别是在管理科学领域得到了日益广泛和深入的运用。

一 控制的必要性

在现代管理系统中，人、财、物等要素的组合关系是多种多样的，一个组织若是缺少有效的控制，就会产生混乱，甚至偏离组织正常活动的轨迹。具体而言，控制工作的必要性主要表现在以下几个方面：

（一）组织及组织活动日益复杂

当今的组织变得越来越复杂，一个企业可以跨地区、跨国界经营，也可以同时进入不同的市场及互不相关的行业。大企业、跨国公司组织规模日益庞大，组织活动日益复杂，为了保证各方的协调运转，要求采用持续地、适当地控制系统来衡量各方面的工作成效，以保证公司整体目标的顺利实现。

（二）组织未来环境的不确定性

在未来一定时期里，环境是一个动态变化的不稳定因素，如顾客消费心理的改变、市场的转移、新材料和新产品的出现、新的经济法律法规的公布实施和国内外经济形势的改变等等，这些环境因素的变化使得组织原来建立的目标和制定的计划无法执行和实现。因此，组织必须建立一个控制系统来帮助管理者监察、预测环境变化的程度和原因，并采取适应性的调整和修正行动使组织活动控制在正常的轨道中。

（三）授权中责任的体现

企业经营达到一定规模，企业管理者就面临着分权、授权的问题，企业分权程度越高，控制就越有必要。在授权过程中，管理者所承担的责任并不因授权而解除或减轻，因此，应建立一个控制系统以控制工作的进程。让员工了解他们的职责是什么，他们的绩效是如何评价和考核的以及评估过程中绩效标准是什么，才能持续地强化下级或个人责任，减少权力的滥用，促使其更好地完成工作。

（四）管理者的失误

管理者可能由于个人能力的限制或个人动机、个性等，在工作中会犯各种各样的错误，对企业的运转产生不利影响，而控制是组织发现错误，纠正错误的重要手段。控制本质上就是一个信息反馈的过程，通过不断地检查、评价、发现偏差、认识偏差产生的原因，采取纠正措施等一系列周而复始的往复运动来达到改进工作，提高工作的目的，进而使组织臻于完善。

二 控制的基本原理

1. 任何系统都是由因果关系链连结在一起的元素的集合。元素之间的这种关系就叫耦合。控制论就是研究耦合运行系统的控制和调节的。

2. 为了控制耦合系统的运行，必须确定系统的控制标准 Z。控制标准 Z 的值是不断变化的某个参数 S 的函数，即 $Z=f(S)$。例如为了控制飞机的航行，必须确定航线，飞机在航线上的位置 s 的值是不断变化的，所以控制标准 Z 的值也必然是不断变化的。

3. 可以通过对系统的调节来纠正系统输出与标准值 Z 之间的偏差，从而实现对系统的控制。

企业也是一个耦合运行系统。企业生产经营活动的全过程就是由严密的因果关系链联结起来的。无论是整个过程或其中某个阶段、某个环节，为了得到一定的产出，就必须有一定的投入。通过控制投入生产过程的资金、人力、物资及管理和技术信息，就可控制企业生产经营活动的产出。

三 控制类型

管理控制活动可以从不同的角度进行分类。以下介绍几种典型的管理控制分类。

（一）按控制目的和对象划分类型

从控制目的和对象的角度可将控制工作划分为纠正执行偏差和调整控制标准两种类型。前者是使执行结果符合控制标准的要求，为此需要将管理循环中的实施环节作为控制对象，这种控制的目的就是为缩小实际情况与控制目标的偏差，即负馈控制。后者则是使控制标准发生变化，以便更好地符合内外现实环境条件的要求，其控制作用的发生主要体现在管理循环中的计划环节，也就是这种控制对象包括了控制标准本身，这种控制的目的就是使控制标准产生动荡和变动，使之与实际情况更接近，即正馈控制。

正馈控制和负馈控制应该并重使用，但现实中要处理好这两方面控制工作的关系并不容易。增进适应性的正馈控制，有时很易于被用来作为无视“控制”的借口。而这样做的结果就会导致系统进行的不稳定、不平衡。但另一方面，平衡不应该是静态的平衡。现代的企业面临复杂多变的环境，环境条件变了，计划的前提也变了，如果还僵硬地抱着原先的控制标准不放，不做任何调整，那么组织很快就要衰亡。现代意义下的控制，应该持一种动态平衡的观念，应能促进被控制系统在展现朝向目标行为的同时适时地根据内外环境条件作出调整，妥善处理好适应性和稳定性、正馈控制和负馈控制这两种既相互对立又往往需要统一的关系，而这正是现代企业控制的难点。

（二）按控制信息获取的时间点划分类型

控制职能可以按照活动的位置，即侧重于控制事物进程的哪一阶段而划分为三种类型：前馈控制、现场控制和反馈控制。

事先识别和预防偏差的控制称为前馈控制，有时也称为预备式控制或预防式控制。前馈控制旨在获取有关未来的信息，依此进行反复认真的预测，将可能出现的执行结果与计划要求的偏差预先确定出来（此为负反馈），或者事先察觉内处环境可能发生的变化（此为正反馈），以便提前采取适当的处理措施预防问题的发生。这种控制把重心放在流入组织的人力、物料和财务资源上，其目的在于保证高质量的投入。

现场控制则是一种同步、实时的控制，即在活动进行的同时就施予控制。管理者亲临现场进行指导和监督，就是一种最常见的现场控制活动。

现场控制可分为两种：一是驾驭控制，有如驾驶员在行车当中根据道路情况使用方向盘来把握行车方向。这种控制是在活动进展过程中随时监控各方面情况的变动，一旦发现干扰因素介入立即采取对策，以防执行中出现偏差。二是关卡控制，它规定某项活动必须经由既定程序或达到既定水平后才能继续进行下去。

反馈控制是在活动完成之后，通过对已发生的工作结果的测定发现偏差和纠正偏差，或者是在内外环境条件已经发生了重大变化，导致原定标准和目标脱离现实时，采取措施调整计划。反馈控制又称事后控制或产出控制，其控制重心放在组织的产出结果上——尤其是最终产品和服务的质量。

反馈控制有一个致命的弱点即滞后性，很容易贻误时机，增加控制的难度，而且损失往往已经发生了。因此，反馈控制要求反馈的速度必须大于控制对象的变化速度，否则，系统将产生震荡，处于不稳定状态。

（三）按采用的手段划分类型

按所采用的手段可以把控制划分为直接控制和间接控制两种类型。直接控制是控制者与被控制对象直接接触进行控制的形式。间接控制是控制者与被控制对象之间并不直接接触，而是通过中间媒介进行控制的形式。

（四）按控制源划分类型

按控制源可把控制分为三种类型，即正式组织控制、群体控制和自我控制。

正式组织控制是由管理人员设计和建立起的一些机构或规定来进行控制，像规划、预算和审计部门是正式组织控制的典型例子。群体控制基于群体成员们的价值观念和行为准则，它是由非正式组织发展和维持的。自我控制是个人有意识地去按某一行为规范进行活动。

（五）按问题的重要性和影响程度划分类型

按问题的重要性和影响程度划分，可以把控制分为任务控制、绩效控制和战略控制三种类型。

任务控制亦称业务控制，是针对基层生产作业和其他业务活动而直接进行的控制。任务控制多采用负馈控制法，其目的是确保有关人员或机构按既定的质量、数量、期限和成本标准完成所承担的工作任务。

绩效控制是一种财务控制，即利用财务数据来观测企业的经营活动状况，以此考评各责任中心的工作实绩，控制其经营行为。此种控制亦称为责任预算控制或以责任发生制为基础进行的控制。

战略控制是对战略计划和目标实现程度的控制。战略控制站在更高的角度看待问题，而不像低层次的控制活动那样仅局限于矫正眼前的、内部的具体执行工作。

第二节　控制的基本过程

控制技术和系统对资金、办事规程、职工士气、产品质量或其他事项来说在本质都是相同的。不论在什么地方，也不论控制的对象是什么，控制过程基本上都有以下三个步骤。

一　确定标准

控制标准的制定是控制能否有效实行的关键。没有切实可行的控制标准，控制就可能流于形式。

标准是衡量实际工作绩效的依据和准绳，标准来自于组织目标，但不等同于组织目标。在具体的业务活动中，笼统地将组织的计划目标作为标准是不行的，必须根据具体的作业特点设置标准。标准的设立应当具有权威性。

（一）确定控制对象

控制工作的最初始动机就是要促进企业有效地取得预期的活动结果。因此，要分析企业需要什么样的结果。这种分析可以从生产率、盈利性、市场占有率等多个角度进行，并把它们列为需要控制的对象。

由于企业无力、也无必要对所有活动进行控制，因而只能在影响经营成果的众多因素中选择若干关键环节作为重点控制对象。比如在酿造啤酒的过程中，影响啤酒质量的因素很多，但主要因素是水的质量、酿造的温度以及酿造的时间。这三个因素控制好了，就能基本保证啤酒的质量。

标准可以是多种多样的。其中最好的标准就是可考核的目标，不论用定量形式表示，还是用定性形式表示。

企业常用标准有以下几种：

1. 时间标准。是指完成一定数量的产品，或做好某项服务工作所限定的时间。

2. 生产率标准。是指在规定的时间内完成产品和服务的数量。

3. 消耗标准。是根据生产货品或服务计算出来的有关消耗。

4. 质量标准。是指保证产品符合各种质量因素的要求，或是服务方面需达到的工作标准。

5. 行为标准。是对职工规定的行为准则。对企业的活动来说，也应建立业务活动标准。

（二）制定标准的方法

控制的对象不同，为它们建立标志正常水平的标准的方法也不一样。一般来说，企业可使用的建立标准的方法有三种：

(1) 统计性标准。统计性标准也叫历史性标准，是以分析反映企业经营在历史上各个时期状况的数据为基础来为未来活动建立的标准。这些数据可能来自本企业的历史统计，也可能来自其他企业的经验。同时，在根据历史性统计数据制定未来工作标准时，要充分考虑到行业的平均水平，并研究竞争企业的经验是非常必要的。

(2) 经验估计建立标准。实际上，并不是所有工作的质量和成果都能用统计数据来表示，也不是所有的企业活动都保存着历史统计数据。对于新从事的工作，或对于缺乏统计资料的工作，可以根据管理人员的经验、判断和评估为之建立标准。

(3) 工程标准。它是以准确的技术参数和实测的数据为基础的，例如，确定机器的产出标准，就是根据设计的生产能力确定的。

二 衡量绩效

对照标准检查实际工作绩效是控制工作的第二个阶段，也是控制过程中工作量最大的阶段。该阶段的主要内容就是通过采集实际工作的数据与信息，了解和掌握工作的实际情况，将实际工作成绩与控制标准相比较。衡量绩效的两个核心问题是衡量什么和如何衡量。

事实上，衡量什么在衡量工作之前就已经得到了解决。在确定控制标准中，依据计划制定出的各种控制标准就是我们所要衡量的内容。在这里主要介绍如何衡量。

如何衡量，也就是用什么方法衡量。在实际中，应根据具体情况具体分析。常用的衡量方法有如下几种：

(一) 面对面的直接口头汇报

面对面的口头汇报分正式汇报和非正式汇报两种。正式汇报往往在某些公众场合，如各种形式的会议等；非正式汇报往往是一对一的，情况通报和信息沟通式的，也包括电话交谈、个别交谈等。口头汇报这种方法的优点是方便快捷，能够得到立即反馈；其缺点是不便于存档查找和重复使用，而且汇报内容容易受到汇报人的主观影响。

(二) 正式的书面文字汇报

书面文字汇报往往在计划结束告一段落后形成，是将实际工作中采集到的数据以一定的方法进行加工处理后得到的文字材料，如会计报表、经济报表等。书面汇报这种方法的优点是节省时间，效率较高，而且易于保存；其缺点是资料的应用价值受到原始数据真实性和全面性的影响。同时，在时间上往往滞后。

（三）直接观察

直接观察就是由负责控制的人员亲临工作现场，通过观察，与工作人员现场交谈来了解工作的实际情况。这种方法给管理者提供了关于实际工作情况的第一手资料，从而避免了可能出现的遗漏、忽略和信息的失真。特别在对基层工作人员的工作情况进行控制时，直接观察是一种非常有效的方法。但这种方法也存在许多局限性，如费时费力，不能全面了解各方面的工作情况，特别是往往可能被表现现象所迷惑，有时还会流于表面形式等。

（四）抽样检查

假如有些职工的工作是不适合报告的，则管理人员最好还是应用抽样调查。例如，电话公司中修理部门的上级管理人员，因该部门是每天 24 小时服务，所以在不同的时间班次中，应经常进行抽样检查，看看该部门究竟运作得怎样。

在控制过程中怎样使对照措施做得更好？控制论为我们提供了五个问题：

1. 信息是适时的吗？
2. 测量单位是适宜的吗？
3. 收到的信息是可靠的吗？可靠性多大？
4. 信息是有效的吗？
5. 信息是否送给了需要该信息的权力层面？

衡量绩效实际上是一种信息的收集过程。任何信息收集过程都要注意所获取信息的质量问题。因此，在利用上述方法进行衡量工作时，要特别注意所获取信息的准确性、及时性、可靠性和适用性。随着信息技术的发展，越来越多的组织建立起管理信息系统（MIS），这就使得信息的获取变得非常方便快捷，从而大大减少了衡量工作绩效的工作量，为有效控制的实施创造了良好的条件。

三 纠正偏差

并非所有的偏差都可能影响企业的最终成果。有些偏差可能反映了计划制定和执行工作中存在的严重问题，而另一些偏差则可能是一些偶然的、暂时的、区域性因素引起的。有时同一偏差也可能由不同的原因造成：销售利润的下降既可能是因为销售量的降低，也可能是因为生产成本的提高；前者既可能是因为市场上出现了技术更先进的新产品，也可能是竞争对手采取了某种竞争策略，后者既可能是原材料、劳动力消耗和占用数量的增加，也可能是由于购买价格的提高。不同的原因要求采取不同的纠偏措施。要通过评估反映偏差的信息和对影响因素的分析，透过表面现象找出造成偏差的深层原因，为纠偏措施的制定指导方向。

造成偏差的原因一般有三大类：计划操作原因、外部环境发生重大变化、计划不合理。

（一）计划操作原因

当由于计划执行者的自身原因使偏差发生时，如工作不认真、没有责任心；或能力不够，不能胜任工作等，这时可采取下列措施：重申规章制度，明确责任，明确激励措施，按规定处罚有关人员；或调整工作人员，加强员工培训，改组领导班子等。

（二）外部环境发生重大变化原因

当因外部环境发生重大变化产生偏差时，如国家政策法规发生变化，国际政治风云突变，某个大客户或大供应商突然破产，自然界不可抗拒灾害等，由于这些因素往往是不可控的，只能在仔细分析的基础上采取一些补救措施，以尽量消除不良影响，然后改变策略，避开锋芒，或变换目标，另辟蹊径。

（三）计划不合理

有时制定计划时不切实际，好高骛远，盲目乐观，把目标定得过高，根本达不到，如制定过高的利润目标、市场占有率等，这时应根据具体情况，及时调整目标，使之在合理的水平内；也有时在制定目标时过于保守，低估自己的实力，把目标定得太低，不能起激励作用，这时也应进行调整。当然，应注意不能凭一时冲动，随意更改计划，否则，计划将失去存在意义，也就谈不上有效控制了。

通常纠偏行动可分别采取两种不同的措施，一种为立即执行的临时措施（应急措施），另一种是永久性的根治措施。例如，某一特殊规格的部件一周后要交货，否则其他部门会受其影响而出现停工待料。一旦该部件的加工出现了问题，此时不应考虑追究什么人的责任问题，而是必须按计划如期完成任务。危机克服后，可转向针对问题产生的原因的根治措施。这里不仅要分析问题是如何发生的和为什么发生，而且要分析应采取什么预防措施。不少管理人员在控制工作中常常充当“救火员”的角色，而不认真探究“失火”的原因。

对于标准的偏差也很有可能是正偏差，就是说工作成果要好于标准的要求。发生这种情况固然是一件令人高兴的事情，但也可能有必要对这种情况中标准的准确性和恰当性进行检查，然后确定这种正偏差是市场噪声的结果，还是属于工作表现优秀的结果。纠正计划工作中出现的偏差正是以这样的看法为依据，即把控制看成是整个管理系统的一个组成部分，它在管理系统中与其他管理职能结合在一起，主管人员可以用重新制定计划或修改目标的方法来纠正偏差。

总之，对计划执行过程中出现的偏差进行纠正，说明管理是一个连续的过程。控制职能与其他管理职能的交错重叠，则说明了主管人员的职能是一个统一的完整的系统。

第三节　有效控制

如果控制使用正当，无疑将有助于主管人员掌控非预期的因素，实现战略目标。一个有效的控制系统应包括如下特征：

一　适时控制

适时性指控制系统应该及时提供信息，迅速作出管理上的反应。如果反应过于迟缓，修正措施将毫无价值。如进口产品检验不合格，过了索赔期，对方就不承担责任。

时滞现象是反馈控制的一个难以克服的困难。正像前文提到的，虽然检查实施结果，并将结果同标准进行比较，找出偏差，可能不会花费很多时间。但分析偏差原因，提出纠正偏差的具体方法也许旷日持久，当真正采取这些办法纠正偏差时，实际情况可能有了很大变化。

如何解决这种问题？较好的办法是建立企业经营状况的预警系统来实现。我们可以为需要控制的对象建立一条警报线，反映经营状况的数据一旦超过这个警戒，预警系统就会发出警报，提醒人们采取必要的措施防止偏差的产生和扩大。

二　适度控制

适度控制是指控制的范围、程度和频度要恰到好处。虽然任何组织都需要控制，但控制系统的大小各异。不管管理者应用怎样的控制，它必须与涉及的工作相适合并是经济的。

对适度控制的要求体现在这两方面：一方面，过多的控制会扼杀组织中成员的积极性、主动性和创造性，会抑制他们的首创精神，从而影响个人能力的发展和工作热情的提高，最终影响企业的效率；另一方面，控制不足将不能使组织活动有序地进行，不能保证各部门活动进度和比例的协调，造成资源的浪费。此外，过少的控制还可能使组织中的个人无视组织的要求，我行我素，甚至利用在组织中的便利地位谋求个人利益，从而导致组织的涣散和崩溃。

三 客观控制

控制系统必须是精确的，这道理似乎是显而易见的，然而，在现实生活中，许多管理人员的决策往往是基于不精确的信息。销售人员在估计销量时说些模棱两可的话，以迎合主管上司的看法；生产车间的管理人员为了达到上级制定的目标隐瞒生产成本的上升；一些管理者为了得到领导的青睐而虚报成绩。这些都给管理人员的正确决策带来了负面影响。

要客观地控制，第一要尽量建立客观的计量方法，即尽量把绩效用定量的方法记录并评价，把定性的内容具体化。第二是管理人员必须谨慎适当地去解释所获得的信息。数字的客观性不能代表一切，管理人员在做决策时还应看到数字背后的真正含义。如销售每月提高销量多少，上层管理部门对这类报告显然会感到高兴，但是，在销量提高的背后，也许是销售员擅自提供了折扣，或对产品的功效作了不切实际的保证，或答应较早的交货期等。第三是管理人员要从组织目标的角度来观察问题，避免个人偏见和成见。

四 弹性控制

企业在生产经营过程中经常可能遇到某种突发的、无力抗拒的变化，如环境突变、计划疏忽、计划变更、计划失败等，这些变化使企业计划与现实条件严重背离。有效的控制系统应在这种情况下仍应有足够的灵活性去保持对运行过程的管理控制，也就是说，应该具有一定的弹性。例如在工程项目建设中在对地质进行勘测、工程量测量时经常会发生偏差，导致工程费用急剧上升，因此，在做总投资估算时都有预备费的预算。

事实上，弹性控制最好是通过弹性的计划和弹性的衡量标准来实现。在制定计划时，充分考虑到未来企业经营可能出现的不同水平，从而为标志经营规模的不同参数值规定不同的经营额度，使预算在一个可接受的范围内变化。

第四节　控制的基本方法

一　预算控制

预算是数字化了的计划，是用数字来表示预计的结果。人们根据预算的使用情况来评价工作效果，并且由于有了预算，各项活动都受到控制。预算是政府部门和企业使用最广泛的控制手段。

（一）预算的分类

1. 收支预算。包括收入预算和支出预算。收入预算主要是在某个计划期的有关收益及来源，像企业有销售收入、租金、外加工收入、专利转让、利息及其他投资收益等。一般来说，企业的主要收入是销售收入，可单独编制预算；支出预算即计划期各种费用支出的预算，它包括材料费、人工费、管理费、销售费等。一般影响成本的主要费用应编制详细的预算，如材料费、人工费等，而有些费用则只编制较长时间内的预算，如办公用品费用等。

2. 实物预算。是以实物为计量单位的预算，它的范围很广，如产量预算、人工预算、机时预算、原材料消耗预算、燃料消耗预算、库存预算等。

3. 资金支出预算。这是指对工厂的投资，如对厂房、设备在内的生产设施进行更新改造，增加品种、完善产品性能或改进工艺的研究与开发支出；用于提高职工和管理队伍素质的人事培训等；用于广告宣传等。这些费用的数目一般较大，且短期难以收回，需慎重对待，使这部分资金的使用符合企业的长期计划和整个资金的分配使用计划。

4. 现金预算。现金预算是对企业未来生产与销售活动中现金的流入与流出进行的和预测。现金预算只能包括那些实际包含在现金流程中的项目：赊销所得的应收款在用户实际支付以前不能列作现金收入；赊购所得的原材料在未向供应商付款以前也不能列入现金支出；而需要今后逐年分摊的投资费用却需当年实际支出现金。通过现金预算，可以帮助企业发现资金的闲置或不足，从而指导企业及时利用暂时过剩的现金，或及早筹齐维持营运所短缺的资金。

5. 资产负债表预算。这种预算是对企业某一个会计期末的资产、负债、净值这几项计划情况进行预测。它通过将各部门和各项目的分预算汇总在一起，表明如果企业的各种业务活动达到预先规定的标准，在财务期末企业资产与负债会呈现何种状况。管理人员通过对预算表的分析，可以发现某些分预算的问题，从而有助于采取及时的调整措施。

（二）动态预算方法

由于预算的结果常被用作控制标准，故预算方法的选定非常重要。以上介绍的预算一般是以预测的销售量为基础，在一定业务量水平下编制的预算，称为静态预算。但是，企业的环境不断变化，使得企业所预测的销售量比实际的销售量可能更高或更低，原编制的预算就无法使用。针对这种情况，可用下面的三种方法。

1. 弹性预算。弹性预算又称可变预算。其基本思想是按固定费用和变动费用分别编制固定预算和可变预算，固定费用在相关业务范围内不随业务量变动而变动，变动费用随业务量变动而变动。因此，在编制弹性预算时，只需按业务量调整费用总额即可，以确保预算的灵活性。同时，应根据具体情况研究各种费用的变动程度，以确定各种换算系数，这样更有利于预算的合理性、准确性，减少预算变动的频繁程度。

2. 零基预算。零基预算由美国德州仪器公司首创。其基本思想是在编制预算时，必须对每项费用都予以重新核查，要以目前的需求和发展趋势作为核查基准。具体做法是：要求每个项目的预算费用以零为基数，根据各部门计划期内的目标和任务，提出所需费用项目及具体方案，并在“成本—效益”分析的基础上确定预算。

采用零基预算法，一切以零为起点，重新评价和计算，编制预算的工作量非常大。但它避免了固定预算中只重视前段时期变化的倾向，迫使管理者重新审视每个计划项目及费用开支，能促使人们精打细算，减少不必要的开支，是事前控制的一种好方法。

3. 滚动预算。滚动预算又称永续预算，其特点是，预算在其执行中自动延伸，当原预算中有一个季度的预算已经执行了，只剩下三个季度的预算数，就把下一个季度的预算补上，经常保持一年的预算期。或者是以月为一个滚动时间间隔，使预算期永远保持 12 个月。

编制滚动预算的优点是根据预算的执行情况，调整下一个阶段的预算，使预算更加切实可行。并且，预算期保持一年，使企业在短期内维持一个稳定的目标，以免等预算执行完再编制新的预算。

二 比率分析

比率分析就是将企业资产负债表和收益表上的相关项目进行对比，形成一个比率，从中分析和评价企业的经营成果和财务状况。

利用财务报表提供的数据，我们可以列出许多比率，如表 13—1 所示。

表 13—1　常见的财务比率

流动性比率	
流动比率	流动资产/流动负债
收益性比率	
销售利润率	净收入/总销售额
资产回报率（ROA）	净收入/总资产
毛利率	毛收入/总销售额
杠杆比率	
负债比率	负债总额/资产总额
经营比率	
存货周转率	总资产/平均存货
固定资产周转率	销售总额/固定资产
转换比率	订单量/顾客询问次数

流动性比率。流动比率体现了企业偿还其流动债务的能力。一般来说，企业资产的流动性越大，偿债能力就越强；反之，偿债能力则弱。资产若以现金形式表现，其流动性最强，但要防止追求过高的流动性而导致财务资源的闲置，以避免使企业失去本应得到的收益。

收益性比率。通过研究收益性比率，经理人员可以分析公司的盈利状况。销售利润率和毛利润率反映从一定时期的产品销售中是否获得了足够的利润。将企业不同产品，不同经营单位在不同时期的销售利润率进行比较分析，能为经营控制提供更多的信息。资产回报率是衡量企业资金利用效果的一个重要指标，反映了企业是否从全部投入资金的利用中实现了足够的净利润。

杠杆比率。杠杆指的是用借来的资金进行投资活动。公司可以使用杠杆，使资产发挥更大的效用，产生更多的效益。然而，负债过多会增大公司的经营风险，削弱公司的偿债能力。因而，经理人员必须时时关注公司的负债比率，确保负债不会超过公司可接受的水平。确定合理的债务比率是企业成功地举债经营的关键，债务人通常人为负债比率超过 1.0，信用风险较大。

经营比率。也称活力比率，是与资源利用有关的几种比例关系。它们反映了企业经营效率的高低和各种资源是否得到了充分利用。存货周转率反映与销售收入相比存货数量是否合理，表明了投入库存的流动资金的使用情况。固定资产周转主率反映单位固定资产能够提供的销售收入，表明了企业固定资产的利用程度。转换比率反映了公司将顾客询问转换成实际销售的效率。

三 盈亏与投资收益率控制

企业的生存取决于盈亏，因而盈亏成为事业成败的绝对衡量标准。许多企业利用盈亏表来控制其分部或部门。由于损益表是在既定时间内的所有收入与支出的统计表，所以它是企业经营结果的真正汇总。

盈亏控制通常仅用于公司较大的部门中。因为盈亏表的编制需要大量的书面工作，会计费用、记账、转账等方面的费用较高，如果过多地使用盈亏控制，还会使会计记录重复，对于较小的部门，这个任务就显得过于繁重了。盈亏控制的另一个缺点是，由于部门与部门之间开展竞争而采取本位主义的态度，往往存在不顾公司整体协调配合的现象。

一个运用得很成功的控制技术，是以盈余与投资的比率来衡量一家公司。这种方法从 1919 年起，就被杜邦公司用作控制系统的核心，而且得到了各方面的重视。其基本思想是：企业的目标，是追求最大的资金收益，资金是企业发展的关键因素，因此，管理者的职责就是要尽可能有效地使用托付给他的资金。

四 作业控制

作业控制是为了保证各项作业计划的顺利进行而做的一系列工作。一般包括成本控制、质量控制、采购库存控制等。

(一) 成本全面控制

成本全面控制是在对系统的所有工作做全面详细分析后，层层分解成本指标，以其作为衡量控制标准。也就是说，以成本为控制主线，确保在预定成本下获得预期目标利润。

（二）质量控制

为保证产品质量符合规定标准要求和满足用户使用目的，企业需要在产品设计、试制、生产制造直至使用的全过程中，进行全员参加的、事后检验和预先控制有机结合的、从最终产品的质量到产品赖以形成的工作的质量，全方位抓好质量管理。

20 世纪 80 年代，随着国际竞争的加剧和顾客期望值的提升，许多企业采用全面质量管理（TQM）的方法来控制质量，把质量观念渗透到企业的每一项活动中，以实现持续的改进。全面质量管理有四大特征：

1. 全过程的质量管理。即质量管理不仅仅在生产过程，而且应“始于市场，终于市场”，从产品设计开始，直至产品进入市场，以及售后服务等，质量管理都应贯穿其中。

2. 全企业的质量管理。质量管理不仅仅是质量管理部门的事情，它和全企业各个部门都休戚相关，因为产品质量是做出来的，不是检验出来的，故每项工作都与质量相关。

3. 全员的质量管理。即每个部门的工作质量，决定于每个职工的工作质量，所以每个职工都要保证质量，为此，由职工成立了很多质量小组，专门研究在部门或工段的质量问题。

4. 全面科学的质量管理方法。它以统计分析方法为基础，综合应用各种质量管理方法，工作步骤按“计划——执行——检查——处理”（PDCA）四步循环进行。

（三）库存控制

企业的生产要正常连续地进行，供应流不能断，需要一定的库存，但库存占用了大量的流动资金。库存增加，不仅占用生产面积，还会造成保管费用上升、资金周转减慢、材料腐烂变质等；库存过少，又容易造成生产过程因停工待料而中断，产成品因储备不足而造成脱销损失等。所以，做好库存控制是非常重要的。

库存控制主要要解决这些问题：哪些物资要有库存？哪些应多存？哪些应少存？何时订货？订多少？等等。

1. 库存什么。企业生产所需物质应根据数量和资金占用等情况分别对待，其中常用方法有 ABC 法。ABC 分类法是根据 80—20 原则制定的，其基本思想是少数的关键因素起决定性作用。A 类资金占用比重很大，但品种较少；C

类则相反，品种较多，但资金占用比重很小；B类介于二者之间。通过分类，对各类物质实行不同的管理。A类是库存控制的重点，应严格控制库存数量，严格盘点，采购间隔期尽量短，以利于加速资金周转；C类可适当延长采购间隔期，简化管理；B类控制方式可根据具体情况，采取适当的管理方式。

2. 库存量控制。库存量的控制要考虑总体采购资金、服务质量等因素。企业可控制采购间隔期或是采购批量来满足需要；也可设定一个订货点来控制，当库存量低于订货点时就需要再次订货了。

3. JIT生产方式。虽然库存被认为是必需的，但库存给许多企业带来了极大的烦恼。基于此，日本丰田汽车公司的准时生产在这方面作出了良好的成绩，甚至被称为“无库存生产方式”。JIT用“拉动式”的“看板管理”在生产现场控制生产进度，使之达到准时生产的目的。“拉动式”生产方式根据市场需求制定生产计划后，只对最后的生产工序工作中心发出指令，最后工序工作中心根据需要向它的前道工序工作中心发出指令，这样按反工艺顺序逐级“拉动”。在生产现场，其“拉动”靠“看板”来实现，每一张看板代表一定的数量，很容易计算和检查。它实际上是将库存放在现场，由看板数量确定各零配件的库存数量，每当生产运行平稳后，就减少一些看板数量，使得生产中的一些问题暴露出来，从而采取措施，加以改进。

五 审计控制

审计是对反映企业资金运动过程及其结果的会计记录及财务报表进行审核、鉴定，以判断其真实性和可靠性，从而为控制和决策提供依据。根据审查主体和内容的不同，可将审计划分为三种主要类型：(1) 由外部审计机构的审计人员进行的外部审计；(2) 由内部专职人员对企业财务控制系统进行全面评估的内部审计；(3) 由外部或内部的审计人员对管理政策及其绩效进行评估的管理审计。

一个企业应该根据目前和将来可能的环境条件，定期地进行“管理的审计”，对企业的各个方面作出评价，确定问题并采取纠正措施。管理审计利用公开记录的信息，从反映企业管理绩效及其影响因素的若干方面将企业与同行业其他企业或其他行业的著名企业进行比较，以判断企业经营与管理的健康程度。其方法有：

1. 监督性盘存。即审计人员监督财产、物资和货币的实施盘点。在盘点过程中，审计人员还应该抽查某些实物的数量和质量。

2. 抽样。即在为数众多的审计对象中，抽选某些样本进行审核。

3. 发函询证。即向与被审计对象有往来的单位或个人发函询问，来核对应收付款项的余额。

4. 反复对证。即以原始凭证为依据，将其同有关实物、单位、个人和其他原始凭据相互对证，而有关的其他原始凭据、实物单位和个人之间还可以再互相对证。

5. 凭证检查。即会计凭证、账簿记录和会计报表的检查。

管理审计在实践中遇到了许多批评，其中比较重要的意见是认为，这种审计过多地评价组织过去的努力和结果，而不致力于预测和指导未来的工作，以至于有些企业在获得了极好评价的管理审计后不久就遇到了严重的财政困难。尽管如此，管理审计不是在一两个容易测量的活动领域进行了比较，而是对整个组织的管理绩效进行了评价，因此可以为指导企业在未来改进管理系统的结构、工作程序和结果提供有用的参考。

本章小结

1. 控制有三个基本原理：(1) 任何系统都是由因果关系链连结在一起的元素的集合。(2) 确定系统的控制标准 Z。控制标准 Z 的值是不断变化的某个参数 S 的函数。(3) 通过对系统的调节来纠正系统输出与标准值 Z 之间的偏差，从而实现对系统的控制。

2. 控制类型多种多样。可根据控制点的取定时间划分，也可按控制目的和对象划分，等等。在实际运用中，应按照确定标准、衡量成效、纠正偏差三个步骤，根据企业的工作性质、特点、企业获得信息的能力、企业网络化的程度来确定自身的选择。

3. 有效控制的四个方面：(1) 适时控制，尽可能消除时滞效应。(2) 适度控制，控制的范围、程度和频度恰到好处。(3) 客观控制，尽量建立客观的计量方法，把定性的内容具体化。(4) 弹性控制，增加处理突变的柔性。

割草机公司的盈利能力控制分析

某割草机公司的营销经理要判断通过三种不同的零售渠道：五金商店、园艺工具商店和百货商店出售割草机的盈利率。其损益表如下：

简化的损益表 单位：美元

销售额		60 000
销售产品成本		39 000
毛利		21 000
各项费用		
工资	9 300	
租金	3 000	
供应品	3 500	
净利		5 200

步骤 1：确定职能性费用

上面表中所列的各项开支是由销售产品、广告、包装和运送产品、开账单和收款等活动引起的。第一个任务是衡量每项活动将引起多少费用。

假设销售代表的工资占的工资支出大部分，其余的则是广告经理、包装和运送商品的工人和一位会计的工资。下面的表格中列出了工资支出在这 4 项活动中的分配。

按性质划分的费用转化为按职能划分的费用 单位：美元

自然账户	总计	销售	广告	包装和运送	开单和收款
工资	9 300	5 100	1 200	1 400	1 600
租金	3 000	—	400	2 000	600
供应品	3 500	400	1 500	1 400	200
合计	15 800	5 500	3 100	4 800	2 400

步骤 2：将职能性费用分配给各个营销实体

下一个任务是衡量伴随每一种渠道的销售所发生的职能支出。先研讨销售努力结果。销售努力结果用每个渠道的销售数表示。这个列在下表的销售栏目里。

向各渠道分配职能性作用的依据

渠道类型	销售	广告	包装和运送	开单和收款
五金商店	200	50	50	50
园艺工具商店	65	20	21	21
百货商店	10	30	9	9
职能性支出	5 500	3 100	4 800	2 400
÷单位个数	275	100	80	80
平均	20	31	60	30

步骤 3：为每个营销渠道编制一张损益表

现在可以为每一种渠道准备一份损益表（见下表）。

各渠道的损益表

	五金商店	园艺工具商店	百货商店	整个公司
销售额	30 000	10 000	20 000	60 000
商品销售成本	19 500	6 500	13 000	39 000
毛利	10 500	3 500	7 000	21 000
各项费用				
推销（每次访问 20 美元）	4 000	1 300	200	5 500
广告（每个广告 31 美元）	1 550	620	930	3 100
包装和运送（每一订单 60 美元）	3 000	1 260	540	4 800
开单（每一订单 30 美元）	1 500	630	270	2 400
总费用	10 050	3 810	1 940	15 800
净利润	450	(310)	5 060	5 200

分析损益表发现，通过园艺工具商店出售、公司将亏损；而通过百货商店的销售，公司实际上获得了它的绝大部分利润。

问题：

1. 针对这三种渠道而作出的公司营销战略是不是最佳的？
2. 对该公司的盈利控制能力，你有什么改善意见？

【复习题】

1. 实践中，控制工作要注意哪些方面的问题？
2. 如何解决控制活动中的时滞问题？

3. 晕轮效应与优先效应有什么危害?
4. 控制过程一般有哪些步骤?
5. 比率分析是如何实现控制的?
6. 人员绩效评定方法的应用范围有哪些?
7. 谈谈预算在企业控制中的应用，具体包括哪几类?

讨论及思考题

1. 开米德公司实行弹性工时制度已一段时间了，职员可以任何时候上下班，只要完成规定的工作即可。但最近一次管理委员会上，生产部门经理报怨该制度难以管理职员，要求取消弹性工作制。而工人们争论说要与市场研究部享受同样的特权。假如你是公司总经理，该如何处理这个问题?应遵循哪些控制原则?

2. 从控制理论的角度谈谈对股票期权的看法。

第十四章

管理创新

本章提示

- ◇ 创新职能对企业生存和发展的重要作用
- ◇ 创新的特点与类型
- ◇ 管理创新的基本内容
- ◇ 五种创新过程模型
- ◇ 创新组织未来的发展趋势呈现的特点

本章引言

劳斯莱斯汽车公司创立于1906年，它的汽车一直是一种身份的象征。但是，1998年6月，劳斯莱斯汽车公司却被德国大众以13亿马克收购。劳斯莱斯公司之所以沦落到被大众收购的地步，与该公司固步自封、缺乏创新和开拓精神有很大关系。世界早已进入用机器人生产汽车的时代，而劳斯莱斯还是主要靠手工生产；在世界汽车工业差不多年年都有新车型的情况下，劳斯莱斯却保持18年不变。劳斯莱斯的教训表明，如果企业因循守旧、不搞创新，始终会被时代所淘汰的。有效的创新管理有助于提高创新成功的可能性，而低劣的管理，很容易造成有潜力创新的市场失利。因此，本章探讨创新对系统生存和发展的作用，分析其类别、内容及过程，揭示创新的规律，以指导创新职能的履行。

第一节 管理创新的作用与特征

组织必须时刻保持创新精神，没有创新，只会被市场所淘汰。一个创新点，有可能使濒临破产的企业重现生机，可以开拓新的市场，可以降低生产成本，让企业充满活力。

一 创新与维持的关系及其作用

根据物理学的熵增原理，原来基于合理分工、职责明确而严密衔接起来的有序的系统结构，会随系统在运转过程中各部分之间的摩擦，而逐渐从有序走向无序，最终导致有序平衡结构的解体。管理的维持职能便是要严格按预定的规划来监视和修正系统的运行，尽力避免各子系统之间的摩擦，以减少结构内耗，保持系统的有序性。没有维持，社会经济系统的目标就难以实现，计划就无法落实，系统的各个要素就可能相互脱离，从而整个系统就会呈现出一种混乱的状况。所以，维持对系统结构的延续是至关重要的。

但是，系统结构要在动态环境中生存、发展，仅有维持是不够的，还必须不断调整系统活动的内容和目标，以适应环境变化的要求——即管理的“创新职能”。

综上所述，作为管理的两个基本职能，维持与创新对系统的生存和发展都是非常重要的，它们是相互联系、相互依存的。只有创新没有维持，系统便会呈现的混乱状态，而只有维持没有创新，系统则缺乏活力犹如一潭死水，适应不了外界变化。卓越的管理是实现维持与创新最优组合的管理。

创新的作用表现如下：

（一）创新可以提高企业的竞争实力

创新可以将企业的劣势转化为优势，将不利因素转化为有利因素。例如，洗衣机的载物洗涤容量一般为 5 公斤，而且呈增大趋势，海尔公司凭着灵敏的市场触角，巧妙地在产品的细微之处大胆创新，与消费潮流背道而驰，思维逆转，推出 2 公斤装的“小小神童”洗衣机。海尔的“只有淡季的思想，没有淡季的产品”的创新理念，使海尔随时保持创新思维，建立了一整套技术创新制度和相应的科研管理模式，最终赢得了市场。

（二）创新为企业的长期持续发展提供动力

企业要想持续发展，必须进行创新，不进行创新的企业，其发展就会缺乏推动力。早在 1994 年，著名的经济学家克鲁格曼就提出了“虚拟的亚洲经济”的观点。他认为亚洲（除日本外）经济的增长主要是依靠资金和劳动力的大量投入，而不是依靠科技进步，因此这一区域的经济高速增长是不可能维持很久的。不幸的是，这一预言果真言中。1997 年爆发的东南亚金融危机至 1998 年蔓延到整个亚洲，导致这些国家的经济增长放缓，甚至出现负增长。

与此相反，美国自里根时代以来，便重视和强调创新的作用，从而出现了目前自第二次世界大战以来最长时间的持续经济增长，特别是 1997 年的亚洲金融危机以及 1998 年的俄罗斯和拉美的金融风暴，导致大多数发达与不发达国家经济的倒退，而美国却一枝独秀。这正好说明了光靠资金和劳动力的大量投入来推动经济增长是不可能持续的，是“虚幻”的，必须把重点转移到知识创新上来。

（三）自主创新是企业的根本

一个企业要取得先进的知识有两个途径：一是引进；二是创新。引进知识当然不失为一种快捷的方法，这种方法曾经是一些发展中国家和企业实现赶超的根本途径，但这样永远也无法真正赶超先进国家和先进企业，而且有些技术由于对方为了获得竞争中的绝对优势而保守秘密。因此，要使企业真正强大起来，进行自主创新才是立足之本。例如日本企业在 20 世纪七八十年代通过引进技术并消化吸收确实得到迅速的发展，但知识成几何级数增长的今天，却在竞争中败给了强调自主创新的美国企业。

二 创新的特征

创新活动对经营管理而言关系重大，正确认识创新活动的一些特点将有助于管理者对创新这一职能进行恰如其分的管理。

（一）创新的不确定性

1. 创新的市场不确定性。主要是不易预测市场未来需求的变化，外界变量如经济环境、消费者的偏好都会对市场变化产生影响。当出现根本性创新时，市场方向无从确定，也就无法确定需求。计算机刚出现时，有人估计全美国只有几十台的需求，这显然同实际情况相差万里。市场不确定性的来源，还可能是不知道如何将潜在需要融入创新产品的设计中去，以及未来产品如何变化以反映用户的需要。当存在创新竞争者时，市场的不确定性还指创新企业能否在市场竞争中战胜对手。

2. 技术不确定性。主要是如何用技术语言来表达市场需要的特征；能否设计并制造出可以满足市场需要的产品与工艺。有不少产品构思，按其设计的产品要么无法制造要么制造成本太高，因此这种构思和产品都没有什么商业价值。新技术与现行技术系统之间的不一致性也是一个重要的不确定性来源。

3. 战略不确定性。主要是针对重大技术创新和重大投资项目而言。它指一种技术创新的出现使已有投资与技能过时的不确定性，即难以判断它对创新竞争基础和性质的影响程度，以及面临新技术潜在的重大变化时企业如何进行组织适应与投资决策。当重大技术创新出现时，战略不确定性常常因严重的战略性决策失误导致产业竞争领先地位的交替。如美国钢铁业面临氧气顶吹转炉等重大工艺创新的机会时，它们没有舍弃原来的大量投资，没有引入新的工艺技术，而日本则利用这一机会建成了世界上效率最高的钢铁厂。

（二）创新的保护性与破坏性

不同创新对企业的影响范围、程度和性质是不同的。两个极端的情况是：保护性的和破坏性的。具有保护性的创新，会提高企业现有能力的技能价值和可应用性。

创新的破坏性表现在使企业现有的技能和资产遭到毁坏，新的产品或工艺技术会使企业现有的资源、技能和知识只能低劣地满足市场需要，或者根本无法满足其要求，从而降低现有能力的价值，在极端情况下，会使其完全过时。

（三）创新的必然性与偶然性

必然性是由管理的不可复制性产生的。管理的不可复制性本身就必然要求管理创新，从泰勒制管理到丰田生产方式，直到现代流行的CIMS、虚拟系统、电子商务、网络营销等，可以说任何一种管理的模式、方法都是随着时代的发展和科学技术的进步而产生的管理创新。

很多情况下，创新是在大量的实验、调研、严谨思考的背景下产生的。然而，另一种方式对今天的管理人员来说是丝毫不能忽视的：偶然，更委婉的说法——机遇。

（四）创新的受抵制性

创新活动常常受到来自各方面的排斥、压力和抵制。习惯于原有生活方式和思维方式的人们往往不欢迎任何改动和变革。“创新恐惧症”已成为现代组织——企业、学校、政府——的一种通病。在一种特定的社会环境中，对于那些公司最高管理层的人们，这里存在着无数条理由来使他们希望这个环境能够延续下去。在这种状况下，没有麻烦，没有威胁，也没有紧迫感，一切都显得平平稳稳。不过，这也意味着任何一项新产品的创新就其本质而言，都是一场推进创新力量和抵制创新力量之间的你争我夺。而管理者所面临的挑战就是如何在这些力量中间保持平衡。另一方面，我们应该对华而不实的或仅仅是象征意义的新产品创新，以及与新产品战略目标不相一致的新产品持抵制的态度。这种抵制不应受到阻挠。

（五）创新的复杂性

传统的创新理论认为，创新过程是一种“线性模型”，即是一种“创新链”。在这种线性模型中，知识的流动被描绘得相当简单：基础研究——应用研究——新技术、新产品的开发。这种创新链是线性的、静止的。创新的过程被解释为只要增加上游的基础研究的投入就可以直接增加下游的新技术、新产品的产出。但在实际经济活动中，创新有许多的起因和知识来源，可以在研究、开发、市场化和扩散等任何阶段发生。创新是诸多因素之间一系列复杂的、综合的相互渗透而共同作用的结果，创新不是一个独立的事件，而是由许多小事件组成的一个螺旋式上升的轨迹，是一个复杂的系统过程。

第二节　管理创新的基本内容

系统在运行中的创新要涉及许多方面。为便于分析，我们以社会经济生活中大量存在的企业系统为例来介绍创新的内容。

一　观念创新

管理观念又称为管理理念，它指管理者或管理组织在一定的哲学思想支配下，由现实条件决定的经营管理的感性知识和理性知识构成的综合体。一定的管理观念必定受到一定社会的政治、经济、文化的影响，是企业战略目标的导向、价值原则，同时管理的观念又必定折射在管理的各项活动中。进入 20 世纪 80 年代以来，经济发达国家的优秀企业家提出了许多新的管理思想和管理观念。如知识增值观念、知识管理观念、全球经济一体化观念、战略管理观念、持续学习观念等。我国企业的经营理念存在着经营不明确、经营理念不当和缺乏时代创新精神的问题，应该尽快适应现代社会的需要，结合自身条件，构建自己独特的经营管理理念。

二 目标创新

知识经济时代的到来为什么会导致企业经营目标重新定位？一是企业本质观念的革命，要求企业经营目标再定位；二是企业内部结构的变化，企业相关利益主体地位的提高促使企业必须重视这些非股东主体的利益；三是企业与社会的关联更为广泛深入，社会的网络化程度大大提高，企业正在成为这个网络中重要的联结点。因此，企业经营的社会性越来越突出，从而要求企业高度重视自己的社会责任，全面修正自己的经营目标。适应知识经济时代的多元目标协调的企业经营目标观念创新在美国已开始。众所周知，美国曾经最为推崇利润最大化，盈利能力曾经是评价美国企业好坏成败的惟一标准，可是就在那里，今天评价企业的标准已经发生了巨大的变化。例如，在全世界享有盛誉的美国《财富》杂志最近评选最优秀的企业时，采用的是这样的九项指标：创新精神、总体管理质量、财务的合理性程度、巧妙地使用公司财产的效率以及公司做全球业务的效率等。从这九项带有导向性的指标中我们看到，企业对员工、对社会、对用户的责任等指标在整个指标体系中占了相当分量。在我国高度集权的计划体制背景下，企业要严格按照国家的计划要求来组织内部活动，经济体制改革后，企业同国家和市场的关系发生了变化，企业自负盈亏，自谋发展，在新的经济背景下，企业要生存，目标必须调整为："通过满足社会需要来获得利润"。

三 技术创新

技术创新是企业创新的主要内容，企业中出现的大量创新活动是有关技术方面的。技术水平高低是反映企业经营实力的一个重要标志，企业要在激烈的市场竞争中处于主动地位，就必须不断地进行技术创新。由于一定的技术都是通过一定的物质载体和利用这些载体的方法来体现的，因此企业的技术创新主要表现在要素创新、要素组合方法的创新及产品创新三个方面。

（一）要素创新

企业的生产过程是一定的劳动者利用一定的劳动手段作用于劳动对象，使之改变物理、化学形式或性质的过程。参与这个过程的要素包括材料、设备以及企业员工三类。材料是构成产品的物质基础，材料费用在产品成本中占很大比重，材料的性能在很大程度上影响产品的质量。设备创新对于减少原材料、能源的消耗、对于加快劳动生产率，改善劳动条件、提高产品质量有十分重要的意义。企业的人事创新，既包括根据企业发展的技术进步的要求，不断地从外部取得合格的新的人力资源，而且更应注重企业内部现有人力的继续教育，提高人的素质，以适应技术进步后的生产与管理的要求。

（二）要素组合方法的创新

利用一定的方式将不同的生产要素加以组合，这是形成产品的先决条件。要素的组合包括生产工艺和生产过程的组织两个方面。工艺创新既要根据新设备的要求，改变原材料、半成品的加工方法，也要求在不改变现有设备的前提下，不断研究和改进操作技术和生产方法，以求得现有设备的更充分利用，现有材料的更合理的加工。工艺的创新与设备创新是相互促进的，设备的更新要求工艺方法做相应的调整，而工艺方法的不断完善又必然促进设备的改造和更新。企业应不断地研究和采用更合理的空间布置和时间组合方式，协调好人机配合，提高劳动生产率，缩短生产周期，从而在不增加要素投入的前提下，提高要素的利用效率。福特汽车公司将泰勒的科学管理原理与汽车生产实践相结合而产生的流水生产方式是一个典型的生产组织创新。

（三）产品创新

产品创新包括品种和结构的创新。品种创新要求企业根据市场需要的变化，根据消费者偏好的转移，及时地调整企业的生产方向和生产结构，不断开发出用户欢迎的产品；结构创新在于不改变原有品种的基本性能，对现有产品结构进行改进，使其生产成本更低，性能更完善，使用更安全，更具市场竞争力。

产品创新是企业技术创新的核心内容，它既受制于技术创新的其他方面，又影响其他技术创新效果的发挥：新的产品、产品的新结构，往往要求企业利用新机器设备的新工艺方法；而新设备、新工艺的运用又为产品的创新提供了更优越的物质条件。

衡量企业技术创新能力的重要指标是企业技术研究与开发（R&D）费用占销售额的比重。国际上一般认为，企业技术研究与开发费用占销售额的比重为 2%，企业方可维持生存，而占 5%，企业在市场上才有竞争力。国内企业在这方面实际情况不容乐观。

四 制度创新

制度是组织运行方式、管理规范等方面的一系列的原则规定，制度创新是从社会经济角度来分析企业系统中各成员间的正式关系的调整和变革。企业具有完善的企业制度创新机制，才能保证技术创新和管理创新的有效进行。如果旧的落后的企业制度不进行创新，就会成为严重制约企业创新和发展的桎梏。

企业制度主要包括产权制度、组织制度和管理制度三个方面的内容。产权制度是决定企业其他制度的根本性制度，它规定着企业所有者对企业的权利、利益和责任；组织制度是有关经营权的归属及其行使的条件、范围、限制等方面的原则规定，它构成公司的“法人治理结构”，包括目标机制、激励机制和约束机制等；管理制度是行使经营权，组织企业日常经营的各项具体规则的总称，其中分配制度是最重要的内容之一。

企业制度创新就是实现企业制度的变革，通过调整和优化企业所有者、经营者和劳动者三者的关系，使各个方面的权利和利益得到充分的体现；不断调整企业的组织结构和修正完善企业内部的各项规章制度，使企业内部各种要素合理配置，并发挥最大限度的效能。

五 结构创新

在工业化社会的时代，市场环境相对稳定，组织为了实现规模经济效益，降低成本，纷纷以正规化、集权化为目标。但随着组织规模的不断发展，组织复杂化程度也越来越高，信息社会的到来，使环境不稳定因素越来越多，竞争越来越激烈。管理者意识到传统的组织结构不适应现代环境的多变性。一个有效组织应当是能随着环境的变化而不断调整自己的结构，使之适应新的环境。根据这一认识，现代组织正不断朝着灵活性、有机性方向发展。组织更重视个人的发展，授权也正被越来越多的组织所采用。

采用严格的还是灵活的组织结构形式取决于战略、环境、产品技术以及部门之间的依赖程度。正确的组织结构应该适应图 14—1 所列的权变因素。

图 14—1　影响组织结构的权变因素

六　环境创新

环境是企业经营的土壤，同时也制约着企业的经营。环境创新不是指企业为适应外界变化而调整内部结构或活动，而是指通过企业积极的创新活动去改造环境，去引导环境朝着有利于企业经营的方向变化。例如，通过企业的公关活动，影响社区政府政策的制定；通过企业的技术创新，影响社会技术进步的方向。就企业来说，市场创新是环境创新的主要内容。

市场创新主要是指通过企业的活动去引导消费，创造需求。人们一般认为新产品的开发是企业创造市场需求的主要途径，其实，市场创新的更多内容是通过企业的营销活动来进行的。即在产品的材料、结构、性能不变的前提下，或通过市场的地理转移，或通过揭示产品新的物理使用价值，来寻找新用户，再或通过广告宣传等促销工作，来赋予产品以一定的心理使用价值，影响人们对某种消费行为的社会评价，从而诱发和强化消费者的购买动机，增加产品的销售量。

七　职能创新

有人认为管理就是一项职能，管理发展的同时，也就是创新发展的过程。传统的管理职能如计划、组织、领导、控制已远远不能涵盖管理所涉及的内容。从企业内部到企业外部，从区域市场到国际市场，管理职能针对的对象和范围都空前的扩大了。目标管理、跨文化管理、并购、战略联盟等都说明管理职能从深度和广度上得到了极大的拓展，管理者利用更多的科学方法来预测、控制企业的发展方向。信息技术、扁平化组织打破了传统的组织结构，也跨越了传统管理层次和管理幅度的局限，管理者有更大的自由度来灵活处理集权和分权的矛盾。1998 年，弗雷德·卢桑斯和他的同事从一个新的角度对管理人员作了考察。他们提出了这样的问题：组织中提升得最快的管理人员与那些把工作做得最好的管理人员同样从事管理工作，他们的侧重是否有所不同？研究者从传统管理、沟通、人力资源管理、网络联系四个方面进行考察，结果发现成功的管理人员在网络联系方面更加投入，而有效的管理人员的侧重点与沟通具有更强的正相关性。这项研究表明单从传统的管理职能方面已不能满足现代企业迅速发展的特点。21 世纪是个创新的社会，企业要适应社会，管理职能必须随之创新。

八 文化创新

现代管理发展到企业文化阶段，已达到了其顶峰。企业文化通过员工价值观与企业价值观的高度统一，通过企业独特的管理制度体系和行为规范的建立，使管理效率得以提高，使企业得以卓越发展。当代管理大师彼得·德鲁克说：创新和企业家精神是人类进入“开拓进取型经济”阶段后的“正常的、稳定的和连续不断的需要”。在这里，德鲁克把创新不仅当做是现代企业文化的一个重要支柱，而且看成是社会文化的一个重要部分了。的确，在社会进入“创新推动型”经济后，创新已成为社会文化的一个重要方面，成为一个民族的灵魂。

如果文化创新已成为企业文化的根本特征，那么，创新价值观就得到了企业全体员工的认同，行为规范就会得以建立和完善，企业创新动力机制和运行机制就会高效运转。

第三节 管理创新的过程

一 创新过程的定义

对于创新过程的定义几乎与研究创新的人一样多。由于对创新过程理解的侧面不同，使得对创新过程的描述也多种多样：

创新过程是一个将知识、技能、物质转化成顾客满意产品的过程；

创新过程是知识的产生、创造和应用的进化过程；

创新过程是一个信息交流、加工的过程；

创新过程是关键资源的成长过程；

…………

创新过程涉及的活动有：研究开发（R&D）、技术管理、组织、工程、设计、制造、营销、用户参与及管理和商业活动等。这些活动不一定按线性方式序列式地进行，有时存在着多重循环、往复、多组织的交叉活动和立体并行。

二 创新过程的实质

从本质角度来考察，创新过程是技术的价值追加过程和战略优势的形成过程。企业不能仅仅局限于产品、技术和市场需要本身，而必须从竞争战略的高度来看待创新过程。因为创新并不仅是导致销售额的某些额外增加或产品性能改进的问题，从根本上讲，它甚至不是新产品或服务的问题，而是使竞争地位发生根本性改观的问题。它在一种新的、更为有利的某一点上重新建立起竞争均衡。要做到这一点，决不能仅仅为顾客创造某些价值，还必须以某种方式给创新者以防御性竞争优势。

（一）技术的价值追加

对市场需要的满足虽然是创新成功的先决条件，但它仅仅是技术贡献于消费者与商业的几种方式之一。顾客关心的是产品在整个寿命周期中的各个方面，这包括耐用性、可靠性、服务年限、可维护性、费用和各方面的服务。因此，用户满意和用户成功被看做是创新过程这个整体的一部分。

利润是企业考虑的中心，这取决于产品可以索要的价格以及生产成本。成本的减少，可以通过使用新材料、减少材料的用量、使产品所需部件数量最少、产品易于制造与安装、改进生产工艺和使管理体制更有效等途径来实现。成本的减少可获得一部分竞争优势，但并不一定具有压倒一切的重要性。在变动的市场环境中，为空缺市场设计高附加价值产品常常能获得高额利润。在新产品中，是技术提高了产品的价值，如计算机鼠标和激光唱机。近些年来，国际工商界提出了许多新的制造思想，准时制造、精益生产、敏捷制造、大规模定制、价值链的构建等都极大地提高了产品的价值追加。

（二）战略性创新与竞争优势

从战略的角度考虑创新，比单纯从战术的角度更有意义。有许多个人和企业，他们虽然能很好地完成创新，但没有同时建立起防御性竞争优势。从战略及商业意义上来讲，他们是失败的。比如英国 EMI 公司创造了扫描仪，由于创新者未构筑防御性竞争优势，结果被模仿者抢去了市场；美国施乐公司是复印机的创新者，而 80 年代日本佳能公司却占据了更大的市场份额。

在寻求向顾客提供有价值的新商品时，企业应尽可能在创新过程的某一点上早开始考虑战略因素。常常有许多不同的方法可以实现创新，企业可以单独进行，也可以创造新的市场。企业所选定的特定方式一般会对竞争优势的实现程度产生重大影响。如果战略含义是放在过程的后期考虑，那么就存在一种现实的风险，即根本性的和最终的决策已经作出，这将会严重限制竞争优势和利润机会。换言之，不是仅在价值链的一两个部分上拥有竞争优势，创新者应在整个价值链中或许多部分上享有竞争优势。企业应通过对其本身整个事业体系的创新来实现这些优势。

三 创新过程模型

工业创新过程的变化，又导致创新过程模型研究的不断发展，新的创新过程呈现出更注重各环节、各部门、各因素的战略联结。自 20 世纪 60 年代以来，国际上出现了五代具有代表性的创新过程模型：60 年代至 70 年代早期，简单的线性“技术推动”和“需要拉动”模型；70 年代后期到 80 年代早期，创新的“交互作用”模型；80 年代后期至 90 年代初，一体化的创新过程模型；直至最新的第五代，创新的战略集成与网络模型（SIN）。第四代创新过程模型标志着从将创新过程看成是严格的序列过程，转变到将创新看成主要是一种并行发展的过程。这种转变，主要归功于对日本企业的创新过程的观察。第五代模型是第四代模型的理想化发展，按照第五代创新过程模型，创新正变得越来越快，越来越多地涉及企业联结网，以及采用新的信息工具（专家系统和仿真模型技术）。

（一）技术推动的创新过程模型

早期的对创新过程的解释模型是基于这样一种看法，即研究开发是创新构思的主要来源，这种观点称作创新的技术推动或发现推动模型。它认为，一项新发现引发了一系列事件，最终，发明得到了应用。技术创新被看做一种线性过程，这一过程起始于工业研究开发、经历工程和制造活动，最后推向市场的产品或工艺。如图 14—2 示。

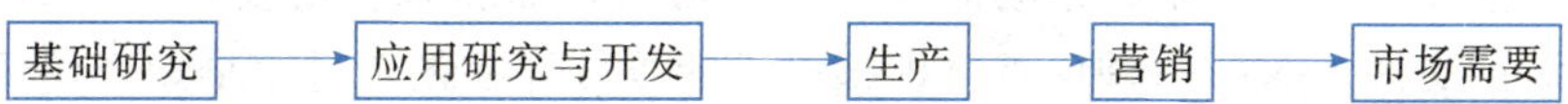

图 14—2　技术推动的创新过程模型

目前，我国存有这种模式的思想还相当流行，在这种观点下，市场只是被动地接受研究开发成果。对于计算机这类根本性的创新，技术推动模型具有较好的解释力，然而对大多数创新来说并非如此。国际上对研究开发与创新关系的实证研究表明，研究开发投入越多并不一定产生的创新就越多。这对我国企业是一个警示：如果只强调科技投入，而对创新过程的组织方式缺乏考虑，就很有可能造成大量科技成果未被转化，或者会使这些成果大多一开始就先天不足，要么缺少市场导向，要么商业价值不大，这些结果又会减弱科技投入的动力。

（二）需要拉动的创新过程模型

60 年代，随着创新实证研究的不断深入和出于描述实际创新的需要，也为了防止缺少市场潜力的创新，市场需要在创新中的作用受到高度重视，需要拉动或市场拉动创新过程模型得以流行。如图 14—3 示。

图 14—3　需要拉动的创新过程模型

在需要拉动的模型中，创新由被企业感受到的且常常能够清楚地表达出来的市场需要所引发，这刺激了研究开发为之寻找可行的技术方案。从理论上讲，这种方法能让创新适于某一特定的市场需要，但它毕竟只考虑了一种因素。将企业所有资源全部投向单纯依靠来自市场需要的项目而未考虑潜在技术机会，这是不明智的。

测度消费者需要，对不常发生的根本性创新几乎没什么用处。根本性创新要求消费者行为与态度有重大变化，而这些变化只能是渐进的，不可能发生突变。因此，市场测试和其他市场研究试验无法对消费者欲望作出精确的描绘，市场测试只能在消费者态度、行为没有机会变化之前进行。由于过分强调市场需要，会产生技术渐进主义的机制，从而缺少根本性创新。

（三）创新过程的交互作用模型

对创新的技术推动或需要拉动模型存在性的大量研究表明，大多数的创新构思（60％～90％）来自市场需要和生产需要，而非来自对技术机会的确认。这一结论支持了这样一种论点，即如果不能很好地在创新过程早期将营销与创新过程相联结，就难以预料消费者会不会对引入市场的新产品作出正向反应，这常常会严重影响新产品的命运。因此，技术与市场应放在一起考虑。弗雷曼领导的著名的 Shappo 计划（对技术创新关键因素的调查），也十分强调营销与技术因素对创新成功的重要性。这正是第三代创新过程模型的核心。创新过程交互作用模型如图 14—4 示。

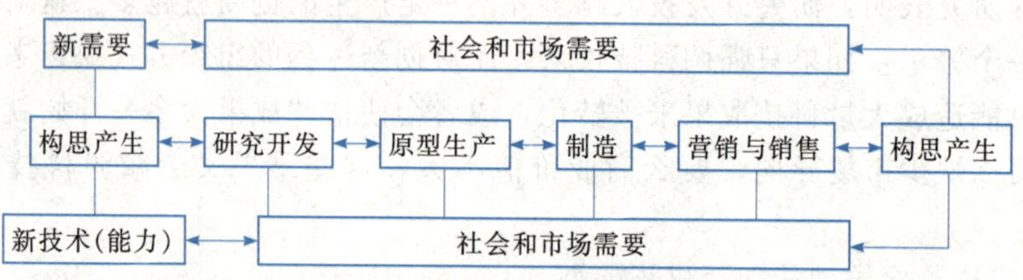

图 14—4 创新过程的交互作用模型

这一模型把创新过程分成一系列职能各不相同，但相互作用、相互独立的阶段，这些阶段虽然在过程上不一定连续，但逻辑上相继而起。创新过程的总体格局，可以被看成是一个复杂的组织内外沟通交流网，这一网络将不同的内部职能部门联结在一起，并将企业与更广的科学和技术团体以及市场联系。换言之，创新过程代表了创新组织技术能力和市场需要的融合。

设计的概念在这种创新过程中很重要。这一问题在 70 年代至 80 年代初曾吸引了大量的注意力，它在极大程度上是关于“设计和创新在国际竞争中的作用”的讨论所引起的。英国分别从企业层次和产业部门层次研究了设计对创新与竞争力的作用。

创新的交互作用模型，加强了技术推动和需要拉动模型中营销与技术的联结，它还意味着创新管理即是将市场需要和新技术能力相匹配。这种情况下，营销和研究开发之间的反馈是实质性的环节。驱动创新决策的推动和拉动因素的结合，产生了更大的创新性，比单纯的技术推动或需要拉动，更有利于创新构思的产生和创新的成功。

（四）一体化创新过程模型

20 世纪 80 年代后期出现的第四代创新过程模型——一体化创新过程模

型，标志着观念的转变，即从将创新过程看做主要是序列式的从一个职能到另一个职能的开发活动过程，到将创新看做是同时涉及 R&D（研究开发）、原型开发、制造、营销等因素的并行过程的转变。对创新过程认识的这一深化，具有实质性的意义。80 年代，创新管理活动极为强调 R&D 和制造的界面交融以及企业与供应商和导引用户之间的密切合作。这些发展，主要是由于来自日本制造商的经验以及精益生产（lean manufacturing）的概念。同时，横向合作（合资企业、战略联合）急剧升温，也使创新过程增添了新的内容，对创新管理者形成了新的挑战和课题。

一体化模型是概念化和实践的汇合，以及各种创新投入的交融，代表了国际上最好的创新行为方式。波音公司在新飞机的开发中，我国在两弹一星的研制中，都广泛采用了一体化的创新过程模式。

（五）系统集成和网络模型

当前出现的第五代创新过程模型（SIN）表示一体化模型的理想化发展，但又添加了一些别的特征，例如合作企业之间更密切的战略联结。SIN 最为显著的特征是它代表了创新的电子化和信息化过程。更多地使用专家系统来辅助开发工作，仿真模型技术部分替代了实物原型。SIN 将供应商和用户之间的计算机辅助设计系统作为新产品合作开发过程的一部分，强调密切的电子化产品设计制造联系（一体化的计算机辅助设计或柔性制造系统）。SIN 不仅将创新看成是交叉职能联结过程，还把它看做多机构网络过程。美国政府 1994 年组织的最新半导体技术的开发就是以多机构网络联结的方式进行的。

一体化创新过程模型，代表了从创新构思形成到创新实现的全方位汇合，而 SIN 则代表由概念生成导致创新实践结果的创新模式的未来发展趋势。实质上，SIN 代表目前少数产业领先者的创新管理方式的新发展。当许多企业致力于掌握第四代模型时，领先的创新者已经将第五代模型的因素引入其创新实践中去了。

以下对五代创新过程进行系统的总结对比，指出每代模型的特征，如表 14—1 所示。

表 14—1　创新过程模型

创新过程模型	过程形式	特　点
技术推动模型	简单的线性序列	强调 R&D，市场是 R&D 成果的被动接受者
需要拉动模型	简单的线性序列	强调营销，市场是指导行动的构思来源，R&D 作被动反应

续前表

创新过程模型	过程形式	特　点
交互模型	序列式、有反馈环路、推拉结合	R&D和营销管理更为平衡，强调R&D与营销界面
一体化模型	一体化开发小组内的并行开发	强调逆向与供应商联系，顺向与早期顾客密切联系。强调R&D和制造之间的联结、横向合作创新
系统集成和网络模型	完全一体化的并行开发	R&D使用专家系统和仿真模型技术，与导引用户密切联系。强调组织柔性和创新开发速度，更为强调质量和别的非价格因素

总而言之，不仅技术本身在快速变化，而且现有各种迹象表明，创新过程管理也在变化之中。创新过程正变得更有效率、更快和更灵活。同时，由于比以前涉及更多的因素，创新过程的复杂性也在增加。这意味着，成功的创新管理需要更有能力的高质量经理人员，不仅要求管理上的柔性，还要求组织上的柔性。企业如果想要成功地转向第五代创新过程，则必须设计出具有适应性的、有利于“创新”的组织结构。进化中的SIN包括各种各样的内外部合作因素，这意味着更加强调将创新战略及技术战略置于企业战略的首位。

本章小结

1. 组织必须时刻保持创新，没有创新，只会被市场所淘汰。创新可以提高企业的竞争力，为企业的持续发展提供动力。自主创新是企业的根本。

2. 创新具有不确定性、保护性与破坏性、必然性与偶然性、受抵制性、复杂性等特征。

3. 管理创新主要包括观念、目标、技术、制度、结构、环境、职能和文化等方面的创新。

4. 创新的过程，实质上是技术的价值追加过程和战略优势的形成过程。

5. 自20世纪60年代以来，国际上出现了五代具有代表性的创新模型，依次为“技术推动”模型、“需要拉动”模型、“交互作用”模型、“一体化”模型、“系统集成与网络”模型。随着专家系统和仿真模型技术的大量应用，创新过程正变得更有效率、更快和更灵活。

组合资源、不断创新的索尼公司

索尼公司是世界上生产视频设备的最大厂商，长期以来，它一直是日本文、理科大学毕业生就职的首选目标企业。索尼之所以能够聚集人气，是因为在电子产品方面能够形成自己独特的竞争能力，反映在以下几个方面：

(1) 及时调整发展战略。每当环境发生急剧的变化或企业发展面临新的转折点，索尼公司的最高管理层就会拿出应变措施，制定新的发展战略，为企业的发展指明方向。盛田在60年代初期访问荷兰的飞利浦公司，他对荷兰这么一个小小的农业国能够出现一个世界著名的电子企业飞利浦震动很大，从此，盛田把世界市场作为公司的市场。80年代初期，索尼公司出现了首次减少收益的情况，为了打破公司内部郁闷气氛，公司推出了包括录像机最强、磁产品最强、消费品的强化、生产销售决策程序重组等六大重点方针。80年代末，随着索尼国际化的发展，1998年，盛田及时提出了新的发展战略，即“全球地方化战略”，从根本上改变公司的思维定势，要根据全球经济一体化的变化制定自己的发展战略。90年代初，在新的形势下，盛田又提出了AV&CCC (Computer、Communication、Component) 的发展战略，展示了索尼公司面向21世纪的新目标。进入21世纪，随着互联网的发展，索尼公司紧紧抓住消费者需求这个主题，不断调整自己的战略。索尼公司宣布将实行向“个人宽带网解决方案公司”全面转型，其目的是进一步加深与全球用户的互动关系，并为全球用户提供能够在宽带网社会享用丰富的产品与服务。

(2) 技术引进。原公司总经理盛田说过，在技术进步这么快的今天，一个企业要全揽某一方面的技术是不可能的，要尽可能利用各种关系，引进自己所需的技术。在这种思想指导下，根据公司的发展需要，索尼公司不断引进新的技术。如与IBM联盟生产计算机用磁带；与飞利浦联盟共同开发CD光盘；与微软、苹果公司合作共同开发软件等等。

(3) 重视独创性。索尼公司在引进技术、开发新产品之际，非常注重培养自己的核心技术。每当出现新的技术，只要与自己的研究、生产活动相关，就马上抓住机会，迅速应用到自己公司产品中来。有些技术在欧美刚刚出了实验室，索尼就开始考虑购买其专利，实现商品化，新产品不断打破日本或世界纪录，成为日本或世界首创的产品。在索尼发展史上，仅仅在20世纪50年代到

60年代，就成功开发了5个日本首创、16个世界首创的产品。研究员江崎还由于在半导体隧桥技术方面的突破，获得诺贝尔奖。

(4) 致力于学习型组织的建立。为了及时收集最新技术信息和知识，使公司的技术始终保持领先地位，索尼公司内部举行各种技术学术交流活动，参加的成员从公司董事长到一般技术员，也有子公司和分公司的人员，或邀请学者参加，其目的是加强相关技术的交流，促进组织学习。通过各种不同人员的知识碰撞，产生新的知识和灵感，有利于组织的研究开发。通过举办各种各样的交流会和演讲会，索尼公司已成为一个真正的跨部门、跨专业的学习型组织。

问题：

1. 索尼公司在短短30年时间内发展为国际化大企业，其依赖的基础和动力是什么？索尼公司在创新方面表现出什么特点，有哪些积极的创新机制？

2. 信息时代，公司要保持未来的高速发展，应如何看待创新技术的引进和原创问题？

【复习题】

1. 创新与发明、创造有何区别？
2. 作为管理的本质内容，维持和创新的关系及其作用是什么？请举例说明。
3. 创新主要涉及哪些方面？企业中各类创新活动有何特点？
4. 创新过程包括哪几个阶段？
5. 简述创新过程的一些基本观点。

讨论及思考题

1. 你认为制约中国中小企业创新发展的主要因素有哪些？
2. 分析创新类型，结合企业自身特点，想想企业有哪些创新途径？目前全球兴起的第六次并购浪潮对企业创新有什么影响？

第十五章

管理伦理

本章提示

- ◇ 道德规范体系和功能
- ◇ 管理与伦理的关系
- ◇ 影响管理伦理的主要因素
- ◇ 提高管理伦理的途径
- ◇ 组织的社会责任

本章引言

新一届联合国秘书长安南上台后，联合国的工作重点发生了较大的变化。鉴于全球化的脆弱性和国际间越拉越大的差距，鉴于国家内部的差距也在拉大以及财富的分配不公和不平等，特别是鉴于某些企业不合理的发展对世界安全和生态环境带来巨大威胁，安南向国际商界领袖提出了挑战，呼吁企业约束自己自私的牟利行为，并担负起更多的社会责任。1999 年 1 月，在瑞士达沃斯世界经济论坛上，安南提出了“全球协议”，并于 2000 年 7 月在联合国总部正式启动。近些年来，组织伦理道德受到了广泛的关注，连《财富》和《福布斯》这样的商业杂志在企业排名评比时都加上了“社会责任”标准。任何组织都不可能摆脱社会而独立存在，为了自身的生存和发展，必然要与其他组织或个人发生这样或那样的关系，也有可能产生这样或那样的冲突。为了消除冲突，缓解矛盾，维护社会秩序的稳定，除了法律法规以外，还必须要有某些道德准则来调整组织的行为。管理伦理是维系这种社会关系和秩序最基本、最重要的规范之一。

第一节 伦理道德的功能与评价

一 道德规范体系

伦理通常是指人与人之间相互关系的道德准则。任何个人或组织都不可能摆脱社会而独立存在。为了自身的生存和发展，社会组织或个人都必然要与其他组织或个人发生这样或那样的关系，他们之间也都有可能产生这样或那样的冲突。为了消除冲突，缓解矛盾，维护社会秩序的稳定，除了法律法规以外，就必须要有某些道德准则来调整人们的行为，这些道德准则就构成了道德规范体系。道德规范体系一般由核心的道德价值取向，基本的道德原则，重要的道德规范，最本质、最普遍的道德范畴，以及由此产生的各个特殊领域的道德要求组成。

不同社会，由于生产力水平、人类认识程度及由生产关系、社会关系决定的道德关系不同，因而就产生了适应不同时代、烙有这个时代内容和社会性质特征的道德规范体系。从整个社会来看，大家比较一致的看法和表述是，现阶段占社会主导地位的先进的社会道德规范体系应包括：一个道德核心——为人民服务；一个基本原则——集体主义；四个主要道德规范——爱祖国、爱人民、爱劳动、爱科学；两个特殊行为领域的道德要求——社会公德、职业道德。

现阶段常讲的，用于指导和影响人们道德行为的重要道德范畴主要有：

1. 善恶。善是指某一行为或事件符合一定社会道德原则和规范的要求；恶是指某一行为或事件不符合一定社会道德原则和规范的要求。这一道德范畴要求人们在采取行动、追求目标时首先要心存善恶观念，要做有利于社会发展和进步的活动。

2. 义务。义务是指在现实社会关系中，依据一定道德原则和要求，自己对他人、对社会负有一定的使命、职责或任务。任何个人或企业组织在同他人及其社会组织的交往中，不管自己是否意识到，总是客观存在着某种要尽的义务，因而应当采取应有的行动来履行这些使命、职责和任务。

3. 良心。良心是指人们在履行对他人和社会义务的过程中所形成的道德责任和自我评价能力，是一种人们自觉意识到、并隐藏于内心的使命、职责和任务，是人们的道德意识、道德观念、道德情感、道德信念和道德意志等多种因素相互作用的结果。这一道德范畴要求我们，要通过道德教育和道德修养培养和唤醒道德良心，自觉意识和主动承担道德义务。

4. 公正。公正是指主体在处理调节人际关系和社会实践中不偏不倚、公平、公正。这一道德范畴要求我们，在发展机会上公平竞争，在权利行使、义务担当和报酬获取上对称平等，在奖惩与功过评价上客观公平。

5. 诚信。诚信是指主体在处理调节人际关系和社会实践中要诚实守信，即要言行一致，表里如一，实事求是，信守合同，信守诺言，忠于职守，知错就改，合法经营，公平竞争。而不是采取弄虚作假、谎报欺诈、隐瞒真相等不正当手段。

6. 勤奋。勤奋是指主体在劳动中通过认真工作，勤勤恳恳，不断自我勉励、努力苦干，以履行对他人和社会的义务。只有通过自强不息的奋斗，才能获取荣誉、幸福和成功。

二　道德的功能

道德在对人们自身生存和发展过程中的功能主要表现在以下几方面：

1. 道德的调节功能。道德具有通过评价等方式来指导和纠正人们的行为和活动，以协调人际关系、维护社会秩序的能力，即道德有调节功能。人们交往中的一切关系和活动都是道德调节的范围，它可以依靠其大多数成员的评价性看法和倾向性态度，对社会道德现象进行褒贬评价，以调节人们的行为，此即为社会舆论调节；它也可以依靠人们在长期社会生活过程中积累起来的道德经验和所形成的社会风尚，对人们的行为进行约束和规范，此即为传统习惯调节；另外，还可以通过道德教育和修养，将外在的道德规范内化为人们内心的道德信念和良心，使人们能自觉按照社会要求行事，以此来调节人们的行为，此为内心信念调节。

2. 道德的教育功能。道德可以通过评价、命令、指导、示范等方式和途径，运用塑造理想人格、榜样等手段，来培养人们的道德信念、道德情感和道德品质，即道德有教育功能。

3. 道德的激励功能。道德具有激发人们的内在积极性和主动性，促使人们自我肯定、自我发展、自我完善的功能。在社会生活中，道德不仅包括人们

"现有"的行为规范，也包含人们"应有"的行为规范。"应有"的行为规范一般反映了社会发展的客观必然。人们为了获取社会的认同、成就和荣誉，实现自己的道德理想，就要按照"应有"的道德规范行事。因此，道德引导和激发人们参与社会的主动性和积极性，即道德有激励功能。

三 道德评价

人们的行为和活动是否符合当时的道德范畴？如何才能使人们的行为和活动符合当时的道德范畴？最重要的手段就是道德评价。

道德评价是指人们根据一定的道德准则，利用社会舆论、传统习惯和内心信念等手段，对自身或其他个体和群体已经发生的行为以及其他道德现象所作的善恶价值判断。由此可以看出，道德评价是以人的行为为评价对象，以善恶为评价标准，以社会舆论、传统习惯和内心信念等为评价手段的。

在道德评价过程中，当某种行为符合一定社会道德原则和规范要求时，行为者就会受到社会舆论的赞扬，内心感到愉快和满足，其行为不仅被广为传播，而且被广泛效仿。反之，当某种行为违背一定社会道德原则和规范要求时，行为者就会受到社会舆论的谴责，内心感到不安和自责，从而使其行为受到约束和控制。故道德评价对人们的行为和品质起着重要的裁判作用。只有通过道德评价，才能使人们养成高度的道德责任感，激发人们的道德义务、良心，才能增强人们道德修养的自觉性。只有通过道德评价，人们才懂得什么是善，什么是恶，什么应该做，什么不应该做，从而肯定善行，坚持善行，否定恶行，消除恶行。道德评价的过程就是人们推行、宣传、灌输道德原则和规范的过程，也是人们接受一定道德要求的过程，是道德发挥功能的重要途径；道德评价越正确和越广泛，道德功能的发挥就越充分，道德对社会的作用就越有力。离开了道德评价，道德就失去了应有的意义。道德评价的目的在于判断人们的行为是否符合道德范畴，尤其在于判断人们行为的善恶。

如何才能对一个人的行为作出善恶判断呢？还必须进一步明确道德评价的依据。在道德实践中，任何正常人的行为都是在动机支配下作出的，同时任何行为都会产生一定的后果。所以，在评价人们行为的善恶时，一般来说，既要考虑行为动机的善恶，又要考虑行为结果的善恶，要联系动机看效果，透过效果看动机，要把动机和效果有机地结合起来，作为道德评价的依据，而不能只考虑动机，或只考虑结果，作出单方面的判断。

第二节 管理伦理

一 管理伦理的界定

管理伦理是指在管理领域内所涉及的是非规则或准则。管理伦理有两层意思：一是组织管理者的伦理（道德）；二是管理组织的伦理（道德）。管理组织即企业管理、行政管理、社会管理的各种管理对象，它可以是企业，也可以是学校、医院、非营利组织等社会其他单位。管理者的伦理（道德）与管理组织的伦理（道德），两者之间是有一定区别的，但两者之间也有联系。应该说，管理者的伦理（道德）是管理组织的伦理（道德）的核心和基础，前者对后者起着重要的主导影响作用。因为管理者的伦理（道德）选择以及决策中的道德取向必然影响管理组织的道德行为。作为导向，也必然影响管理组织中个体的道德行为。在管理组织的实践中，管理者伦理（道德）具体物化为管理组织的伦理（道德），管理组织的伦理（道德）是管理者伦理（道德）的体现。

二 管理与伦理

管理的目的是使组织达到预定的目标，管理的精髓是沟通与协调，调动人的积极性。而伦理（道德）内化为人的行为，具有协调、激励、教育的功能。因此，对管理来说，伦理（道德）是其内在的要求，研究伦理（道德）可以使管理理论更好地指导人们的行为，服务于管理实践。

（一）管理必须注重伦理（道德）环境

管理的重要内容是对人的管理。对人的管理并不是简单地用各种规章制度对被管理者进行捆绑和约束。管理工作在考虑物质条件的同时，还必须注意人的精神因素。也就是说，管理工作应该创造一个适宜于人们生存和发展的环境气氛，让人们的聪明才智、积极性、创造性得到充分的发挥和实现，保持旺盛的进取心及高昂的士气。这种适宜的环境，不仅包括政治环境、法律环境、经济环境、社会文化环境、技术环境，还包括道德环境，即组织中人们的道德风尚的培养、道德伦理关系的建立以及人们的思想觉悟、精神状态、道德品质、道德心理、道德信念、道德舆论等。所以，从另一方面来说，管理工作不仅要与政治环境、法律环境、经济环境、社会文化环境、技术环境相适应，而且要有一个良好的道德环境。

（二）管理主体决定组织伦理（道德）环境

作为管理的主体，管理人员本身素质的高低对被管理者有至关重要的影响。管理者的道德信条、道德风范、道德实践，对其追随者及下属会产生导向作用、潜移默化作用和同化作用。管理者的言传身教、以身作则，可以促进组织良好道德风尚的形成和发展。管理者代表着一种素质层次和境界，其中最重要的素质之一就是道德素质。如果一个人道德素质低下，其地位越高，对社会的危害就越大。所以，管理主体必须要有良好的道德风范。

（三）伦理（道德）是重要的管理手段

在管理工作中，可以运用多种手段，如法律手段、经济手段、行政手段、政治手段，还可以运用道德手段。从伦理（道德）功能可以看出，伦理（道德）有调节、教育和激励的作用，它本身就是一种管理的手段。一个组织可以用一定的道德标准、价值尺度作为自己行为的标准；用一定的道德原则、规范作为自己行动的纲领。例如，为了进行有效的管理，人们制定出了各种公约、民约；在各个行业中形成了相应的职业道德规范等。

道德手段与法律手段、行政手段、政治手段等相比，有其不可替代的特殊功能。从其作用方式和效果看，法律、行政、政治、经济手段是一种强制性手段，尽管可以收到明显的效果，但毕竟是一种外在力量，它往往不能使人心悦诚服地接受。这在效果上可能造成一种“暂时效应”。一旦组织运行出现“障碍”，已经建立起来的新秩序仍然有被冲破的危险。而道德是以良心、社会舆论、传统习惯等形式，规范着人们的行为，通过教育，逐步使人们从内心体验什么是善与恶、美与丑、崇高与卑鄙，从而把道德原则变成自身信念，自觉抵制各种负效应，从而达到行为合理化的“持久效应”。而且，从调节范围上看，道德手段比法律等手段触及的领域更广。

（四）伦理（道德）能调节组织内部关系

伦理（道德）是使规章制度运行并发挥作用的润滑剂。规章制度具有一定的强制性，它能否发挥作用，在很大程度上取决于人们的道德觉悟。另外，规章制度主要是面向员工，只有员工乐于接受，才会自觉遵守。这就表明规章制度要靠一定的道德力量作为基础。

（五）伦理（道德）是评价管理工作优劣的有效手段

管理不但具有技术属性，而且还具有社会属性。管理是一种社会活动，它总是在一定历史条件下和一定的社会关系中进行的，因而必然采取一定的社会组织形式，以制度、法规、准则来承担、执行管理职能。管理工作的好坏，管理人员素质、品德高低等均可以通过社会舆论进行评价和裁定。因此，伦理道德是评价管理工作优劣的有效手段。

三　影响管理伦理（道德）的因素

由于管理者在组织中的特殊地位，管理者的伦理道德对组织伦理道德有深刻影响。作为一个管理者，不仅要有正常人的道德标准，还要有高于普通人的良好道德风范。

斯蒂芬·罗宾斯（Stephen P. Robbins）在《管理学》中列举了影响管理道德的各种因素。他的论述对人们具有重要的启发意义，在现代中国管理中具有重要的应用价值。

（一）管理者的道德发展阶段

西方道德心理学家通过研究发现，人们的道德发展存在三个水平，每个水平包含两个阶段。随着阶段的持续上升，个人道德判断变得越来越不依赖外界的影响。这三个水平和六个阶段如表 15—1 所示。

表 15—1　道德发展阶段

水　平	阶段描述
前惯例 只受个人利益的影响。按怎样对自己有利决策，并按照什么行为方式会导致奖赏或惩罚确定自己的利益。	1. 严格遵守规则以避免受到物质惩罚。 2. 只在符合其直接利益时才遵守规则。
惯例 受他人期望的影响。包括遵守法律，对重要人物的期望作出反应，并保持对人们期望的一般感觉。	3. 做你周围的人所期望的事。 4. 通过履行你所赞同的准则的义务来维持传统秩序。
原则 受个人道德判断原则的影响。自己认为是正确的道德原则，可以与社会的准则和法律一致，也可以大不一致。	5. 尊重他人的权利，支持不相干的价值观和权利，不管其是否符合大多数人的意见。 6. 遵循自己选择的道德准则，即使这些准则违背了法律。

1. 前惯例水平。处于前惯例水平的人们，其道德选择只受个人利益的影响，个人仅当物质惩罚、报酬或互相帮助等个人后果卷入时，才对正确或错误的概念作出反应。其行为特征是：为避免物质惩罚，谨遵规则，或只在符合直接利益时才遵守规则。

2. 惯例水平。处于惯例阶段的人们，其道德选择受他人期望的影响，道德价值存在于维护传统秩序和他人的期望之中。其行为特征是：做自己周围人所期望做的事，或通过履行他人所认同的准则、义务来维护传统的秩序和标准。

3. 原则阶段。处于原则阶段的人们，其道德选择具有自主性，受自己认为是正确的个人行为准则的影响，个人作出明确的努力，摆脱他们所属的团体或一般社会的权威，确定自己的道德原则，其行为特征表现为：遵循自己长期所形成的道德准则，而不受外界的影响。

道德发展阶段的结论：首先，人们以前后衔接的方式通过六个阶段。他们逐渐地顺着阶梯向上移动，一个阶段接着一个阶段地移动，而不是跳跃式地前进。第二，不存在道德水平持续发展的保障，发展可能会停止在任何一个阶段上。第三，大部分的成年人处于第四阶段上，他们被约束于遵守社会准则和法律。最后，一个管理者达到的阶段越高，他就越倾向于采取符合道德的行为。

（二）管理者道德行为的个人特征

成熟的人一般都有相对稳定的个人价值准则和道德规范，即关于正确与错误、善与恶、勤奋与懒惰、公平与偏倚、诚信与虚假等基本信条的认识。这些认识是个人在长期生活实践中发展起来的，也是教育与训练的结果。管理者通常也有不同的个人准则，它构成了管理者道德行为的个人特征。由于管理者的特殊地位，这些个人特征很可能转化为组织的道德理念与道德准则。

（三）管理组织结构的设计

合理的管理组织结构可以对组织中的个体道德行为起到明确的指导、评价、奖惩的作用，因而也就对管理者的道德行为有约束作用。为此，首先要做到减少组织结构设计中的模糊性，因为“模糊性最小的设计有助于促进管理者的道德行为”。而减少模糊性的最重要的方法，就是制定严格的、正式的规则和制度。其次，组织要根据内外环境和条件的变化适时调整自身的组织结构，其管理层次设计要有助于各级、各部门管理者的分工与协作，这样才能在组织管理层形成和谐、有效的人际关系，也才能够协调、激励管理者的道德行为和道德信念，进而为成员确定出可接受的和期望的行为标准。因为“上级行为对个人道德或不道德行为具有最强有力的影响”。再次，组织要有一个合理的绩效评估系统。其合理性表现在，要用科学的方法制定出切实可行的评估指标和评估程序。要从客观、全面的角度评价每一位员工。如果仅以成果作为惟一的评价标准，则会使人们在指标的压力面前“不择手段”，从而加大违反道德的可能性。最后，激励的强度和频率，尤其是报酬的分配方式、赏罚的标准是否合理，也是影响管理道德行为的重要方面。因为它直接与道德的一个重要标准——公正相联系，组织收入分配中的公正程度关系着人们的道德选择，也关系着人们对道德的信念和坚持。

(四) 管理者自信心强度与自我控制的能力

在管理过程中，一般要求管理者的谋与断、胆与识是统一的。但管理者作为一个个体，能否把自己的价值认识转化为行动以及在多大程度上转化为行动，是“寡断”还是“立断”，其个性品质中的自信心的强度是极为重要的决定因素。因此，斯蒂芬·罗宾斯认为，管理者的自信心强度对管理者的道德选择至关重要。实验表明，自信心高的人比自信心低的人更能克制冲动，也更能遵循自己的判断，去做自己认为正确的事，从而在道德判断与道德行为之间表现出更大的一致性。

斯蒂芬·罗宾斯在《管理学》中提出了“控制中心”的概念。“控制中心”即是“衡量人们相信自己掌握自己命运的个性特征”，它实际上是管理者自我判断、自我控制、自我决策的能力。罗宾斯把控制中心区分为内在与外在两个方面。具有不同控制中心的人在道德认识与道德行为之间常表现出很大的差异性。

(五) 管理组织的文化建设

斯蒂芬·罗宾斯认为，管理组织的文化建设对管理道德的影响主要表现为两个方面：一是组织文化的内容和性质；二是组织文化的力度。一个组织若拥有健康的和较高的道德标准文化，这种文化的向心力和凝聚力必然对其中的每个人的行为具有很强的控制能力。另外，组织文化的力度对管理道德也有着很大的影响。如果组织文化的力量很强并且支持高道德标准，那么，它会对管理者的道德行为产生强烈的和积极的影响；相反，在一个较弱的组织文化中，即使人们具有正确的道德标准，在遇到矛盾和冲突时也难以坚持原有的道德标准，从而导致管理者的非道德行为。

(六) 道德问题的重要性程度

斯蒂芬·罗宾斯认为，道德对于管理者的重要性程度对管理者的道德选择具有重要意义。这其实是关于管理者对道德评价的认识问题。管理者如果比较在意道德评价，认为道德问题很重要，他就会自觉遵循道德规范和道德原则，并且会不断提高自身的道德水平；否则，他就会我行我素。具体来看，管理者的道德问题强度主要表现在管理者对以下几个问题的判断，即管理者对其道德行为产生的危害或受益的可能性的认识；管理者与其道德行为的受害者、受益者的关系接近程度；管理者对其道德行为的受害者或受益者受到多大程度伤害或利益的关注性和内心感受；管理者对社会舆论的在意程度和内心反应；管理者的道德行为对有关人员的影响和集中度的大小；管理者道德行为与所期望的结果之间持续时间的长短等等。

四 提高管理伦理（道德）的途径

（一）提高管理人员素质

管理者的道德发展阶段、自信心、自控能力等都是影响管理道德的重要因素，而这些因素其实是管理人员的素质高低的体现。要改善管理道德，首先要提高管理人员素质。一方面，由于担任管理职务具有相当大的职权，而组织对权力的运用往往难以进行严密、细致、及时、有效的监督，所以权力能否正确运用，在很大程度上只能取决于管理人员的良知。另一方面，因为每个组织相对社会来说都是极小的，对社会的影响不大，所以，调整组织道德的是伦理规范，而组织的道德水准如何则完全取决于其主要负责人的个人修养。管理者素质低下极有可能转向腐败或极易造成决策失误，导致组织夭折。法约尔认为，一个人在组织阶梯上的位置越高，明确其责任范围就越难。避免滥用权力的最好办法乃是提高个人素质，尤其是要提高其道德方面的素质。

（二）建立恰当的道德准则

道德准则是表明一个组织基本价值观和它希望员工遵守的道德规则的正式文件。一方面，道德准则应尽量具体，以向员工表明他们应以什么精神从事工作；另一方面，道德准则应当足够宽松，从而允许员工有判断的自由。如果管理者认为这些准则很重要，经常宣讲其内容，并当众训斥违反者，那么道德准则就能为道德计划提供坚实的基础。

（三）管理人员以身作则

道德准则要求管理者尤其是高层管理者应以身作则。高层管理者通过他们的言行和奖惩建立了某种文化基调，这种文化基调向员工传递和暗示了某些信息。例如，如果高层管理者公车私用，无度挥霍，这等于向员工暗示，这些行为是被允许的；再如，如果领导选择关系密切者作为提升或奖赏的对象，则表明靠拉关系这种不正当的方法获得好处不仅是可能的，而且是有效的，于是“关系文化”就可能盛行，人们的注意力就可能不集中在工作实绩的创造上，而是转向人际方面的钻营；而如果领导当众惩罚投机者，员工就会得出这样的结论，投机是不受欢迎的，是要付出代价的。所以，不良的纪律来自不良的领导。组织领导人如果不能严于律己，以身作则，则势必会在组织内部形成管理松弛、制度涣散、风气败坏、上行下效的局面。因此，管理者律己不严，就不能严整纲纪；只有以身作则，才可能有军令如山，执法如山。

（四）加强管理者的职业道德修养

每一种职业活动不仅贯穿着专门的业务要求而且贯穿着与职业活动相关的道德行为准则，这是个人道德行为特征的最具体、最重要的表现。要提高管理者的道德修养，必须加强管理者的职业道德建设。

职业道德建设一般有相关的两个方向：一个方向是职工道德，另一方向则是组织领导者、管理者的道德。两者相互联结、相互作用，构成一个完整的职业道德模式。职业道德教育同道德教育、文化科学教育一样是终身的，应不断反复进行。但职业道德建设的关键环节在于管理干部的道德水平。管理干部的职业道德建设好了，各行各业组织成员群众的职业道德建设就会卓有成效。在组织内要培养四种精神：

1. “责业”精神。组织从业人员对于其所从事的职业要有一定的责任心，要有对本职工作认真负责的态度和精神。

2. “廉业”精神。组织从业人员在“责业”精神的基础上，在职业活动中，为了保证社会组织的整体利益和自身根本利益，廉洁自律的精神、“廉业”精神是保证从业人员自身职业利益的实现、保证社会组织利益的实现、保证社会整体利益的实现的基本道德要求。

3. “勤业”精神。它是指组织从业人员在职业活动中，勤勤恳恳、兢兢业业、勤奋努力地工作，以期更好地实现职业利益的一种职业道德精神。

4. “敬业”精神。“敬业”精神，就是从业人员在“责业”、“廉业”、“勤业”的基础上，逐渐形成一种对自身职业崇敬的心理。它往往表现为，在职业活动中，从业人员不仅不允许自己做有损于本职业的事情，也不容忍他人做有损于自身职业的行为。

（五）培植组织文化

伦理道德与组织文化具有互动作用：加强道德建设可以促进和稳定组织文化的形成；而组织在培植组织文化过程中，可以潜移默化地对职工进行职业道德教育，可以分辨、控制、支持及影响个体的道德行为。所以，要提高管理道德，必须加强组织文化的建设。通过组织文化的熏陶和潜移默化的影响，可塑造出高素质的员工，进而为组织的发展作出卓越贡献。

（六）综合评价绩效

如果仅以经济成果来衡量绩效，人们为了取得结果，就会不择手段，从而有可能产生不道德行为。如果组织想让其管理者坚持高的道德标准，在评价过程中就必须把道德方面的要求包括进去。例如，在对管理者的年度评价中，不仅要考察其决策带来的经济成果，还要考察其决策带来的道德后果。

（七）严格而独立的社会审计与监察

斯蒂芬指出："一种重要的制止非道德行为的因素是害怕被抓的心理。按照组织的道德评价决策和管理的独立审计，提高了发现非道德行为的可能性。"英美国家靠发挥注册会计师的"警察"作用，来保证管理者披露的财务会计信息的真实可靠。西方发达国家普遍设有组织伦理顾问。因此，加强社会的各项各类型的检查和监督，进行独立的社会审计与社会监察，是改善和提高管理伦理（道德）的重要手段。

（八）提供正式的保护机制

正式的保护机制可以使那些面临道德困境的员工及时得到指导，在不用担心受斥责的情况下自主行事。例如，组织可以任命道德顾问，当员工面临道德困境时，可以从道德顾问那里得到指导。道德顾问首先要成为那些遇到道德问题的人的诉说对象，倾听他们陈述道德问题、产生这一问题的原因以及自己的解决方法。在各种解决方法变得清晰之后，道德顾问应该积极引导员工选择正确的方法。另外，组织也可以建立专门的渠道，使员工能放心地举报道德问题或告发践踏道德准则的人。

第三节 组织的社会责任

关于"组织是否应承担社会责任"的争论由来已久，但该问题始终都没有引起人们足够的重视和关注。直到 20 世纪 60 年代，人们才真正开始日益强调组织的社会贡献，才开始对组织的社会公益性行为有所期盼，有所要求。时至今日，社会责任问题已引起人们的普遍关注，任何一名管理者在进行组织行为决策时似乎已不可避免地必须考虑到一系列极为明显的社会责任问题，如慈善事业、质量保障、雇员关系、环境保护等等。

一　社会责任的定义

社会责任是指组织在追逐自身利益的同时，对社会所需承担的相应义务。它是指组织所应尽的一种实现社会长远目标的义务，这种义务与法律和经济效益的要求无关，但与组织的道德伦理观有密切联系。

为了能更好地理解社会责任的含义，我们引入另外两个与之较为相似的概念——社会义务和社会反应——进行比较。社会义务是组织参与社会的基础。当一个组织符合了其经济和法律责任时，就意味着该组织已实现了它的社会义务。社会义务的履行仅代表着组织达到了在经济和法律上的最低要求。社会反应是指一个组织适应社会环境变化的能力。与社会责任相比，社会反应更注重运用各种手段和途径去实现其中、短期的利益。而社会责任考虑更多的则是一种道德规则，强调义务的实现和一种长期利益的获得。

因此，社会义务是三者中最基础的一个方面，社会责任与社会反应的实现都是以社会义务的完成为前提条件的。

组织社会责任与组织伦理有着密切的联系。在组织社会责任问题还没有引起大家重视、组织社会责任概念还没有提出以前，组织为了自身利益及长期生存，也肯定要追求经济效益，要接受国家法律的约束。换句话说，组织社会责任概念的提出主要是针对组织道德责任而言的。所以，组织社会责任与组织道德、组织伦理在内容上是一致的。要求组织履行社会责任，实质上就是要求组织讲求伦理道德，反之亦然。组织社会责任的概念本质上就是关于组织伦理、组织道德的概念。

二　几种典型的社会责任观

（一）传统社会责任观（或古典观）

传统社会责任观强调企业的经理人员应致力谋求股东的利益，他们的责任是为股东谋取利润和长期的收益。弗里德曼便是这种传统社会责任概念的最有代表性的倡导者。他认为，资源若不能用在为股东谋福利的地方，就如同未经过股东同意而乱花他们的钱一样。企业经理的行为受到企业经济需求的限制：没有任何一个决策者可以因为参与社会而降低企业的盈利率。解决社会问题是政府应该做的，而不是企业应该做的。弗里德曼强调："企业的社会责任只有一个：在遵守竞争规则的前提下，企业可大力推行能增加利润的各种活动；也就是说，大家公开且自由的竞争，而没有任何欺骗。"弗里德曼认为：当今的大部分经理是职业经理，即他们并不拥有所经营的公司，他们是雇员，对股东负责，因此他们的主要责任就是按股东的利益来经营业务。那么股东的利益是什么呢？费里德曼认为股东只关心"财务收益率"。

根据弗里德曼的观点，当经理将组织的资源用于"公共产品"时，他们是在削弱市场机制的基础，有人必须为这种资源的再分配付出代价。如果这种行为降低了利润和股息，股东就会受到损失。如果必须以降低工资和福利的方式来支付企业行使社会责任的成本，那么雇员就会遭受损失。如果企业以提价的方式来补偿行使社会责任的成本，则消费者就会遭受损失。如果市场不接受更高的价格，企业销售额下降，企业就可能难以生存，在这种情况下，企业的全部组成要素都将受到损失。

（二）社会经济观

社会经济观认为，时代已经变了，并且对公司的社会预期也在变化。公司的法律形式可以最好地说明这一点。公司要经政府许可方能成立和经营，同样，政府亦可以解散它们，因此公司不再是只对股东负责的独立的实体了，它还要对建立和维持它们的更大的社会负责。在社会经济观下，利润最大化是公司的第二位目标，而不是第一位目标，公司的第一位目标是保证自身的生存。

在社会经济观的支持者们看来，传统社会责任观的主要缺陷在于受到时间框架的束缚。经理人员应该关心企业长期的资本收益率最大化。为了实现这一目的，他们必须承担社会责任以及由此产生的成本。他们必须以不污染、不歧视、不从事欺骗性的广告宣传等行为来保护社会福利，并积极融入自己所在的社区及资助各种慈善事业，从而在改善和服务社会中扮演重要角色。传统社会责任观只触及了现实的表面，现代企业不再仅仅是经济机构了，它们游说和左右政治行动委员会以及从事其他活动，来为它们的利益而影响政治进程。社会接受甚至鼓励工商企业卷入社会、政治和法律环境中。

（三）特定社会责任观

特定社会责任是指管理人员必须对受企业组织影响的团体，或是能够影响企业成长的团体负责。这些群体或团体包括：股东、重要客户、竞争者、员工、债权人、政府机构、工会、商会、重要的供应商。针对企业的抗议团体以及公共利益团体等，他们是企业命运的“掌握者”。

德鲁克认为，企业的首要社会责任是使所得的利润能高于所付出的代价。如果这一社会责任都无法完成，那就更不可能负起其他的社会责任。一个不景气的企业不可能成为一个受人欢迎的好邻居，资金需求快速增长，用以支付非商业性活动或是慈善活动的费用是不可能增加的。

评估特定社会责任主要取决于三个方面：一是社会责任应推及到整个社会层面；二是股票的价格和所负的社会责任成正比，负有较多社会责任的企业的股票应有较高的价格。因此特定社会责任本身也会影响到企业的获利能力；三是避免政治团体或有实力的股东所形成的压力集团对企业运作的干扰。

（四）正面社会责任观

正面社会责任观是指管理人员应有下列义务和责任：(1) 参与改变环境的活动；(2) 协调企业与所处环境相异的目标；(3) 以实际行动调和企业、股东和社会大众之间的利益。正面社会责任与特定社会责任有所重叠，至少后者的一些责任或义务需要在企业内外部进行沟通。

三 影响组织承担社会责任的因素

组织对社会责任的态度是受到各种因素影响和干扰的，有些因素是促进性的，它增强了组织对社会责任承担的意愿，而有些因素则具有一定的消极性，它会削弱组织在这方面的意向。

（一）促使组织积极承担社会责任的主要因素

除个人的信仰、伦理观以及价值观外，能促使组织积极承担社会责任因素主要有：(1) 公众形象。承担社会责任的良好行为有助于组织在公众中形成良好的口碑，公众心目中的良好形象对组织的好处是多方面的。在企业，如使销售额上升、雇用到更多更好的员工、更容易筹集到资金等。(2) 长期利润。良好的社区关系和负责行为能为组织赢来更稳固的长期利润。(3) 组织系统。社会责任的履行能为组织增添吸引力，从而留住优秀雇员，形成良好的组织氛围。(4) 规范行为。社会责任中的道德规则能有效地约束组织的日常行为，从而尽可能地避免对非法的和不道德手段的采用，等等。

（二）阻碍组织承担社会责任的主要因素

也有很多消极的因素阻碍组织承担社会责任，例如：(1) 股东权益。社会公益性举措会削减股东们的既得利润，若按照“信托人”观点，这体现了管理当局对股东的不负责任。(2) 行为衡量。组织的社会行为效果通常难以用确切的指标进行度量。(3) 成本问题。许多社会责任活动是不能自负盈亏的，这就导致组织最终会以提价的方式将成本转嫁给消费者。(4) 权力过大。组织本身就已具有在经济领域内的充足权力，若再涉足社会领域，处理社会问题，追逐社会目标，那么组织所拥有的权力就会产生过度膨胀现象，等等。

四　组织社会责任的具体体现

组织在追求自己的利益时，一般会使社会受益，即组织的目标和社会的目标在许多方面是一致的。例如，一个企业为了生存，必须要生产出符合顾客需要的产品，满足社会的需求；企业为了发展，要扩大规模，自然会增加职工人数，解决社会的就业问题；企业为了获利，必须提高劳动生产率，改进产品质量，改善服务，从而提高社会生产效率和公众的生活质量。但是，如前所述，有时有些企业为了获利，可能生产伪劣产品，可能不顾工人的健康和利益，可能造成环境污染，可能损害其他单位的利益。为此，国家颁布了一系列保护公众利益的法律，如反暴利法、环境保护法、反不正当竞争法、消费者权益保护法、劳动法、合同法、产品质量法等。通过这些法规来调节企业与社会公众的利益。一般来说，企业只要遵守这些法规，它在谋求自己利益的同时就会使公众受益。但法律不可能解决所有问题，企业还要受到企业道德和伦理的约束。再如，一个学校在追求本身利益时，在许多方面也会使社会受益，扩大学校规模，招收更多的学生，如改进教学方法，提高教学质量，培养更多更好的人才，使学校与社会的利益与目标相一致。但也有许多不一致的地方，如有的学校乱收费、盲目扩招、降低要求、单纯追求升学率、滥发文凭等。这除了需要国家法律法规调节外，还要有组织伦理道德的约束和调节。还比如医院，有的医院救死扶伤，一切为了患者，一切为患者着想，态度认真、诚恳，医术精湛，医德高尚，制度严格，高效运转，赢得了良好的社会信誉，在社会上树立了组织的良好伦理形象。而有的医院则是一切盯着金钱，小病大药方、漫天高收费，欺骗患者，医术医道不高，医疗态度马虎，在社会上无疑会留下组织伦理丧失、组织管理道德低下的社会评价。

组织具体应承担什么的社会责任，因各种组织的性质、组织的任务、组织的实际能力以及组织的职权等不同而各异。如企业的社会责任，具体体现在以下几个方面：

（一）企业对环境的责任

企业对环境的责任主要体现在：（1）在保护环境方面发挥主导作用，特别要在推动环保技术的应用方面发挥示范作用；（2）要以“绿色产品”为研究和开发的主要对象；（3）要采取切实有效的措施来治理被污染的环境。

（二）企业对员工的责任

企业对员工的责任主要体现在：（1）不歧视员工，对员工一视同仁；（2）定期或不定期培训员工，不断提高员工的素质；（3）为员工营造一个良好的工作环境；等等。

（三）企业对顾客的责任

企业对顾客的责任主要体现在：（1）提供安全的产品；（2）提供正确的产品信息；（3）提供良好的售后服务；（4）提供必要的指导；（5）赋予顾客自主选择的权利。

（四）企业对竞争对手的责任

在市场经济条件下，竞争是一种有序竞争。企业不能压制竞争，也不能搞恶意竞争。企业要处理好与竞争对手的关系，在竞争中合作，在合作中竞争。有社会责任的企业不会为了暂时之利，通过不正当手段挤垮对手。

（五）企业对投资者的责任

企业首先要为投资者带来有吸引力的投资报酬。那种只想从投资者手中获取资金，却不愿或无力给投资者以合理报酬的企业是对投资者极不负责的企业，这种企业注定被投资者抛弃。此外，企业还要将其财务状况及时、准确地报告给投资者，不能欺骗投资者。

（六）企业对所在社区的责任

企业不仅要为所在社区提供就业机会和创造财富，还要尽可能为所在社区作出贡献。有社会责任的企业意识到通过适当的方式把利润中的一部分回报给所在社区是其应尽的义务。它们积极寻找途径参与各种社会行动，通过此类活动，不仅回报了社区和社会，还为企业树立了良好的公众形象。

本章小结

1. 道德在人们自身生存和发展过程中发挥着调节、教育和激励的作用与功能。

2. 人们的行为和活动是否符合当时的道德范畴，如何才能使人们的行为和活动符合当时的道德范畴，最重要的手段就是道德评价。道德评价是以人的行为为评价对象，以善恶为评价标准，以社会舆论、传统习惯和内心信念等为评价手段的。

3. 管理伦理是一个涉及组织道德行为的重要问题。对管理来说，伦理（道德）是其内在的要求，研究伦理（道德）可以使管理理论更好地指导人们的行为，服务于管理实践。

4. 由于管理者在组织中的特殊地位，管理者的伦理道德对组织伦理道德有深刻影响。管理者道德发展的阶段、个人行为的特征、组织结构设计、组织文化、道德问题的强度等都是影响管理者道德行为的重要因素。

5. 生存在社会中的组织对于社会应承担相应的社会责任和义务。这与组织所追求的经济绩效并不存在着必然的矛盾关系。如果运用得当，有时甚至还会给组织带来十分稳定、可观的长期收益。

乐普生取义逐索尼

1995年1月25日，顾客徐某在海南乐普生商厦购买一台索尼电视机。1996年11月1日晚打开电视机约20钟后，突然“啪、啪”两声，声像全无。次日晨，徐某找到商厦，经检测认定，是显像管烧坏。而按国家规定，显像管作为彩电的最大部件，生产厂家在商品售出三年内要对质量负责。为此，此商厦多次与索尼公司广州办事处联系，但对方均推脱而未予处理。

时值年尾，乐普生商厦为使顾客在节日看到电视，决定先出资更换修理。但索尼海口维修站却不愿以出厂价出售显像管。最后，乐普生维修部只好通过熟人从广州买到显像管，将电视机修好后送到顾客手中。以后乐普生又先后多次向索尼方面提出索赔要求，都没有答复。为此，商厦于3月15日举行了新闻发布会，媒体透露了这一事件，并毅然决定，宁可损失经营索尼产品每月可带来的 80 万～100 万元的营业额，也要把索尼的所有产品毫不留情地“请”出商场。

经过 40 天的波折以后，索尼（香港）有限公司广州办事处主任高木卓及其两位代表于 4 月 22 日到乐普生商厦递交了《致徐志正先生及海南乐普生商厦有限公司的歉意书》，并接受乐普生提出的三项条件即公开道歉，赔偿有关费用损失，承诺今后加强售后服务。4 月 23 日，《海南日报》刊登了歉意书，乐普生也随即恢复销售所有索尼产品。

问题：

1. 企业是否应履行社会责任，怎样履行？
2. 如何处理好企业行为的商业性与社会性之间的关系？
3. 怎样发动企业或组织的全体人员来塑造企业的良好形象？

【复习题】

1. 伦理道德的功能是什么？
2. 简述管理与伦理的关系。
3. 分析影响管理伦理（道德）的主要因素。
4. 提高管理伦理（道德）的途径有哪些？
5. 简述几种典型的社会责任观。
6. 分析促使组织积极承担社会责任和阻碍组织承担社会责任的主要因素。

讨论及思考题

1. 传统社会责任观强调企业应致力为股东谋取利润和长期的收益。而社会经济观认为企业不再是只对股东负责的独立的实体了，它还要对建立和维持它们的更大的社会负责。你是如何看待这个问题的？

2. 不同的组织分别应该承担哪些社会责任？举例说明之。

第十六章

新趋势下的管理理念

本章提示

- ◇ 管理理论发展的历程
- ◇ 各种新管理理念产生的背景、特点以及适用条件
- ◇ 新世纪管理发展趋势的哲学基础
- ◇ 学会用新的思维方式和新的方法进行管理

本章引言

1980年1月，在旧金山一家医院里，一位身体硬朗、步履生风的老人，正在与护士死磨硬缠地要探望一名因痫疾住院的女士。她怎么也不会想到，这位衣着朴素的老者，竟是通用电气公司总裁斯通先生；护士更不知道，斯通探望的女士，是加利福尼亚州销售员哈桑的妻子。

哈桑后来知道了这件事，感激不已，每天工作达16小时，为的是以此报答斯通的关怀，加州的销售业绩一度在全美各地区评比中名列前茅。

由此可见，20世纪80年代以来，管理的理论和实践又出现了一些新的趋势，“以人为本”的管理理念处处可见，“学习型组织”的理念方兴未艾。今天，我们研究和探讨自我管理、人本管理、知识管理、愿景管理等这些看似孤立实则紧密联系的管理理论，对管理工作者有着深刻的指导意义。

第一节　自我管理

自我管理有广义和狭义之分，**狭义的自我管理是指个人通过不断地自我认识、自我教育、自我激励、自我控制的动态过程，为实现自我完善，达到个人理想目标而进行的设计、规划、控制等管理活动，**也是指个体对自己的思想、心理和行为的调节、控制或约束。而广义的自我管理的对象则是扩大到由多个个人形成的群体——组织，是指为实现目标，取得最大的效益而进行的组织内部的自我调解、自我控制的过程。

一　自我管理的特点

（一）管理范围的普遍性

自我管理虽然只是管自己，但是它却几乎适用于所有人。生活在社会上的每个人，除了精神障碍者以外，无人不在进行着自我管理，无论你是否意识到，是否承认它。

（二）管理时域的全程性

自我管理不是权益之计，它贯穿于人生的全过程，从儿童、少年、青年、壮年到老年，都要进行不同内容、不同方式的自我管理。

（三）管理内容的复杂性

自我管理时多指标的综合效应，具有十分广泛的内容。其中主要包括目标的确定，行为的控制，情感的调解、才智的发挥、时间的利用、信息的处理等许多内容。

（四）管理方法的差异性

人的个性、素质、能力及经历、处境是千差万别的，因此，人的自身的管理方式也是各不相同、因人而异的。只有一般的规律可依，没有万应的灵药可用。

（五）管理理论的广延性

人的运动形式是最高级的，它是机械的、物理的、化学的和生物的多种运动形式的综合效应。人的生命运动是人的思维运动的物资基础，而人的思维运动对人的生命运动产生着强大的能动作用。此外，人生活在世上，每天都要和自然界、社会接触，收到大量的自然信息和社会信息，这些信息要靠人的心身自动调解功能来处理。这些，都给研究人的自我管理的理论带来了广延性。

二 自我管理的原则

在组织管理中，自主性和平等民主参与性是自我管理活动的两大显著特征。因此，自主管理的原则包括：自识、系统、统一、自愿、效率等。

（一）自识原则

自识是指对自我的认识，是对自我的生理机制、心理素质、智能特点、行为特点以及与周围事物关系的认识；是基于自我体察、分析基础上的自我审视。自识原则要求每个自我管理个体应该客观地、全面地、正确地认识和评价自我，在自识的基础上对自己实行科学的有效的管理。

（二）系统原则

按照系统思考的观点，组织是一个由子系统构成的系统，这些系统不仅相互作用，而且在很大程度上相互依存。同时，组织又是一个开放系统，它要生存、发展，就要在很大程度上依赖外部环境，并与之相互作用。系统原则要求组织中每个自我管理者明确处理任何问题都应从系统的角度出发，使自我适应或服从于整个系统。

（三）统一原则

有效组织的特点之一便是目标明确。组织必须能指引其各级管理部门的视线，使每个成员的视线指向组织的总目标。组织管理作为推进组织有效运行的一种机制，它必须以小组成员的个人目标与组织的总目标相一致为组织原则。

（四）自愿原则

组织管理的自愿原则要求组织成员在精通工作原理的前提下，自愿地同心协力地工作。各级组织管理者应尽可能使组织成员的工作与其工作能力相适应，同时又尽量与其人生目标相结合。

（五）效率原则

自主管理的效率原则要求组织结构、组织文化氛围能够确保组织内的各子系统成员能以民主参与的行为方式，对组织运行中的有关问题作出观察、分析、评价和反应。

三 自我管理的形式

自我管理在现代组织中有两种表现形式，这就是个人的自我管理与团队的自我管理。

（一）个人的自我管理

所谓个人的自我管理，就是指个人可以在组织共同愿景或共同的价值观指引下，在所授权的范围内自我决定工作内容、工作方式、实施自我激励，并不断地用共同愿景来修正自己的行为，以使个人能够更出色地完成既定目标。也就是在这么一个过程中个人使自己得到了充分的发展，使自己在工作中得到了最大的享受。

（二）团体的自我管理

所谓团体的自我管理，是指组织中的小工作团队的成员在没有特定的团队领导人条件下自己管理团队的工作，进行自我协调，共同决定团队的工作方向、路径，大家均尽自己所能为完成团队任务而努力。团队自我管理在某种条件下比个人自我管理更为困难一些，因为团队中有许多人，如果有一两个希望搭便车的人的话，就会在团队中造成很大的冲突与麻烦。所以，成功的团队自我管理不仅需要每个团队成员均有良好的素质和责任，还需要有一个团队精神，以此凝聚众人。要实现组织的有效运行，还必须建立一种能够充分调动每一位组织成员实现组织目标的积极性、主动性和创造性的管理机制，即自我管理。

自我管理已成为现代组织广泛采用的一种组织机制，它以重视人为基础，通过民主参与管理，在成就人的同时推进组织的有效运行。

自我管理相对于之前的组织管理，在知识社会的今天它把组织管理带入了一种全新的高境界，它更加符合人性特征。自我管理，使组织在更高程度上把工作变得更加符合人的高层次需要，适应人的发展。

第二节 人本管理

一 人本管理的概念

人本管理是指在人类社会任何有组织的活动中，从人性出发来分析问题，以人性为中心，按人性的基本状况来进行管理的一种管理方式。由此出发，建立或考察人本管理，都要从分析人本管理的基本要素开始，建立人本管理体系。人本管理对人的基本假设是把人看做是追求自我实现的人、能够自我管理的社会人。正是人可以成为一个追求自我、实现管理自我的人，因此对人的管理就不是我们过去所理解的那样，仅仅是关心人，激励人的积极性，而是开发人的潜在能力为企业生存与发展服务。具体地说：

1. 所谓人的全面自在的发展，包含两个内容：人的素质全面增强和人的解放。

2. 组织创造相应的环境和条件，为员工的全面发展提供帮助，这是人本管理的重要方面。

3. 个人的自我管理是人本管理的本质特征。当人成为自在的人，能够决定自己的发展时，在工作中就能自我管理，即根据企业总目标要求，给自己定出工作岗位上的工作任务，在工作中获得其他的享受。

4. 自我管理必须有个引导，否则对于一个组织来说，个人的自我管理可能会导致组织内目标的冲突，从而使组织的目标难以实现。

人本管理是一种引导性的自我管理，在自我管理中使人得到全面的发展。从功利的角度来看是为了员工可以在更大程度上创造性的发挥自己的潜力，为组织作出贡献，而从客观上看，则是使组织的员工能够尽可能地全面发展，成为对整个社会十分有用的人才。

二 人本管理的原则

（一）个性化发展准则

组织中以人为本的管理从根本上说应该是以组织成员的全体自在的发展为

出发点。尽管人的个性化发展仅仅是人的全面自在发展的起步，但比起过去组织仅将员工看做是某一岗位的“操作工”，只培养完成这一岗位要求的技能要进了一大步。

个性化发展的准则要求组织在成员的岗位安排、教育培训、工作环境、文化氛围、资源配置过程等诸多方面均以是否有利于当事人个性潜质发挥和长远的发展来考虑，决不是仅仅从组织的功利性目标出发。

（二）引导性管理准则

由于组织中以人为本的管理本质上是组织中成员自我的管理，因此以人为本的管理可以说是不需要权威和命令的管理。组织中人与人之间的协作配合、资源的安排、投入与产出全过程等方面，原来是由领导者的权威和命令来组织、协调与监控的管理方式，在以人为本的管理思路下就应该改变为引导性管理，即以引导来代替权威和命令，最终有效地完成组织既定的目标。

引导性管理准则实际上是要求管理主体不仅仅将管理作用于他人他物，而且更要将管理作用于自己，特别在作用于他人时不是像过去那样命令指挥，而是建议引导。这种管理主体的角色变化，对于组织中的高层管理者来说尤为重要。同时，引导性管理准则在组织运作中要求组织中的所有成员放弃由岗位带来的特权，平等地友好地互相建议互相协调，使组织成员凝聚在一起，共同努力完成组织的目标，在此过程中谋求各自的个性化发展。

（三）环境创设准则

组织中以人为本的管理本质上是自我管理，它引导组织成员走上自我管理之路，使组织成为个性化发展的场所，所以作为整体的组织就只能创设与上述要求相符的环境，使组织成员在此环境中能够个性化发展。因而从某种意义上说，以人为本的管理就是创设一个能让人全面发展的场所，间接地引导他们自由地发展自己的潜能。这样的环境对组织内部而言主要有两个方面：一为物质环境，包括工作条件、设施、设备、文化娱乐条件、生活空间安排等；二为文化环境，即组织拥有特别的文化氛围。

（四）人与组织共同成长准则

这一准则的核心是，在希望组织的成员在组织中可以个性化发展和能够自我管理的同时，也希望组织能够与组织成员一起发展成长。所谓组织要与个性化发展的个人一起成长，就是说组织本身的发展应与以人为本的管理法方式相适应，即组织体系、架构以及运作功能都要逐步凸现人本主义理念，改变金字塔科层制结构，建立学习机制，从而极大地激发人的潜能并使之成为组织发展的内在动力。

三 人本管理的方式

现代管理越来越强调人的重要性，于是越来越多的公司提出了“以人为本”的口号，但真正要做到人本管理还需要一个过程。研究人本管理的管理学家认为，人本管理在管理实践中有不同的形态，并且这种形态具有层次性。目前，较为普遍的是把人本管理分为五个层次，它们分别是：情感沟通管理、员工参与管理、员工自主管理、人才开发管理和企业文化管理。

（一）情感沟通管理

它是人本管理的最低层次，也是提升到其他层次的基础。在该层次中，管理者与员工不再是单纯的命令发布者和命令执行者。管理者和员工除有工作命令沟通外还有更重要的情感沟通，比如管理者既要了解员工对工作的一些真实想法，同时也要了解员工在生活上和个人发展上的一些需求。在这个阶段员工还没有就工作中的问题与管理者进行决策沟通，但它为决策沟通打下了基础。

（二）员工参与管理

员工参与管理也称“决策沟通管理”，管理者和员工的沟通不再局限于对员工的问寒问暖，员工已经开始积极参与到工作目标的决策中来。在这个阶段，管理者会与员工一起来讨论工作计划和工作目标，认真的听取员工对工作的看法，积极采纳员工提出的合理化建议。员工参与管理会使工作计划和目标更加趋于合理，并增强了员工工作的积极性，提高了工作效率。

（三）员工自主管理

随着员工参与管理的程度越来越高，对业务娴熟的员工或知识型员工可以实行员工自主管理。管理者可以指出公司整体或部门的工作目标，让每位员工拿出自己的工作计划和工作目标，经大家讨论通过后，就可以实施。由于员工在自己的工作范围内有较大的决策权，所以员工的工作主动性会很强，并且能够承担相应的工作责任。在该阶段，每位员工的工作能力都会得到较大的锻炼，综合能力较高，创造力较强的员工，在这个阶段会脱颖而出，成为独当一面的业务骨干。

（四）人才开发管理

为了更进一步提高员工的创造性能力和综合能力，公司就要有针对性的进行一些人力资源开发工作。员工能力的提高主要通过三个途径：工作中学习，交流中学习和专业培训。另外，人力资源部门可以聘请一些专家，进行有针对性的培训。

（五）企业文化管理

企业文化说到底就是一个公司的工作习惯和风格。企业文化的形成需要公司管理的长期积累。员工的工作习惯无非朝两个方向发展：好的或坏的。如果公司不将员工的工作风格朝好的方向引导，它就会向坏的方向发展。企业文化的作用就是建立这样一种导向，而这种导向必须是大家所认同的。随着公司的发展，企业文化也会不断地发展。但不论怎样，企业文化管理的关键是对员工的工作风格进行引导，而不是仅仅是为了公司形象的宣传。

第三节　知识管理

一　知识管理的概念

20 世纪下半叶，特别是 90 年代以来，美国企业的发展出现了一些新的现象：信息技术广泛应用于企业的生产经营过程；网络化成为企业组织结构调整的突出原因；全球化成为影响和制约企业发展的一个重要环境变量。知识正在成为企业管理的主要资源。无论是以物为核心的管理，以人为核心的管理，还是以文化为核心的管理，它们都是管理学上的一次不断的升级。到了知识经济初见端倪的当今时代，管理的根本性变革不是以机器和分工为基础，而是以人的知识和能力为基础；不是以占有自然资源（物质资源和能源）为基础，而是以占有人力资源为基础，知识成了管理的核心。

知识管理的研究最早始于美国。90 年代中期，知识管理蓬勃发展。目前，知识管理已经不仅仅局限于理论上的探讨，开始进入实用化阶段。

在何为知识管理的问题上，仁者见仁，智者见智。比尔·盖茨在《未来时速》一书中多处谈及知识管理，认为作为一个总的概念——搜集和组织信息、把信息传播给需要它的人、不断地通过分析和合作来优化信息——知识管理学是很有用的。国内则比较愿意接受下面的一种定义：知识管理就是对一个企业集体的知识与技能的捕获，然后将这些知识与技能分布到能够帮助企业实现最大产出的任何地方的过程。具体地说，就是通过对组织知识资源的开发和有效利用以提高组织创新能力，从而提高组织创造价值能力的管理活动。可见，以知识为核心的知识管理包括两个不可分割、紧密联系的方面：其一是对知识进行管理，知识是管理的主要对象；其二是运用知识进行管理，知识是管理的主要手段。

二 知识管理的内容

知识管理可分为人力资源管理和信息管理两个方面。人力资源管理是知识管理的核心内容，人力资源管理就是一种以“人”为中心，将人看做是最重要资源的现代管理思想。劳动者（人力资源）在生产关系中的地位，随着人类社会的演进已经过四个发展阶段（图 16—1）：

工具论 → 要素论 → 资源论 → 主体论

图 16—1 人力资源在生产关系中的四个发展阶段

农业经济时代，土地是生产力的第一要素，劳动者被等同于没有思想的物体，是被另外一些掌握土地的人所利用的工具。工业经济时代，资本成为生产力的第一要素，劳动者作为生产力的组成要素之一，受到资本拥有者的重视，但拥有资本的管理者希望劳动者像机器一样听话。后工业经济时代，智力资本对经济增长的贡献率不断提高，管理者意识到人是一种重要的资源，不仅仅是被利用，而是可以通过合理的配置、有效激励、系统培育、激发潜能等手段使人力资源价值得到最大限度的挖掘与发挥。这个阶段，更多的还是强调对人的有效管理与控制。

知识经济时代，智力资本成为促进生产力发展的第一要素。管理者需要充分认识到，人作为智力资本的拥有者，与生产力的其他要素存在明显的差别：人追求自我实现、自我发展。智力资本的拥有者逐渐发展成为管理的主体，管理者的角色应从管理控制逐渐转向引导和帮助。它包括对企业人力资源个体、团队甚至整个企业组织的知识、技能、智商与情商的管理。

良好的信息管理是实现有效的知识管理的基础。信息管理可分为三个层面：最底层的是通信网络，用来支持信息的传播；第二层是高性能计算机服务器，这是存取信息、数据的关键环节之一，第三层是信息库、数据库系统层，它是信息管理系统的关键层。对于组织来说，知识管理的实施在于建立激励员工参与知识共享的机制，培养组织创新和集体创造力。

知识经济时代决定企业成败的不仅仅是企业掌握了多少显知识和物化了的知识，而更重要的是能够使那些没有被编码或过去认为不可编码的隐知识转换为显知识。隐知识集中储存在人的脑海里，是个人所获得的经验和技能的体现、结合与创造性转化和发挥。知识管理就是要有效地实现这两类知识的转换并在转换中创新，它使企业能够明智地运用内部资源并预测外部市场的发展方向及其变化，对外部需求作出快速反应。

三 知识管理的特点

（一）知识管理重视对组织成员进行精神激励

组织成员拥有不断创新和创造新的有用知识的能力，他们是组织知识创新的主体。因此，采取恰当的激励机制就显得尤其重要，它不仅注重物质激励，更注重精神激励——一种新型的精神激励，即赋予组织成员更大的权力和责任，使其更好地发挥自觉性、能动性和创造性。

（二）知识管理重视知识的共享和创新

未来组织间的竞争取决于其整体创新能力，所以，有效的知识管理要求把集体知识共享和创新视为赢得竞争优势的支柱，创造一种组织知识资源能够得到共享和创新的环境。其目的是通过知识的更有效利用来提高个人或组织创造价值的能力。

（三）知识管理强调运用知识进行管理

传统管理是经验管理，而经验只是知识中的一个层次。管理科学产生后，管理的知识也是不完整、有失偏颇的。在知识管理中，管理的知识应当是完整的、全面的、有机统一的，它要求管理者能够掌握并在管理过程中综合地运用各种相关知识，使得管理活动卓有成效。将知识视为组织最重要的战略资源，把最大限度地掌握和利用知识作为提高竞争力的关键。

知识管理的特点源自于知识经济的本质。知识经济是以网络信息、高新技术和智力资本为基础的经济。由于高新技术、智力资本和网络信息的开发与运用就是信息流和智力流的转换与集成的过程，因而知识管理是一种符号转换的管理，是管理范式的根本转变，这种转变可从表16—1列出的新旧管理范式的内容对比中得到体现。

表 16—1　　知识管理与传统管理范式比较表

内容	工业时代旧管理范式	知识时代新管理范式
组织结构	等级制	内部市场
内容	工业时代旧管理范式	知识时代新管理范式
目标和控制	盈利	企业共同体
管理系统	机械论的	有机论的
客户关系	销售	服务性企业
工作角色	雇员	知识企业家
内容	无限制地增长	智能增长
战略构成	计划	连续变化
战略指导和控制	权威	内部领导层
世界体系	传统资本主义对 传统社会主义	民主企业

四　知识管理的实施

（一）设立知识总监或主管

设立知识总监或主管的目的是要在没有先例可循的情况下能够熟练地丰富、支配和管理不断发展的知识体系，以便有效地运用集体的智慧提高应变和创新能力。如可口可乐、通用电器、孟山都等公司都设立了知识主管。一般而言，知识主管的主要职责为：了解公司的环境和状况，理解公司内的信息需求；建立和造就一个能够促进学习、积累知识和信息共享的环境，每个人都要认识到知识共享的好处，并为公司知识库的丰富作出贡献；监督保证知识库内容的质量、深度、风格并与公司的发展相一致；保证知识库设施的正常运行与信息更新；加强知识的集成和新知识的产生，促进知识共享与生成的不断循环。

（二）从市场和客户那里获得信息和知识

从市场和客户那里获得信息和知识，是实施知识管理的重要途径。因为对未来的预测建立在时下隐约可见的星点迹象之上，而这些迹象总是体现在客户的需求和愿望之中。此外，通过给客户提供超越业务范围相关知识的服务也是企业获得信息和知识的重要手段。

（三）建立知识与信息的共享网络和知识联盟

知识与信息共享网络主要有两种：一是内部网，二是虚拟网。二者都具有众多的功能。例如：美国的波音公司通过建立虚拟网络，实现了空军地勤的"无纸"开发。波音公司的员工无论在世界哪个角落都能使用相同的数据库。知识联盟有助于组织之间的学习和知识共享，使组织能够开展系统思考。知识联盟将比产品联盟更紧密和具有更大的战略潜能，它可以帮助组织扩展和改善自己的基本能力，从战略上创造新的核心能力。

（四）以知识创新为基础设立职位

这体现了知识时代独特的管理理念。发达国家的许多公司都开始实施知识创新管理规则，即根据职员知识创新的表现发放奖金和晋升职位；此外，美国的IBM公司、日本各大公司以及DelalCarreers公司等，还鼓励专业技术人员与管理人员进行岗位交换，目的是使职员获得更多的有关公司的整体化知识。

（五）建立学习型组织

从国际范围来看，破除旧有的管理观念与思维模式的束缚，强调学习和"知识能力"的重要性，已成为各国管理理论界注视的中心。人们越来越意识到，知识将成为创造财富及其附加价值的主体；获取和应用知识的能力，也将成为企业核心竞争力的关键。知识社会的来临使得企业再造和学习型组织成为时代的热潮。

第四节 愿景管理

一 共同愿景的概念

共同愿景英文原文是shared vision，本意是大家共同分享、共同愿望的景象。那么组织的共同愿景的本意就应该是组织所有成员共同的愿望和共享的景象。组织全体员工所拥有共同愿景的景象究竟是什么呢？组织的战略是描述组织未来发展的行动方案，它算不算是组织的共同愿景呢？组织的精神如"IBM就是服务"、"产业报国"等，这算不算是组织的共同愿景呢？一个创新的想法，一个绝妙的主意，对组织而言可能非常重要，例如负责上市，拓展市场的新方式采用等，展示组织未来的一个方面状态，这又算不算组织的共同愿景呢？

准确地说，所谓组织的共同愿景是指组织中所有成员所共同发自内心的意愿，这种愿景不是一种抽象的东西，而是具体的能够激发所有成员为组织这一愿景而奉献的任务、事业或使命，它能够创造巨大的凝聚力。它有以下几层意思。

1. 组织共同愿景所表示的一种景象实为组织未来发展的目标、任务、事业或使命。它不一定包含具体的行动方案或行动策略，但它一定是比较具体的，通过努力是可以实现的。从这个意义上说，战略未必能成为企业的共同愿景，是由于它可能过于超前或宏伟，不能成为全体成员发自内心的愿望。

2. 组织共同愿景是全体成员共同发自内心的愿望或意愿。每个组织成员都有自己的个人愿望或意愿，在这样的愿望和意愿中，有许多是不相一致的，也有一致的，但这许多的一致中未必能表达出组织的根本利益和要求所在，因此，找到或构建这样一种共同的发自内心的愿望就显得十分困难。

3. 组织共同愿景能够使全体成员紧紧地连在一起，淡化人与人之间的个人利益冲突，从而形成一种巨大的凝聚力。只要当人们致力于实现他们常常关切的事业、任务或使命时，他们才会忘掉自己的私利，他们才会不顾一切地团结起来。

“共同愿景”不是一个想法，它是人们心中一股令人深受感召的力量。刚开始时可能只是被一个想法所激发，然而一旦进而发展成感召一群人的支持时，就不再是个抽象的东西，人们开始把它看成是具体存在的。

二 共同愿景的作用

（一）孕育无限的创造力

由于组织的共同愿景是组织全体成员发自内心的愿望，并由此产生了对全体成员长久的激励，如果全体成员真正把这一共同愿景当做自己努力的方向，那么此时此刻全体成员就会真正发出无限的创造力。彼得·圣吉在其著作《第五项修炼》中指出：之所以如此，是因为“共同愿景会唤起人们的希望，特别是内生的共同愿景。工作变成是在追求一项蕴含在组织的产品或服务之中，比工作本身更高的目的——苹果电脑使人们透过个人电脑来加速学习，AT&T借由全球的电话服务让全世界互相通讯，福特制造大众买得起的汽车来提升行的便利。这种更高的目的，亦能深植于组织的文化之中”。

日本企业在学习了美国的企业管理方法手段之后，曾创新了许多新的管理方式方法，如 TQC、JIT，开发拓展了巨大的国际市场。这些成功给人巨大的启示，这就是日本企业注重了全体员工的集体主义观念，并用“年功序列制”、“终身雇佣制”等制度把全体员工融为一个大家庭，结果员工们把企业看做是自己的家，使得员工们有了创造力的持久激励源，也就有了日本企业“不可战胜”的神话。

（二）激发强大的驱动力

无数的实事可以证明这么一个真理：如果没有一个强大的拉力把人们拉向真正想要实现的目标，维持现状的力量将牢不可破。事实上一个共同愿景通常建立一个高远而又可逐步实现的目标，它引导人们一步步排除干扰，沿着正确的方向达到成功的彼岸。正如弗利慈所形容的：“伟大的愿景一旦出现，大家就会舍弃琐碎之事。”

（三）创造未来机会

系统科学已向我们证实，许多短期不错的对策或策略，可能会产生长期的恶果，而采取消除组织近期不良症状的对策，可能会导致人们舍本逐末的倾向，就好像如果对产品的价格大战不加以一定限制的话，实际上将导致社会资源配置的低效率。所以，现代组织的共同愿景实在是要给定组织一个长远的经得起推敲的未来，而这种未来应该是充满了挑战和风险，不是一般的战略规则所给定的那种，它创造未来机会。

三　共同愿景的构成

一个优良的共同愿景具体由以下四个部分组成：

1. 景象。所谓景象就是未来组织所能达到的一种状态以及描述这种状态的蓝图、图像。例如“GE 永远做世界第一”，这是通用电气公司希望未来达成的状态。

2. 价值观。此处的价值观是指组织对社会与组织的一种总的看法。例如松下公司认为其企业从不追求利润，利润只是自己企业对社会有贡献，社会给企业的一种回报。如果这个企业的价值观是个人奋斗第一，那么将引导员工们互相竞争从而抛弃良好的合作。显然，价值观与景象是有很大相关性的。

3. 使命。所谓使命是组织未来要完成的任务过程。例如宝钢人的使命就是要把宝钢建设成为世界第一流的钢铁联合企业，就是说宝钢人就是因为这个使命的存在而存在。使命应具有令人感到任重道远和自豪的感觉，而这又与景象和价值观相关。没有良好的景象，使命感会消失殆尽；没有良好的价值观，使命感不会持久。

4. 目标。目标是指组织在努力实现共同愿望或景象过程中的短期目标，这种短期目标可以说是总的愿望的阶段性具体目标，代表了成员们承诺的将在未来几个月内一定要完成的事件。这种目标不仅仅从组织未来发展的角度得出，而且一定要从组织员工个人目标中产生，在员工们追求自己目标的同时实现了组织的目标，或在实现组织目标的过程中实现了自己个人的目标。短期目标的不断实现与不断地向共同愿景靠拢也就引导了成员们持续的努力和奉献。

四 构建共同愿景的基本途径

（一）培养共同语言

共同语言是指组织员工们一致使用的语言。共同语言对于某一组织中的员工而言，如果存在的话，它一定是一定范围的语言，反映出这个组织、这些员工的共同点，如共同的价值观、共同兴趣、共同使命等。共同语言的存在对于共同愿景的形成来说是非常重要的，试想一个组织中的员工，管理者与非管理者之间没有一点共同的语言，互相不知对方在想什么、说什么，也不想试着站在他人的角度考虑他人为什么那么想、那么说，那么该组织就不可能有一个共同发自内心的愿景。而且这种没有共同语言存在的组织，是不能长久发展壮大的。

一般而言，共同语言的形成可以有几种方式：一种是在组织运作过程中注意将组织某些小团体的共同语言归纳引申为整个组织的共同语言，当然这些可以归纳引申的小团体共同语言应该有很好的内涵，与组织的价值观相符。一种是将组织制定的官方语言强制性灌输给全体员工，最终形成以此为基础的共同语言。

（二）开展团队学习

共同语言的形成方式，是建立在组织内成员进行**团队学习**的结果上的。团队是指若干人形成的为完成某一特定目标或任务的小团体，如车间、班组、部门、项目组等。团队学习是指这么一个小团体的群体性学习，成为组织内进行学习的基本单位。之所以团队学习对建立共同愿景很重要，一方面是因为它可以把共同愿景首先转化为团队的努力方向；另一方面也因为对于组织最终目标的实现来说，一项决策的执行大都直接或间接地由团队来完成的。

（三）进行深度汇谈

深度汇谈可以开掘每个个人愿景的闪光点，进而为建立共同愿景奠定基础。深度汇谈不同于讨论。

深度汇谈的目的是要开掘每个谈话者的内心，是要超过任何个人的见解，而非赢得对话，这是深度汇谈与讨论不同的根本点。如果深度汇谈得当，则人人都是赢家，人人均可获得独自无法达到的见解。深度汇谈时，大家以多样的观点探讨复杂的难题，敞开自己的心扉，每个人摊出心中的假设，并自由地交换他们的看法。在一种无拘无束的探索中，人人将自己深藏的经验，想法完全表露出来，从而最终超过他们各自的想法。鲍姆教授认为，深度汇谈的目的在于揭露我们思维的不一致性。

组织开展深度汇谈有三项必要的基本条件：

1. 所有参与者必须将他们的假设悬挂在面前；
2. 所有参与者必须视彼此为工作伙伴；
3. 必须有一位辅导者来掌握深度汇谈的精义与架构。

“悬挂”假设是指先将你自己的假设“悬挂”在面前，以便不断地接受询问与观察。这种假设实际上就是深藏于自己内心的看法。所有人视彼此为工作伙伴是指团队、组织成员将参与者都视为自己的伙伴，因为如此才能建立一种具有彼此良好关系的氛围。而“辅导员”是指那些能掌握深度汇谈精义与架构的引导者，他们的职责首先是做好一个深度汇谈过程的引导者，以保证汇谈的顺畅与效率。其次，他可以参与深度汇谈来影响深度汇谈的反展动向，开掘参与者发自内心的观点，引导出共同语言。共同的价值观，进而最终为构建共同愿景服务。

（四）实现自我超越

自我超越是指不断突破自我的成就、目标、愿望，而能够给定自己以新目标、新愿望。自我超越的人首先要有自己的目标、愿望或愿景，然而他还必须有不满足现状永远追求新目标的动力。自我超越对于组织构建共同愿景来说是非常重要的，只有组织的员工都具有一种不断自我超越的欲望，共同愿景才有了激励动力；相反，如果员工都没有自我超越的欲望，则不但共同愿景不可能构建，即使有了也将失去巨大的激发能量。

一般而言，能够自我超越的人往往是那些永不停止学习的人。人一旦停止了学习，也就停止了向更新更高目标追求的可能。组织成员要形成自我超越的内在动力，首先也在于不断地学习。

本章小结

1. 管理科学发展的主要趋势是进一步交叉和融合：数学、经济学、心理学、哲学、社会学、工程技术学、系统科学、控制论科学、信息科学、复杂科学等在管理科学中相互渗透和交叉；西方管理思想与东方管理思想的融合；不同管理理论和管理思想的融合统一。

2. 由硬管理为主向软管理为主的转化也是新时代管理的一大趋势，20世纪管理发展史明显地存在着由理性的科学管理即物本主义的“硬”管理向非理性的人文管理即人本主义的“软”管理的转变。“硬”管理主要是高扬理性、崇尚科学的管理思想。“软”管理中含有“天人合一”、人际关系融洽的我国古代管理思想。现在这一管理“软化”的趋势在当今的知识经济时代更加明显，出现了“自我管理”、“人本管理”、“愿景管理”等与人类思想和活动息息相关的管理理论。

总之，21世纪的管理趋势是科学主义的理性管理和非理性主义的人本管理的深度融合。

微软公司的知识管理

自从1975年成立以来，微软公司的竞争优势之一就是其高质量的员工。微软需要高层次人才的原因之一是由于它所处的竞争领域的快速变化的本质。

但是对人力资源能力的这种高度关注不限制在以产品为导向的人员中，因此，内部信息技术部聚焦于鉴别和维持知识能力上。内部信息技术部部长Gibbon聘用Conway为项目经理，承担知识能力的课题。Conway的目标是为微软的职位和员工创造一个网上能力形象。该项目被称为Skills Planning “und” Development（简称SPUD)。内部信息技术部的“学习与交流源小组”正在利用SPUD的主动性去转化、发展知识，而不仅仅是测试它。

SPUD项目包含五个主要因素：

1. 完善能力类型与层次的结构；

2. 对特殊工作所需能力进行定义；

3. 对从事以能力为基础的特殊工作的员工进行绩效评级；

4. 实现网上系统的知识能力；

5. 执行能力模型。

完善能力结构——在SPUD项目的四种类型模式中，这些基础层能力作为基本知识已为人所熟知。在基础层之上，还有局部或独特能力。例如，一个网络分析员可能需要诊断局域网错误的能力。

能力的下一层是全局知识。例如，管理部门的每位工作人员都必须精通财务分析；每位IT员工都要胜任技术设计和系统分析。能力结构的最高层是普遍能力，普遍是对公司内所有员工而言的。这种知识是关于公司所从事的全部业务、所售产品、产业领头人等的知识。

依据工作能力对员工定级——根据员工现任工作能力来评价员工。员工评级过程的全部目的就是产生一个整个微软都可使用的能力详细目录。寻求建立新项目小组的管理者不再需要亲自了解所有可能适合这份工作的员工。

与教育资源的连接——将能力形象与教育资源相连是为了该项目的关键目标的实现。所以在微软的内部和外部已经发展了一些与特殊课程有关的连接。最后，学习与交流小组希望不仅能够推荐特殊课程，甚至还能推荐课程中的有助于达到目标能力层的某些特殊资料与段落。最后，来自内部讨论会和外部的由Puget Sound区提供的课程将会按照他们所对应的能力和技能层进行定级。

执行能力模型——执行能力模型的工作从地理与功能两方面进行，首先开始于业务部门，然后是应用部门和在欧洲的所有工作岗位。微软能力模型的某些方面的作用要过很长的时间才能被确定。例如Conway希望该模型能成为这个快速变化的产业中使变革制度化的媒介。

Conway也意识到项目的成功依赖于使用该项目的个人。“如果他们感觉到从中得到了一些东西，那么这个项目才会发展下去。”他们引进能力模型，通过聚焦于个人的知识能力，从而推进知识进展的目标。

问题：

结合本章第三节的内容，说明微软的SPUD项目计划的实施在哪几个方面促进了公司的知识管理，进而提高了整个公司的竞争能力。

【复习题】

1. 自我管理的特征有哪些?
2. 人本管理的内容有哪些?
3. 人本管理和自我管理有什么内在的联系?
4. 知识管理可以分为哪几个层次?
5. 愿景管理和建立学习型组织的关系是什么?
6. 五项修炼的具体内容是什么?建立共同愿景在五项修炼中的作用是什么?
7. 构建共同愿景的基本途径有哪些?
8. 如何看待管理发展的新趋势?

讨论及思考题

1. 传统的管理与新趋势下的管理有什么内在的联系?
2. 分析新趋势下的各种管理理念产生的历史背景和发展的客观环境。
3. 为什么说21世纪的管理趋势是科学主义的理性管理和非理性主义的人本管理的深度融合?

主要参考文献

1. 吴照云等编著. 管理学. 北京：经济管理出版社，2003

2. 周三多主编. 管理学. 北京：高等教育出版社，2000

3. 周健临主编. 管理学教程. 上海：上海财经大学出版社，2001

4. 戴永良编著. 管理学. 北京：石油工业出版社，2001

5. 姜杰主编. 管理学. 济南：山东人民出版社，2003

6. 芮明杰编著. 管理学. 北京：高等教育出版社，2000

7. 杨文士，张雁主编. 管理学原理. 北京：中国人民大学出版社，1994

8. 周三多，陈传明，鲁明泓编著. 管理学——原理与方法. 上海：复旦大学出版社，1999

9. 斯蒂芬·P·罗宾斯. 管理学. 北京：中国人民大学出版社，1997

10. 斯蒂芬·P·罗宾斯. 组织行为学. 北京：中国人民大学出版社，1997

11. 戴淑芬主编. 管理学教程. 北京：北京大学出版社，2000

12. 孙成志，史若玲，刘美玉主编. 管理学. 大连：东北财经大学出版社，2001

13. 芮明杰主编. 管理学：现代的观点. 上海：上海人民出版社，1999

14. 哈罗德·孔茨，海因茨·韦里克主编. 管理学. 北京：经济科学出版社，1998

15. 詹华，陆中平. 管理学. 北京：中国纺织大学出版社，2002

16. 王方华，芮明杰主编. 现代企业管理案例选. 上海：复旦大学出版社，1997

17. 钱颂迪等主编. 运筹学. 北京：清华大学出版社，1990

18. 徐国华等编著. 管理学. 北京：清华大学出版社，1998

19. 菲利普·科特勒. 营销管理. 北京：中国人民大学出版社，2001

20. 李仕模编著. 第五代管理. 北京：中国物价出版社，2000

21. 王诚，徐尚刚编. 管理其实很容易. 北京：中国纺织出版社，2002

22. 甘华鸣主编. 管理方法(下). 北京：中国国际广播出版社，2002

23. 李忠凡，胡秀英编著. 管理学精髓. 北京：经济科学出版社，1992

24. 张玉利. 管理学. 天津：南开大学出版社，1999

25. 乌家培. 面向 21 世纪的管理和管理科学. 经济学家，1999(3)

26. 彼特·圣吉. 第五项修炼——学习型组织的艺术与实务. 上海：上海三联书店，1994

27. 仇明. 学习型组织及其创建途径探讨. 中国软科学，2002(1)

28. 安忠，钱克威主编. 现代企业管理. 天津：天津大学出版社，2002

29. 孙非. 组织行为学. 大连:东北财经大学出版社，2003

30. 俞文钊. 管理心理学. 大连:东北财经大学出版社，2000

31. 吴培良，郑明身. 工业企业组织设计. 北京：中国人民大学出版社，1993

32. Richard L. Daft，李维安. 组织理论与设计精要. 北京：机械工业出版社，2003

33. 达夫特. 管理学. 北京:机械工业出版社，2003

34. 李华伟，董小英，左美云主编. 知识管理的理论与实践. 北京:华艺出版社，2002

35. 孙建敏. 管理学. 北京:中信出版社，1998

36. 王俊柳，邓二林. 管理学教程. 北京：清华大学出版社，2003

37. 王凤彬，朱克强编著. 管理学教学案例精选. 上海：复旦大学出版社，1998

图书在版编目（CIP）数据

管理学/主编王晓君
北京：中国人民大学出版社，2004
21世纪高等继续教育精品教材
ISBN 978-7-300-05607-4

Ⅰ.管…
Ⅱ.王…
Ⅲ.管理学-成人教育：高等教育-教材
Ⅳ.C93

中国版本图书馆CIP数据核字（2004）第054959号

21世纪高等继续教育精品教材
管理学
主编　王晓君

出版发行　中国人民大学出版社
社　　址　北京中关村大街31号　　**邮政编码**　100080
电　　话　010-62511242（总编室）　010-62511398（质管部）
　　　　　　010-82501766（邮购部）　010-62514148（门市部）
　　　　　　010-62515195（发行公司）　010-62515275（盗版举报）
网　　址　http：//www.crup.com.cn
　　　　　　http：//www.ttrnet.com（人大教研网）
经　　销　新华书店
印　　刷　山东省高唐印刷有限责任公司
规　　格　170mm×228mm　16开本　　**版　　次**　2004年6月第1版
印　　张　21.75　插页1　　**印　　次**　2016年1月第19次印刷
字　　数　375 000　　**定　　价**　29.80元
